赤ん坊の頃

ミンゴラにて、弟のクシャルと

母方の祖父、マリク・ジャンセル・カーン——シャングラにて

父の友人ヒダヤトゥラーと——最初の学校にて

父が育った家

父方の祖父《ババ》――ミンゴラの自宅にて、クシャルと

クシャルといっしょに読書中

学校の遠足

クシャルと
――シャングラの滝の前で

クシャル・スクールの合同礼拝

ファズルラーがあらわれた当初、献金しにきた人たち

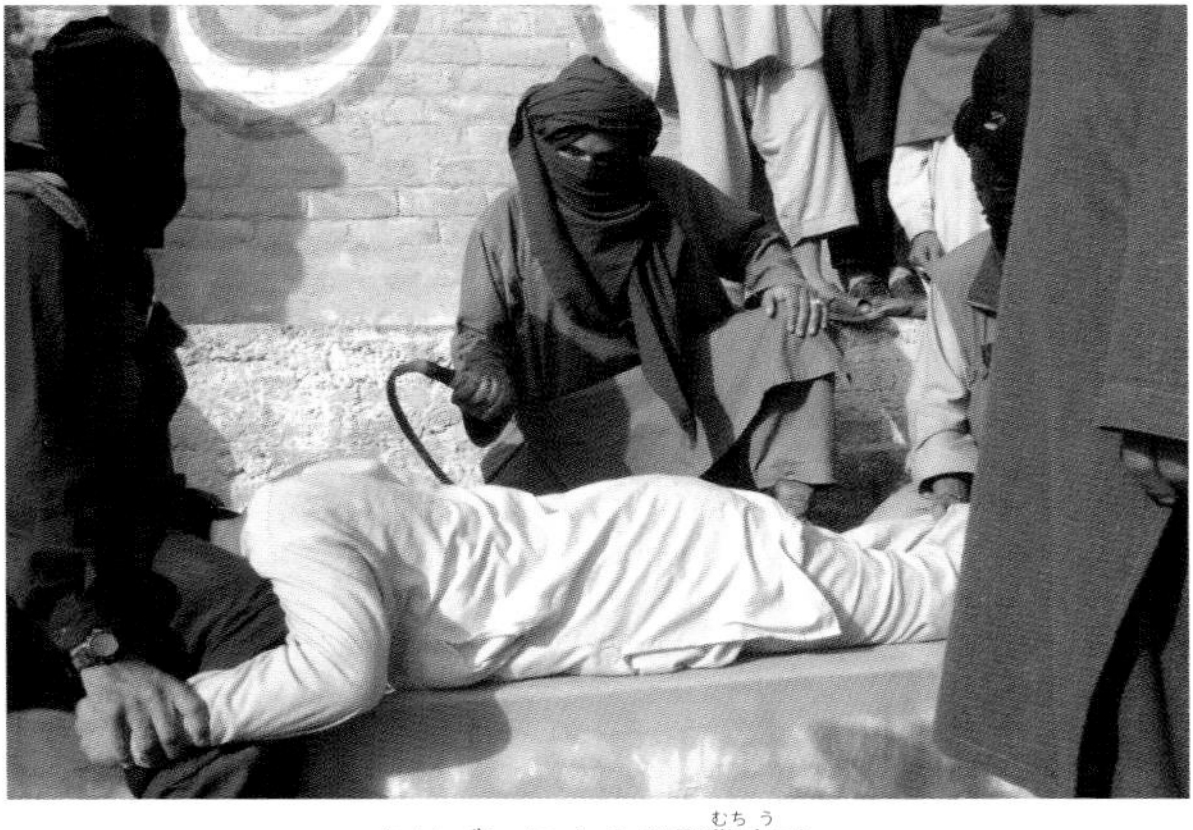
タリバンによる公開鞭打《むちう》ち

ハージ・ババ・ハイスクールの自爆テロで亡くなった人々をしのぶスピーチ

学校にて、演劇の授業中

美術の授業中

12歳のとき、国内避難民（IDP）としての生活を終えてスワートに帰ってきたばかりの頃に描いた絵――テーマは信仰を超えた友情

ミンゴラの自宅の庭で、弟のアタルと作ったスノーマン

父が学生時代を過ごした土地、スパル・バンディにて

授業中――『光るものすべて金にあらず』を英語で読む

パキスタン建国の父ムハンマド・アリー・ジンナーの墓

父とスワートの長老たち

爆破された学校

襲撃事件のあったスクールバス

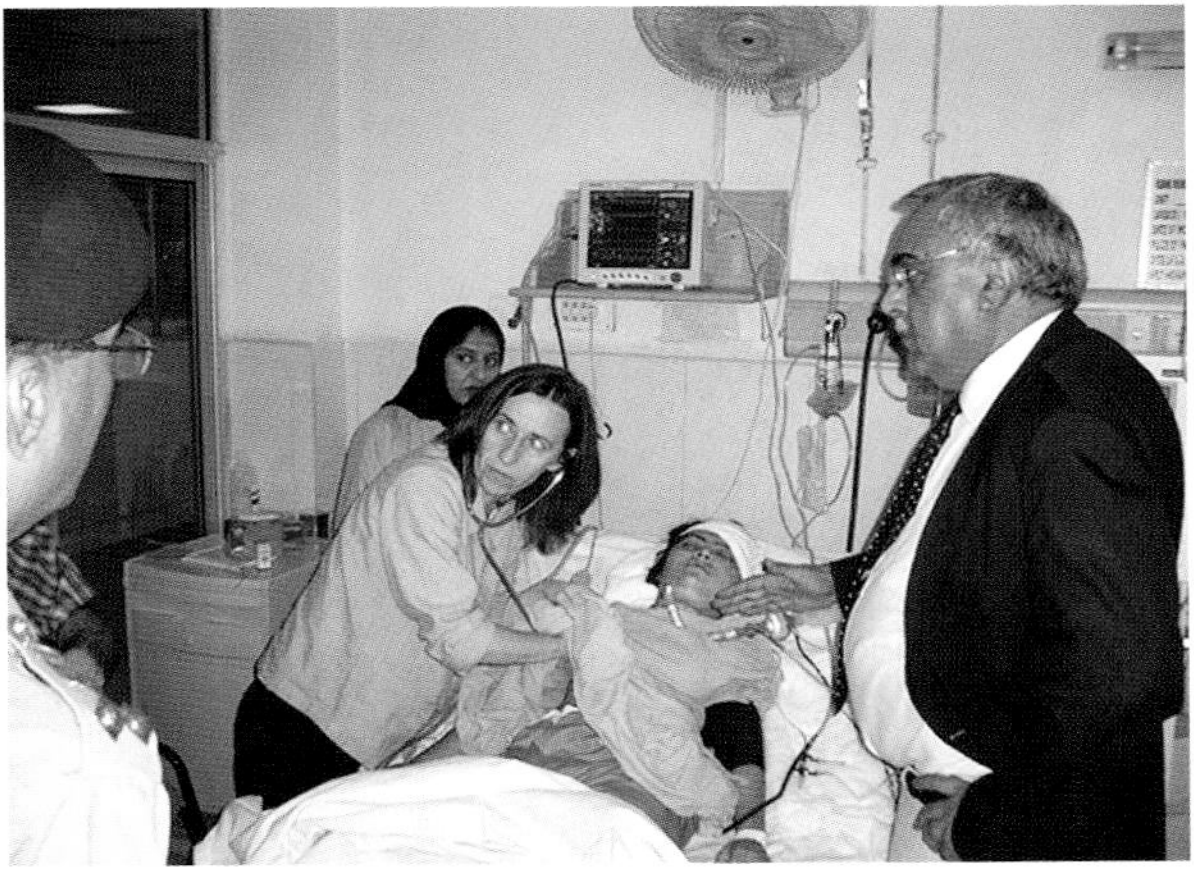

フィオーナ・レイノルズ医師とジャヴィド・カヤニ医師

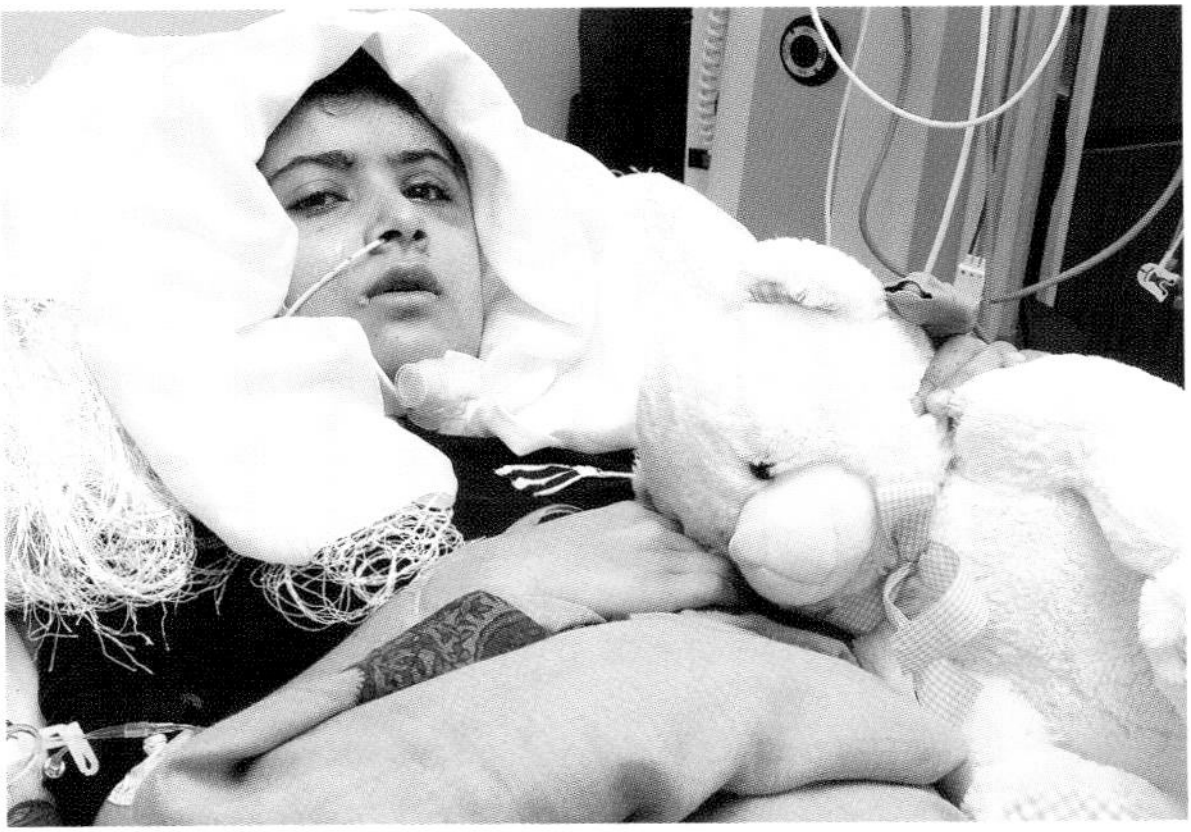

バーミンガムの病院に移った日

病院で読書

マリヤム校長（左）と、
わたしといっしょに撃たれた子のひとり、シャツィア

いまも席はひとつあけたまま（右端）

毎朝わたしのポスターに挨拶する、男子校のアムジャド先生

国連本部にて、パン・ギムン事務総長、ゴードン・ブラウン グローバル教育担当特使（いずれも当時）、家族や友人と

16 歳の誕生日、国連でのスピーチ

メディナにて、母と

バーミンガムの新しい家の前で

わたしはマララ

教育のために立ち上がり、タリバンに撃たれた少女

マララ・ユスフザイ
クリスティーナ・ラム
金原瑞人・西田佳子 訳

光文社未来ライブラリー
0022

I Am Malala
THE GIRL WHO STOOD UP FOR EDUCATION
AND WAS SHOT BY THE TALIBAN
by
Malala Yousafzai with Christina Lamb

This edition published by arrangement with Little, Brown and Company,
New York, New York, USA, through Tuttle-Mori Agency, Inc., Tokyo.

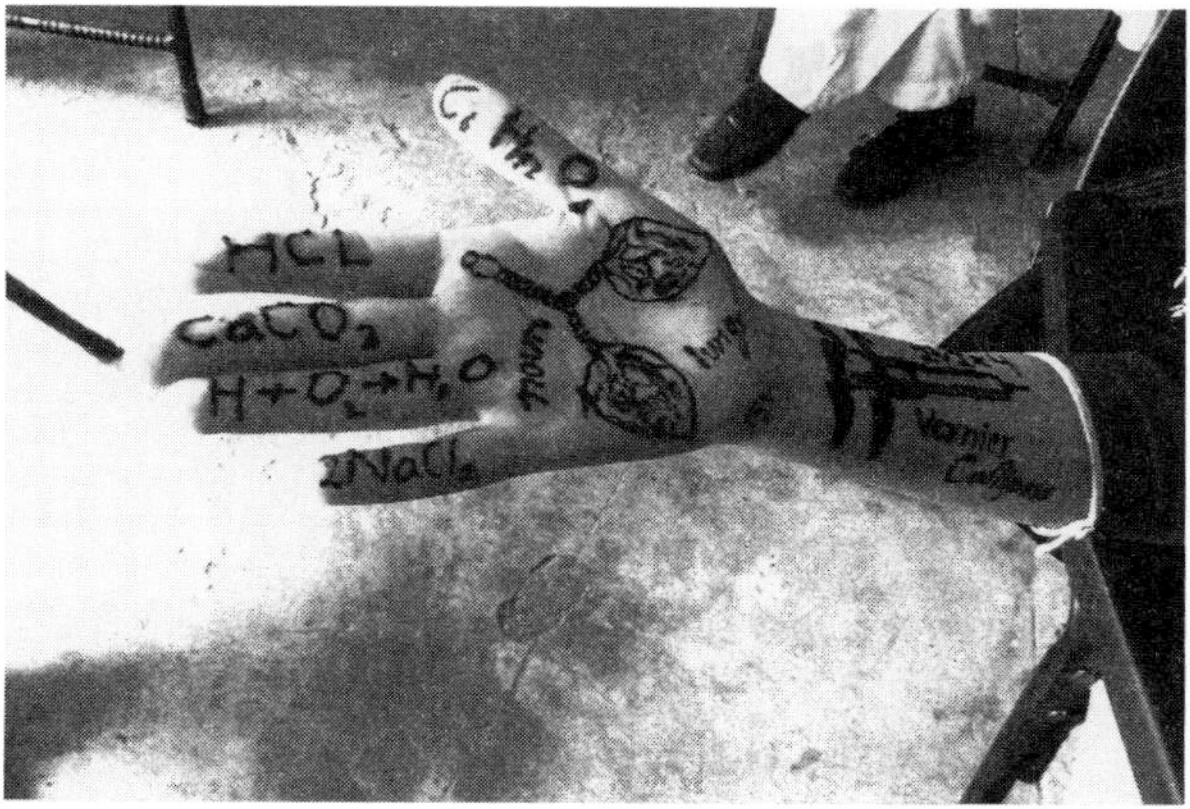

マララの手にヘナで書かれた数式と化学式。
休暇や結婚式のとき、普通は花や蝶の絵を描く。

パキスタンおよび周辺国
20kms
アフガニスタン
スワート県
スワート川
シャングラ
カルシャト
シャープール
マッタ
バルカナ
ミンゴラ
アルプリ
イマーム・デリ
(ファズルラーの本部)
マラカンド
タジキスタン
中国
停戦ライン
バジャウル管区
マルダン
カブール
トラボラ
アボッタバード
カシミール地方
ペシャワール
イスラマバード
ラワルピンディ
アフガニスタン
ワジリスタン
カンダハル
ラホール
クエッタ
パキスタン
インド
イラン
N
カラチ
0
100
200
300miles
0
200
400kms
アラビア海

不当な扱いを受け、沈黙させられたすべての女の子に。
いっしょに声をあげましょう。

わたしはマララ　目次

第三部 三発の銃弾、三人の少女 307

＊地名、人名、組織名などの表記は、原書に従いつつ、報道等で一般的に使われているものの場合は、読みやすさを重視して、適宜それらを採用しています。

＊４ページの地図は、パキスタンとインドの間には国境が未確定なところがありますが、原書のままにしてあります。

＊本書に登場する「預言者ムハンマド」に付したルビ「PBUH」は、「Peace Be Upon Him」の頭文字です。これは、日本語に訳すと「彼の上に平安あれ」。イスラム教の習慣として、預言者ムハンマドの名は一般の人名とは異なるため、この文言を付します。

プロローグ　わたしの世界が変わった日

わたしは、真夜中につくられた国に生まれ育った。瀕死《ひんし》の重傷を負ったのは、正午をほんの少しすぎた頃。

一年前のある日、わたしは学校に行って、それから家に帰っていない。タリバンの銃弾を頭に受けて、意識を失ったまま、パキスタンからイギリスに運ばれた。わたしが生きて故郷に帰ることはないだろうという人もいるけど、わたし自身は、いつかきっと帰れる日が来ると信じている。愛する祖国から引き離されたまま生きていかなければならないなんて、だれにとっても耐えがたいことだ。

いまも、朝が来て目をあけるたびに、心から思う。あのなつかしい光景がみえたらどんなにいいだろう。わたしが暮らしていた、あの部屋。床には服が散らかって、棚にはテストでいい成績をとったときにもらったトロフィーが並んでいた。ここは別の国。祖国パキスタンのスワート渓谷より五時間、時刻が遅い。でも文明は何百年も進んでいる。この国には便利なものがそろっている。蛇口をひねれば水が出てくる。温水も冷水も思いのまま。スイッチをぱちんと押せば、昼でも夜でも明かりがつく。オイルランプなんていらない。台所のコンロだって、バザールに行ってガスボンベを買ってこなくても、いつでも使える。なにもかもがモダンで、食べ物だって、調理済みのものがパックに入って売られている。

窓辺に立って外をみると、背の高いビルが並んでいる。どこまでも続く道路には、車がきれいに列を作って流れている。よく手入れされた緑の生け垣や芝生もあるし、歩道もきちんと舗装されていて歩きやすそうだ。

目を閉じると、祖国の渓谷がよみがえってくる。雪をいただく山々、緑が波うつ草原、青い川。スワートの人々の姿が目に浮かぶと、ほっとおだやかな気持ちになる。わたしの心はなつかしい学校に帰っていく。そこにいるのは、大好きな友だちや先生。親友のモニバもいる。ふたりでおしゃべりをしたり、冗談をいいあったのが、ついきのうのことのように感じられる。

でも、ここはイギリスのバーミンガムだ。

二〇一二年十月九日、火曜日、すべてが変わった。もともと、あまり楽しい日ではなかった。ちょうど、学校の定期試験中だったから。でも、わたしは本や勉強が好きなので、クラスのほかの子たちほど、テストが嫌いではなかった。

その日の朝、わたしたちは三輪《リキシャ》タクシーで登校した。ハージ・ババ通りから狭くてぬかるんだ路地に、色とりどりのリキシャがディーゼルの排気ガスを吐きながら、次々に入っていく。一台に、女子生徒が五人か六人ずつ。ぎゅうぎゅう詰めだ。タリバンがスワートを支配するようになってから、学校には、看板は立てられなくなった。材木店の作業場の向かいの白い壁に、装飾のある真鍮《しんちゅう》のドアがあるだけ。中に学校があるなんてわからない。

わたしたち女の子にとって、それは魔法のドアだった。その向こうにあるのはわたしたちだけの特別な世界。弾むように歩きながら、頭に巻いたスカーフを取る。雲を風が吹きはらって太陽が顔を出す、そんな気分で階段を駆けあがると、中庭がある。それを取りかこむように、教室のドアが並んでいる。みんなはそれぞれの教室にバックパックを置いて、中庭に集合。

これから朝の会だ。青空の下、山々に背を向けて、気をつけの姿勢で立つ。ひとりの女の子が「休め《アサーン・バッシュ》！」と号令をかけると、全員が「はい《アッラー》」と答える。それからり合わせる。「気をつけ！《フー・シェ・ヤール》」という号令がかかると、みんなはまた「はい《アッラー》」と答えて、踵《かかと》をぴったり合わせる。

この学校を設立したのは、わたしの父だ。わたしが生まれる前に建てたらしい。みあげると、壁には赤と白の大きな文字で〈クシャル・スクール〉と書かれている。

午前中の授業が、一週間に六日ある。わたしは十五歳なので、九年生。いま勉強しているのは、化学反応式や、パキスタンの公用語であるウルドゥー語の文法。英作文の課題は「せいては事をしそんじる」のようなことわざを使って文章を書くこと。生物の課題は、血液循環の図を描くこと。クラスメートのほとんどは、将来医者になりたいと思っている。

そんなことを〝危険〟だと思う人たちがいるなんて、とても考えられない。でも、学校の外に一歩出れば、そこにあるのはスワートの大都市、ミンゴラ市の騒がしさだけではない。タリバンのような、「女の子は学校に行くべきではない」という考えかたをする人々の社会がある。

朝の会はいつもと同じようにはじまった。ただし、いつもより少し遅い。普段は学校は八時からだけど、試験期間中だけは九時からになる。早起きが苦手なわたしは、それがうれしかった。ニワトリの鳴き声や、祈禱時報係《ムアッジン》《きとう》の祈りの声がきこえても、まだ寝ていられる。

朝は、まず父が起こしにくる。「起きる時間だぞ、ジャニ・ムン」ジャニ・ムンというのは、ペルシャ語で〝わたしの魂〟という意味。父は毎朝、わたしをそう呼ぶ。「もうちょっとだけ。お父さん《アバ》、お願い」わたしはそういって、キルトの上掛けを頭までかぶる。そのうち母がやってくる。母はわたしのことをピショと呼ぶ。ピショは〝猫〟。母が来たら、もう危ない。「バービ、遅刻しちゃう！」わたしは母にそういった。わたしたちパシュトゥン人にとって、男性はみんな兄か弟だし、女性はみんな姉か妹だ。父がはじめて母を学校に連れていったとき、先生たちはみんな、母のことをバービと呼んだ。バービというのは〝お兄さんの奥さん〟という意味だ。その呼び名が定着して、いまも家族や先生たち、みんなが母のことをバービと呼んでいる。

わたしの部屋は、家に入ってすぐのところにある細長い部屋。家具はベッドと戸棚だけ。戸棚は、わたしが〝この渓谷に平和を、女の子にも学校に行く権利を〟という活動をして表彰されたときの賞金で買った。

棚には金色のカップやトロフィーが並んでいる。クラスで一番の成績をとったときにもらえるものだ。いままで、一番になれなかったことは二回しかない。二回とも、一番になったのはわたしのライバル、マルカ・エ・ヌールだ。これからは絶対に負けたくない。

うちから学校まではそんなに遠くないので、前は歩いて通っていた。でも去年のはじめからは、ほかの女の子たちといっしょにバスで通学するようになった。乗っているのはほんの五分くらい。ひどいにおいのする小川沿いの道をずっと進んでいくと、〈ドクター・ヒュマユンの植毛クリニック〉の大きな看板があって、わたしたちはそれをみるたびに、あの先生、きっとあそこに行ったのよ、と冗談をいう。前は頭がつるつるだったのに、急に髪が生えてきた男の先生がいるのだ。

バスも悪くなかった。汗まみれにならずにすむし、友だちとおしゃべりすることもできるし、運転手のウスマン・アリーからもいろんな話がきける。わたしたちはウスマンのことをお兄さん《バーイ・ジャン》と呼んでいる。おもしろい話をしてくれるので、みんな、いつも大笑いだ。

わたしが歩いて学校から帰るのをやめて、バスに乗るようになったのは、ひとり歩きは危ないと、母が心配するからだ。脅迫はしょっちゅうある。新聞といっしょにポストに入っていることもあるし、人づてにメモが届けられることもある。母はわたしのことを心配していたけど、タリバンが女の子を殺しにくるなんてことはいままでなかったから、わたしはそれより父のことが心配だった。父はいつも、タリバンを批判するようなことばかりいっているからだ。父の親友の活動家ザヒド・カーンは、八月、礼拝に行く途中で顔を撃たれた。それ以来、父はみんなから「気をつけて。次はあんたが狙われる」といわれていた。

うちの前の道へは、車ではのぼれない。わたしは小川沿いの下の道でバスを降り、鋳鉄《ちゅうてつ》の門を通って階段をのぼり、うちの前の道に出る。襲われるとしたら、この階段をのぼるときだろうと、わたしは思った。わたしは父と同じで、昔から空想にふけるのが大好きだった。授業中も、よくぼんやり考えごとをする。帰り道のあの階段のところでテロリストが銃撃してきたら、とか想像することもあった。

そんなことがあったらどうしよう。靴を脱いで、敵をぶんなぐってやろうか。いや、それはやめよう。自分までテロリストのようなことをしてはいけない。それより、こういったほうがいい。

「わたしは撃たれてもかまいません。でもその前に話をきいてください。あなたたちのやっていることは間違っています。わたしはあなたたちに反抗しようとしているのではなく、ただすべての女の子が学校に行けるようになってほしいだけなんです」

わたしは怖くはなかったけど、門に鍵がかかっているかどうか確かめたり、神様に、人は死んだらどうなるんですか、とたずねたりするようになった。そのことを、わたしは友だちのモニバに話した。モニバとは小学校のときに家が近所だったので仲良くなった。なんでも隠さず話し合える。ジャスティン・ビーバーの歌のことも、映画『トワイライト』のことも、色が白くなるフェイスクリームのことも。

モニバの夢は、ファッションデザイナーになること。でも、家族は絶対に賛成してくれないだろう。だからわたし以外の人には、将来は医師になりたいと話している。この社会では、女の子がなれるとしたら教師か医師くらいしかない。そもそも、女性が職業につくこと自体、めずらしいのだ。でもわたしは、自分の夢を隠したことはない。前は医師になりたかったけれど、いまは発明家か政治家になりたいと思っている。モニバは、なにかよくないことがあるときには、まっ先に気づく子だ。

「だいじょうぶ。心配しないで」わたしはいった。「タリバンが女の子を殺しにきたことなんか、いままで一度もないんだから」

バスが来た、という声をきくと、わたしたちは階段を駆けおりる。女の子はみんな、もう頭にスカーフを巻いている。それからドアの外に出て、バスに乗りこんだ。

バスといっても、わたしたちが〝ダイナ〟と呼ぶ、白のトヨタの幌つきトラックだ。うしろにはドアもなにもなくて、なかにはベンチが縦に三つ並んでいる。車体の両端にひとつずつと、真ん中にひとつ。これ以上乗れないほどのぎゅうぎゅう詰めだ。女の子が二〇人と、先生が三人乗っている。わたしは左のベンチに、モニバとシャツィア・ラムザンという一年下の女の子にはさまれて座っていた。胸にはテスト勉強のノートを抱え、足元にはスクールバッグを置いていた。

そのあとのことは、あまりよく覚えていない。車内は暑くて、むしむししていた。そろそろ涼しくなる頃なのに、いつまでも暑い日が続いていた。はるか遠くにみえるヒンドゥークシ山脈だけが雪をかぶっている。車の側面の窓には、ガラスのかわりに分厚いビニールシートが貼ってあって、それがぱたぱた音を立てる。シートは汚れて黄ばんでいるうえに、土ぼこりまみれになっているので、外はみえない。バスのうしろからは、小さく切りとったみたいな青空がみえる。太陽もちらちらみえた。時刻はちょうどお昼頃。町じゅうを漂う土ぼこりの上に、黄色い太陽がふわふわ浮いているみたいだった。

バスがメインストリートから右に曲がった。いつもの軍隊の検問所のところだ。それから、もう使われなくなったクリケット場の先の角を曲がった。わたしが覚えているのはそこまで。

夢では、父もバスのなかにいて、父もわたしといっしょに撃たれた。まわりにたくさん人がいて、わたしは父をさがしていた。

実際には、バスが急停車した。バスの左には、シール・ムハンマド・ハーン——スワートの初代統治政権の経済相——のお墓がある。一面、雑草に覆われている。右側はお菓子の工場だ。検問所からは二〇〇メートルも離れていなかったと思う。

わたしたちのところからはみえなかったけど、明るい色の服を着た、あごひげを生やした若者がひとり、道路に出てきて、バスを止めさせた。

「これはクシャル・スクールのバスか?」男が運転手のバーイ・ジャンにきいた。おかしなことをきくやつだな、とバーイ・ジャンは思ったそうだ。学校の名前は車に書いてあるのだから。

「そうだ」バーイ・ジャンは答えた。

「生徒のことで、ちょっとききたいことがある」男がいった。

「学校の事務にきいてくれないか」バーイ・ジャンが答えた。

話しているうちに、白い服を着たもうひとりの男が、車のうしろから近づいてきた。

「どこかの記者だわ。あなたにインタビューがしたいのよ」モニバがいった。

わたしが父といっしょにいろいろなイベントでスピーチをして、〝女の子にも教育を〟と訴えたり、女の子を社会から隠そうとするタリバンのような人々を非難したりしはじめてから、記者がしょっちゅう訪ねてくるようになった。外国からもやってくる。ただ、こんなふうに道で近づいてきたことはない。

男は伝統的なウールの帽子をかぶって、顔にはハンカチを巻いて鼻と口を隠していた。風邪ひきみたいだ。大学生のようにみえた。バスのうしろはドアがない。男はうしろからとびのって、身を乗りだしてきた。

「どの子がマララだ？」男が厳しい声でいった。

みんなは黙っていたけど、何人かの目がわたしをみた。それに、顔を隠していないのはわたしだけだった。

男は黒いピストルを構えた。あとでわかったけど、コルト45だったらしい。何人かが悲鳴をあげた。モニバがいうには、わたしはモニバの手をぎゅっと握った。

友だちの話によると、男は続けざまに三発撃った。一発目はわたしの左目のわきから首を通って、左肩のあたりで止まった。わたしはモニバのほうに倒れた。左の耳から血が流れた。残りの二発はそばにいた仲間を襲った。一発はシャツィアの左手に、もう一発は、シャツィアの左肩を貫通して、カイナート・リアズの右上腕部に当たった。

あとで友だちからきいた。男のピストルを持つ手は震えていたそうだ。

病院に着く頃には、わたしの長い髪も、モニバの膝も、血まみれになっていた。

どの子がマララかって？　マララはわたし。そしてこれがわたしの物語。

第一部

タリバン以前

سورې سورې په ګولو راشې   د بې ننګۍ آواز د رامه شه مئينه

Sorey sorey pa golo rashey
Da be nangai awaz de ra ma sha mayena

撃たれたあなたの死体を迎えるほうがいい
あなたが戦場であとずさりしていたと知らされるよりは
—— パシュトー伝承の詩

1　生まれたのは女の子

わたしが生まれた日、村の人々は母をあわれんだ。父に「おめでとう」という人はひとりもいなかった。わたしが生まれたのは、ちょうど夜明け頃。最後の星のまたたきが消えたときだった。わたしたちパシュトゥン人は、このことを幸運の印と考える。父はお金がなくて母を病院に連れていけなかったし、助産師を雇うこともできなかった。近所の人がひとりやってきて、母の出産を手伝ってくれた。両親の最初の子どもは死産だったけど、わたしは生まれるとすぐ、足をばたつかせて泣き声をあげた。でも、女の子だった。ここは、男の子が生まれたら祝砲を鳴らし、女の子が生まれたらカーテンのうしろに隠す国だ。女の子の役割は、食事を作って、子どもを産むことだけ。

パシュトゥン人にとって、娘が生まれた日は悲しみの日になる。でも、父のいとこのジェハン・シェール・カーン・ユスフザイは違った。わたしの誕生を祝ってくれた数少ない人のひとりで、かなりの額のお祝いを持ってきてくれた。そんなジェハンが持ってきた家系図は、大きくて、わたしの曽々祖父《そうそうそふ》の代までさかのぼるものだった。でも、それに書かれているのは男の名前だけ。

わたしの父のジアウディンは、普通のパシュトゥン人とは違っていた。父は家系図をとると、自分の名前のところから線を引っぱって、その先に「マララ」と書いた。いとこはびっくりして、声をあげて笑ったそうだ。父は笑われても気にしなかった。父はよくわたしにいっていた。生まれたばかりのおまえの目をみて、恋に落ちてしまったんだよ、と。

「この子はほかの子とは違う。特別な子だ」父はみんなにそういった。

父は友だちに、ドライフルーツやお菓子やコインを、わたしの揺りかごに放りこんでくれといったらしい。そんなことは男の子にしかしないものなのに。

マララという名前は、アフガニスタンの偉大なヒロイン、マイワンドのマラライにちなんだものだ。誇り高きパシュトゥン人は、いくつもの部族に分かれて、パキスタンとアフガニスタンの各地で暮らしている。

何世紀ものあいだ、パシュトゥン人を律してきたパシュトゥンワーリという掟《おきて》がある。それによれば、客が来たときは、それがどんな客でも、心をこめてもてなさなければならない。また、パシュトゥンワーリでもっとも重要とされるものは、ナン、つまり名誉だ。パシュトゥン人がもっとも嫌うのは、面目を失うこと。パシュトゥン人にとって、恥をかくというのは耐えがたいことなのだ。「名誉を失ったら、この世に生きる価値はない」ということわざがあるくらいだ。仲間うちで争ったり口論したりすることはある。「いとこ《タルブール》(父方の男のいとこ)」という言葉には〝敵〟という意味もあるくらいだ。それでも、いざとなるとみんなで一致団結して、自分たちの土地を奪おうとする他部族の人々を追いはらう。

パシュトゥン人の子どもはみな、マラライのことをきかされて育つ。一八八〇年の第二次アフガン戦争の大きな戦いで、マラライはアフガニスタンの兵士たちを励まして、イギリス軍を退けたのだ。

マラライはマイワンドの羊飼いの娘だった。マイワンドは、カンダハルの西に広がる、砂ぼこりに覆われた平原にある小さな町。マラライが十代のときのこと、マラライの父親も、婚約者も、何千人もの仲間とともに、イギリス軍の侵攻を阻止しようと戦っていた。マラライは村の女たちとともに戦場に行き、傷ついた兵士たちを介抱し、水を飲ませた。このとき、アフガン軍は押されていた。旗手が倒れるのをみたマラライは、自分がかぶっていた白いベールを高くあげて風になびかせながら、前線に進み出た。

「愛すべき若き仲間よ！」マラライは声をはりあげた。「このマイワンドの地で死ぬ覚悟がないのですか。生きながらえて恥をさらすつもりですか」

マラライはイギリス軍に撃ち殺されたが、その言葉と勇気が、アフガン軍の兵士たちを奮いたたせた。アフガン軍は勢いを盛りかえし、敵軍を全滅させた。イギリス軍にとって最悪の戦いとなった。

アフガン人はこのことを心から誇りに思い、カブールの中心地に、マイワンドの戦いの勝利を祝う記念碑を建てた。わたしは学校で『シャーロック・ホームズ』を読み、笑ったことがある。ワトソン医師は、このマイワンドの戦いでけがをして、イギリスに戻ってからホームズの相棒になったという設定なのだ。マラライは、わたしたちパシュトゥン人のジャンヌ・ダルクだ。アフガニスタンにある女子校の多くは、マラライにちなんだ名前がついている。

わたしの祖父は、信心深い教師で、村の聖職者でもあった。だから、父がわたしにマララという名前をつけることに反対したそうだ。

「悲しい名前ではないか。悲しみや苦しみを思いおこさせる名前だ」

わたしが赤ん坊の頃、父はよく歌を歌ってくれた。ペシャワールのラーマット・シャー・サエルという詩人が作った歌で、おしまいがこうなっている。

ああ、マイワンドのマラライよ
いま一度目を覚まして、パシュトゥン人に誇りの歌を歌ってください
あなたのつむぐ言葉が世の中を変えるのです
お願いです、いま一度目を覚ましてください

父は、うちを訪ねてくる人にはだれにでも、マラライの話をした。わたしはそれをきくのも好きだったし、父の歌をきくのも好きだった。みんながわたしの名前を口にする。風にふわりと乗るような、その響きが好きだった。

わたしたちは、世の中にこれほど美しいところはないというほど美しいところに住んでいた。スワート渓谷。山があり滝があり、クリスタルのように透明な湖が広がっている、地上の楽園だ。渓谷の入り口には〈パラダイスへようこそ〉という看板が立っている。

スワートは、もともとウッディヤーナと呼ばれていた。〝庭園〟という意味だ。野生の花が咲きみだれ、おいしい果物のなる果樹園や、エメラルドの鉱山があり、川にはマスがいっぱい泳いでいる。スワートはしばしば東のスイスと呼ばれる。パキスタンではじめてのスキーリゾートができたのも、ここスワートだ。パキスタンのお金持ちは、休暇になるとスワートにやってきて、きれいな空気を吸って美しい景色をながめ、スーフィー・フェスティバルで音楽やダンスを楽しむ。外国からの旅行客も多い。どこの国から来た人も、わたしたちは〝イギリス人《アングレーザン》〟と呼ぶ。イギリスの女王が来たこともある。女王が滞在したホワイトパレス・ホテルは、スワートの初代統治者《ワーリー》が、タージ・マハルと同じ大理石を使って建てたものだ。

　スワートには特別な歴史もある。いまのスワートは、カイバル・パクトゥンクワ州（〝パシュトゥン人の地域〟という意味で、二〇一〇年までは北西辺境州と呼ばれていた。パキスタンの四州のひとつ）――わたしたちはＫＰＫと呼んでいる――の一部だけど、かつては、パキスタンのほかの地域から独立した自治体、藩王国《はんおうこく》だった。チトラールやディールと同じだ。イギリスに従属してはいたけど、それぞれが自治権を持っていた。

　一九四七年にイギリスがインドとパキスタンを分離独立させたとき、スワートも新国家パキスタンの一部になった。でも、自治権はそれ以前のままだった。通貨はパキスタン・ルピーだけど、パキスタン政府がスワートに干渉できるのは、外交政策だけ。ワーリーが司法権を持ち、戦っている部族に和平をうながし、ウシュール――収入の一〇パーセントの税金――を徴収して、道路や学校を建設した。

パキスタンの首都イスラマバードは、わたしたちの町から直線距離で一五〇キロほどしか離れていないのに、まるで外国の町のように思えたものだ。車でも五時間はかかる。途中にマラカンド峠があるからだ。そこは大きな山がいくつも連なっている。昔、わたしたちの祖先は、〝狂気のファキール〟と呼ばれた宗教家ムッラー・サイドゥラーに率いられて、その岩だらけの峰でイギリス軍と戦った。イギリス軍のなかにはウィンストン・チャーチルがいた。チャーチルはその戦いのことを本に書いているし、わたしたちは峰のひとつを〝チャーチルの歩哨《ほしょう》（見張り兵）〟と呼んでいる。でもチャーチルは、わたしたちのことをあまりよく書いていない。

峠を越えたところには、緑色のドームの聖堂がある。人々はコインを投げて、無事に峠を越えられたことを感謝する。

わたしの知り合いで、イスラマバードに行ったことのある人はいなかった。今回のことが起きるまで、わたしの母親を含めてほとんどの人が、スワートから出たことがなかった。

わたしたちが住んでいたのは、ミンゴラという町だ。スワートでもっとも大きな町で、唯一の市でもある。もともとは小さな村だったけど、まわりの村から人がたくさん集まってきて、汚くなり、ごみごみしてきた。ホテルや大学やゴルフコースもある。有名なバザールもあって、伝統的な刺繡《ししゅう》や宝石、そのほかどんなものでも買うことができる。町のなかを蛇行しているのはマルガザール川。川の水が白く濁った茶色をしているのは、ビニール袋やごみが投げこまれるせいだ。山間部を流れる川は透き通っている。スワート川の水も、とてもきれいだ。だから休日になればみんながスワート川に遊びに行って、マス釣りをする。

わたしたちの家があるのは、グルカダと呼ばれる地域だ。グルカダは〝花の咲くところ〟という意味だけど、以前は〝仏像のあるところ〟という意味でブトカラと呼ばれていた。家の近くには原っぱがあって、そこには壊れかけた奇妙な石の彫刻がたくさんあった。うずくまったライオン像や、壊れた柱や、頭のない人の像などだ。なかでもおもしろいのは、石でできた何百もの傘だ。

イスラム教がスワート渓谷にやってきたのは、十一世紀。ガズナ朝スルタン・マフムードがアフガニスタンからやってきて、スワートを統治するようになった。でも、スワートはもともと仏教国だった。仏教は二世紀にスワートにやってきて、それから五〇〇年あまり、仏教を信じる王がスワートを統治してきた。中国人探検家たちの本によると、かつてはスワート川の土手沿いに、仏教の寺院が一四〇〇もあったという。寺院の鐘の神秘的な音が、渓谷全体に響きわたっていたことだろう。

寺院はとうの昔になくなったけど、スワート渓谷のどこに行っても、サクラソウをはじめ野の花々にいろどられた遺跡をみることができる。蓮《はす》の花の上に微笑《ほほえ》みながら座っているふくよかな仏陀《ぶっだ》の石像もあちこちにあって、そういうところでピクニックをするのも楽しかった。たくさんの物語のなかに、仏陀がスワート渓谷に来たという記述がある。それは、スワートが平和に満ちた場所だったからだろう。大きな仏舎利《ぶっしゃり》塔には仏陀の遺灰の一部がおさめられているといわれる。

ブトカラの遺跡は、かくれんぼをするのにもってこいの、素敵な場所だった。外国の考古学者たちがいうには、ここは仏教徒の巡礼地のひとつだったそうだ。黄金の丸天井の寺院が、数えきれないほどあったという。仏教徒だった昔の王の遺体が、そこに埋められているのだ。父が詩をひとつ書いた。「ブトカラの遺跡」というタイトルで、仏教寺院とモスク（イスラム教の礼拝堂）が共存していたことをうまく表現している。

モスクの光塔《ミナレット》から真実の声が響くとき
仏陀は微笑《ほほえ》み、歴史の切れた鎖がふたたびつながる

ミンゴラは、ヒンドゥークシ山脈のふもとにある。男たちは山に行っては、野生のヤギや野鳥を撃ってくる。わたしたちの家は平屋で、しっかりしたコンクリート造りだった。左側に階段があって、屋根に上がることができる。屋根は平らで、子どもたちがクリケットを楽しめるくらいの広さがあった。そこがわたしたちの遊び場だった。夕方になると、父が友だちを連れてきて、屋根の上でくつろいでお茶を飲む。わたしもときどき父のそばに座って、夕食の支度をする煙があちこちから上がるのをながめたり、夜になると元気になる虫の声をきいたりした。

スワート渓谷には、甘い果物のなる木がたくさんある。イチジク、ザクロ、モモ。うちの庭にはブドウやグァバやカキもあったし、前庭にはアンズの木も一本あって、このアンズがとてもおいしかった。実が熟すと、鳥と競い合うようにして収穫した。鳥がよく集まる木で、キツツキも来ていた。

わたしがとても幼い頃から、母はいつも鳥に話しかけていた。家の裏にはベランダ

があって、近所の女の人たちがよく集まっていた。おなかがすいたときのつらさをよく知っているので、母はいつも多めに料理を作って、貧しい人たちに分けてあげていた。残ったら鳥にやる。パシュトー語を使う地域では、タパエと呼ばれる二行詩が歌われる。お米を庭に撒《ま》きながら、母は二行詩の歌を歌う。

庭でハトを殺してはいけません
一羽殺せば、ハトが寄りつかなくなってしまいます

わたしは屋根に上がって、山々をながめながら物思いにふけるのが好きだった。まわりでいちばん高いのは、ピラミッドの形をしたイラム山。わたしたちにとっては神聖な山だ。とても高いので、いつもふわふわした雲のネックレスをかけているし、夏でも白い雪をかぶっている。

学校で、イラム山のことを習った。紀元前三二七年、仏教徒がスワートに来るよりもずっと前に、アレキサンダー大王が何千頭もの象と兵士を率いて、スワート渓谷にやってきた。アフガニスタンからインダスに向かう途中だった。スワートの住民たちはみなイラム山に逃げた。あれだけ高い山にのぼれば、神々が守ってくれると考えた

のだ。ところがアレキサンダー大王は意志が固く、忍耐強い性格だった。木で土台を組み、石弓や弓の矢が頂上まで届くようにすると、自分も山にのぼって、支配者のシンボルである木星をつかもうとしたという。

屋根の上からみると、山々が季節によって表情を変えるのがよくわかった。秋には、山から冷たい風が吹いてくる。冬には、なにもかもが白い雪に覆われる。長いつららが家の屋根から垂れさがる。わたしたちは、短剣のようなつららを折りとって遊ぶのが大好きだった。駆けまわったり、雪だるまや雪のクマを作ったり、舞いおちる雪をつかまえたりするのも、冬の楽しい遊びだった。

春になると、スワート全体が緑色になる。ユーカリの花が咲き、そこらじゅうを白く飾る。水田の青いにおいを風が運んでくる。

わたしは夏に生まれた。一年のうちで夏がいちばん好きなのは、そのせいだろうか。ミンゴラでは、夏は暑くて空気がからからで、投げこまれるごみのせいで川が悪臭を放っているというのに。

わたしが生まれたころ、うちはとても貧しかった。父は友人と協力してひとつめの学校を作ったけど、学校の向かいにあったわが家は、みすぼらしい小屋みたいなもの。粗末な部屋がふたつしかない。父と母とわたしはひとつの部屋で寝て、もうひとつの部屋をお客さん用にしていた。トイレも台所もない。母は家の外で薪《まき》を燃やして煮炊きをし、学校の水道で洗濯をした。村の人々がたえず訪ねてくるので、家はいつも人でいっぱいだった。パシュトゥン人の世界では、お客はとても大切なものとされているのだ。

わたしが生まれてから二年後、弟のクシャルが生まれた。わたしと同じように、弟も家で生まれた。病院で出産するお金がなかったからだ。クシャルという名前は、父の学校〈クシャル・スクール〉と同じく、パシュトゥン人のヒーロー、戦士であり詩人でもあるクシャル・カーン・カタックにちなんでつけられた。

男の子がほしかった母は、大喜びだった。わたしの目にうつった弟の体はとても細くて小さく、まるで水辺の葦《あし》みたいで、風が吹いたらぽきりと折れてしまいそうだった。でも母は、目に入れても痛くないというように、弟をかわいがった。弟がほしいというものはなんでも与える。弟はしょっちゅうお茶を飲みたがった。ミルクと砂糖とカルダモンを入れる、昔ながらのお茶［チャイ：インド式のミルクティー］だ。でもそのうち、さすがの母もこれにはうんざりしたようで、とても苦いお茶をいれて弟に与えた。それ以来、弟はお茶をほしがらなくなった。

母は弟に新しい揺りかごを買ってやりたいと思った。わたしのときにはそのお金がなかったので、近所の人から木製の古い揺りかごをゆずってもらった。すでに三人か四人の赤ん坊が使ったものだ。しかし父はだめだといった。「マララもその揺りかごを使ったんだ。クシャルもそれを使えばいい」

それから五年ほどたって、男の子がもうひとり生まれた。名前はアタル。好奇心いっぱいで、目がきらきらして、まるでリスみたいだった。「子どもはこれくらいでいいだろう」と父がいった。子どもが三人というのは、スワートでは少ないほうだ。七、八人いるのが普通なのだから。

わたしはクシャルとよく遊んだ。年がふたつしか違わないからだ。でも、けんかばかりしていた。クシャルはすぐに泣いて、母のところへ逃げていく。わたしは父のところに逃げた。すると父は「ジャニ、どうした？」ときいてくれた。

わたしは父と同じように、生まれつき関節が柔らかい。手の指をうしろに曲げて甲につけることもできるし、歩きながら足首の関節を鳴らすこともできる。まわりのおとなたちはぎょっとする。

母はとびきりの美人だ。父は母のことを、薄い磁器の花瓶みたいに、大切に扱っていた。乱暴なことは絶対にしない。そこが、父が普通の男たちとは違うところだ。母の名前はトール・ペカイ。〝カラスの黒髪〟という意味。でも、母の髪は栗色だ。母が生まれる直前に、祖父のジャンセル・カーンがラジオ・アフガニスタンをきいていて、その名前を耳にしたらしい。

わたしも母みたいに、白ユリのような肌と、整った顔だちと、緑色の目を持って生まれたかった。でもわたしは父親似で、肌は浅黒い。鼻は団子鼻だし、目も茶色だ。わたしたちの文化では、だれもがニックネームを持っている。わたしは母には猫《ピショ》と呼ばれるし、いとこたちにはカルダモン《ラーチ》と呼ばれる。肌の黒い人には〝白い〟という意味のニックネームが、背の低い人には〝背が高い〟という意味のニックネームがつけられる。これがパシュトゥン人流のユーモアなのだ。父は家族からカイスタ・ダダと呼ばれていた。〝美しい〟という意味だ。

四歳の頃、わたしは父にきいた。「お父さん、お父さんって何色？」

「さあな。白っぽくもあるし、黒っぽくもあるな」

「ミルクとお茶を混ぜたみたいな色ね」

父はわたしの言葉をきいて大笑いしたけど、じつは子どもの頃、色が黒いことを気にしていて、牧草地に行ってはバッファローの乳を顔にぬっていたらしい。そうすれば肌が白くなると思ったそうだ。

父は、母と会ってはじめて、肌の色のことが気にならなくなったといっていた。こんなにきれいな人に愛されているんだと思うと、自分に自信がわいてきたんだそうだ。

わたしたちの社会では、結婚は親どうしが決めることがほとんどだ。でも、うちの両親は恋愛結婚。ふたりのなれそめは、何度きいても飽きない。ふたりは遠方のシャングラの出身で、それぞれが住んでいた村が隣どうしだった。ふたりは父のおじの家の庭で、たびたび顔を合わせた。母は、よく家族といっしょに、母のおばの家に遊びに行っていた。父のおじの家と母のおばの家が隣どうしだったのだ。ふたりはしょっちゅうお互いをみかけて、好きになっていった。でも、わたしたちの社会では、そういう思いを口にするのはタブーとされている。そこで、父は母に詩を書いて送った。母はそれが読めなかった。

「詩を書くなんて、頭のいい人なんだなあって思ったわ」当時のことを母がこういうと、「きれいな人だなあと思ったよ」と、父は笑った。

ひとつ、大きな問題があった。父の父と母の父が、そりが合わなかったのだ。やがて父が母と結婚したいといいだしたけど、どちらの家族も賛成しないのは目にみえていた。父の父は、本人が決めればいいといって、理髪師に伝言を頼むことに同意した。結婚を申しこむときは理髪師に伝言を頼むのが、パシュトゥン人の伝統だ。ところが、母の父、ジャンセル・カーンは受け入れなかった。父はこうと決めたらなかなか引きさがらない人だったので、自分の父を説得して、理髪師にもう一度伝言を頼むことにした。ジャンセル・カーンの家の客間は、町の人々が政治について語り合う集会場《フジラ》のようになっていた。父はそこにたびたび出かけていった。お互いを知ることがだいじだと考えたからだ。九ヶ月後、ようやく結婚の許可が出た。

母の家系は、女性はたくましく、男性は政治的な影響力がある。母の父は、ほかの親族と諍《いさか》いを起こして、刑務所に入ったことがある。たった九歳のときだった。母の祖父はもう亡くなっていたので、母の祖母、つまりわたしの曾祖母は、山道を五〇キロ以上歩いて、政治的な力のあるいとこのところへ行き、息子が刑務所から出られるように取りはからってもらった。もしもうちに同じことが起きたら、わたしの母も同じことをすると思う。

母は読み書きができなかったけど、父は母にいろんな話をした。今日一日あんなことがあったとか、こんなことがあったとか、いいことも悪いことも全部話した。母は父をしょっちゅうからかっていた。そして父にアドバイスをした。父の友だちのなかで、本当に心を許せるのはだれとだれで、そうでないのはだれとだれ、というふうに。それは全部当たっていた、と父はいっている。パシュトゥン人の男の人は悩みがあっても、妻に相談したりはしない。そんなことをするのは弱い男だと思っているからだ。

「奥さんに相談するんだとよ！」とみんなに笑われてしまう。

でも、わたしの両親はしあわせそうだし、よくいっしょに笑っている。みんなはわたしたちをみて、いい家族だなあといってくれる。

母はとても信心深くて、一日五回のお祈りを欠かさない。ただし、モスクには行けない。モスクの礼拝に行けるのは男だけだからだ。母は、ダンスをするのはよくないことだと思っている。神様がいやがるというのがその理由だ。でも、装飾品が大好きだ。きれいな刺繍の入った服を着たり、金のネックレスやブレスレットをつけたりする。母はきっと、わたしが父親似で、着るものやアクセサリーに興味がないことを、ちょっと残念に思っていると思う。わたしはバザールに行っても、すぐに飽きてしまう。それより、ドアを閉めた部屋のなかで、学校の友だちとダンスをするほうがずっと楽しい。

そのうちわたしたちきょうだいは、家では母と過ごすことが多くなった。父がいつも出かけるようになったからだ。学校の仕事もあるし、スワート文学協会の仕事もある。スワート渓谷を守るための環境保護活動もしていた。父は貧しい村の出身だったけど、学があり、人に信頼されていたので、いい暮らしができるようになったし、名前も知られるようになった。

いろんな人が、父の話をききにくる。わたしはお客さんのある日が好きだった。細長いビニールシートを床に敷いて、そこに母が料理を並べる。みんなでそれを囲んで座り、右手だけで料理を食べる。それが決まりだ。右手だけで、ごはんやお肉を握って口に運ぶ。

暗くなると、オイルランプのそばに座った。ハエを追いはらうみんなの影が壁に映る。まるでダンスをしているようだ。夏は雷が多い。外で雷が響いて稲妻が光りだすと、わたしは父の膝にすりよったものだ。

わたしは夢中になって父の話をきいた。部族どうしの争いのこと、パシュトゥン人を率いてきた人や聖人のこと。抑揚をつけて詩を読んでくれることもよくあった。ときには、読みながら涙を流すこともあった。スワートの住民のほとんどは、わたしたちも含めて、ユスフザイ (Yusufzai とも Yousufzai とも Yousafzai とも綴《つづ》られる) 族だ。ユスフザイ族は、パシュトゥン人のもっとも大きな部族で、パキスタンとアフガニスタンに広く分布している。もともとはカンダハルの部族だったといわれている。

祖先は十六世紀にアフガニスタンのカブールからスワートにやってきた。彼らはカブールで、玉座から追われたばかりのムガール帝国の王の復権に協力したのだ。王はユスフザイ族に高い地位を与え、宮廷や軍隊をまかせた。ところが、王の友人や親類が、「ユスフザイ族は力を蓄えつつあります。今度はユスフザイ族に玉座を奪われてしまいますよ」と忠告した。ある夜、王はユスフザイ族の首領たちを晩餐《ばんさん》に招いて、食事中の首領たちを手下に襲わせた。およそ六〇〇人の首領が殺されたという。逃げのびたのはふたりだけ。そのふたりはユスフザイ族の人々を連れてペシャワールに移動した。

しばらくすると、彼らはスワートに住んでいる仲間の部族を訪ね、自分たちがアフガニスタンに戻れるよう協力を求めた。ところがそのとき、スワートのあまりの美しさに心を奪われてしまった。アフガニスタンに戻るよりもスワートで暮らしたいと思うようになり、ほかの部族を力ずくでスワートから追い出したという。

ユスフザイ族は、スワートの土地すべてを男どうしで分けた。ウェシュと呼ばれる独特なしきたりがあった。五年か一〇年ごとに、すべての家族がそれまで住んでいた村を出て、新しい村に行かなければならないのだ。新しい村の土地は、また男たちで分ける。いい土地に当たることもあれば、悪い土地に当たることもある。このしきたりのおかげで、敵対する氏族がひとつにまとまるのだといわれていた。

どの村も、首長《カーン》によって治められ、平民や職人や小作人は、借用人の立場にある。そしてカーンに物で借用料を払う。収穫物で払うことが多い。また、人々はカーンの軍隊を作らなければならない。土地の一区画あたりひとりずつ、武器を持った兵士を出す。これによって、それぞれのカーンが何百人もの兵士からなる軍隊を持ち、戦ったり、ほかの村を襲って略奪をしたりした。

スワートのユスフザイ族は、カーンたちのあいだでも、家族のあいだでも、争いごとが絶えなかった。いまでも男たちはみなライフルを持っている。いまは、パキスタンの他の地域の人々とちがって持ち歩いたりしないけど、曽祖父が子どもの頃から銃撃戦はあったときかされている。二十世紀のはじめ、人々はスワートがイギリスに征服されるのではないかと不安になった。それに、血なまぐさい紛争にもうんざりしていた。地域全体をまとめて紛争を解決してくれるような、中立の立場の人物をさがすことにした。

紆余曲折《うよきょくせつ》ののち、一九一七年、ミアングル・アブドゥル・ワドゥードを王として迎えることになった。この人こそ、わたしたちがバドシャー・サヒブとして敬愛する王様だ。まったく字が読めなかったけれど、スワート渓谷に平和をもたらしてくれた。でも、パシュトゥン人からライフルを取りあげるのは、命を奪うのと同じなので、人々に武器を捨てさせることはできなかった。そこで、スワートじゅうの山に砦《とりで》を建てて、軍隊を作った。一九二六年には、イギリスからもスワート藩王として認められ、ワーリーの称号を与えられた。ワーリーとは、わたしたちの言葉で〝統治者〟という意味だ。彼はスワートに電話線を引き、はじめての小学校を作り、ウェシュ制度を撤廃した。引っ越しを繰りかえしている限り、だれも土地を売ることができないし、しっかりした家を建てようと思わないし、果樹を植えようとも思わないからだ。

一九四九年、パキスタン建国の二年後、彼は藩王の位を息子のジェハンゼブにゆずった。そして、父がいつもいっているとおり、「バドシャー・サヒブはスワートに平和をもたらし、その息子は繁栄をもたらした」。ジェハンゼブの統治時代は、スワートの黄金時代だったと、わたしたちは思っている。

ジェハンゼブはペシャワールのイギリス人の学校で学び、おそらく父親が読み書きができなかったからだろう、教育に熱心で、多くの学校を作った。そして、病院や道路も作った。一九五〇年代には、人々がカーンに税金を払う制度を撤廃した。ただし表現の自由はなく、もしワーリーを批判したりすれば、スワートから追放されることもあった。

一九六九年、わたしの父が生まれた年、ジェハンゼブはワーリーの位を退いた。同時に、スワートはパキスタンの北西にある辺境の州の一部に組み込まれた。北西辺境州は、数年前、カイバル・パクトゥンクワ州（ＫＰＫ）と改名された。

わたしはパキスタンの誇り高い娘として生まれた。でもスワートの人々はみんな、自分たちのことをスワート藩王国民であり、パシュトゥン人であると思っている。わたしもそうだ。パキスタン国民だという認識はあまりない。

うちの近所に、女の子のいる家庭があった。女の子はわたしと同じ年頃で、名前はサフィーナ。ふたりの弟――ババールとバシート――も、わたしの弟たちと同じくらいの年だった。わたしたちはよく六人全員で外に出て、クリケットをして遊んだ。でも大きくなってくると、女の子が外で遊ぶのはあまりよく思われないということがわかってきた。女の子は、料理をしたり、兄や弟や父親の世話をするのが普通なのだ。男は子どもでもおとなでも自由に外を出歩けるのに、母とわたしは、家族や親類の男が――五歳の男の子でもいい――つきそっていないと、出かけることができない。これが伝統だ。

わたしは子どもの頃から、そんな生きかたは絶対いやだと思っていた。父がよくいっていた。「マララは自由な鳥になれ」

いつかはわたしもアレキサンダー大王のようにイラム山にのぼって、木星に触れてみたい。そして、スワート渓谷の向こうになにがあるのか、この目でみてみたい。それなのに、弟たちが屋根の上にのぼって、凧《たこ》をじょうずに操って相手の凧を落とそうとするのをみていると、自分が女の子だと思いしらされる。女の子はどこまで自由になれるんだろう。

2　鷹のような父

わたしは昔から気づいていたけど、父は、言葉がうまくいえないことがある。つっかえたところを何度も繰りかえして、傷のついたレコード盤に針を落としたみたいになることもある。こちらが根気よく待っていると、次の言葉がようやく出てくる。父がいうには、のどに突然壁ができるような感じらしい。MやPやKの音がとくに苦手だという。「お父さんがわたしのことをジャニと呼ぶのは、マララより発音しやすいからなのね」とからかったことがある。

言葉がつっかえてうまく話せないのは、つらいだろうと思う。言葉や詩が大好きな父にとっては、なおさらだ。父には、父方にも母方にも同じ障がいのおじがいる。でも、父の吃音《きつおん》がひどくなったのは、祖父のせいだ。それは間違いないと思う。祖父はよく響く声の持ち主で、雷みたいな声も、踊るような声も、自在に出すことができた。

「はっきりしゃべれ!」

父が口ごもるたび、祖父《ババ》はどなった。祖父の名前はロフル・アミン。〝率直な心〟という意味で、天使ガブリエルの本名でもある。祖父はその名前がとても気に入っていたので、だれかに自己紹介をするときは必ず、自分の名前が出てくる有名な詩を引用した。気の短い人で、どんなに機嫌がいいときでも、すぐにかっとなる。ニワトリが逃げていったとか、カップがひとつ割れたとか、小さなことで激怒した。顔を真っ赤にして、首の血管を浮きあがらせて、やかんや鍋をそこらに投げつける。祖母はよくこんな冗談をいっていたそうだ。

「この人はしかめっつらしかみせてくれないねえ。神様、わたしが死んだら、今度はにこりともしない女をこの人の妻にしてくださいな」

祖母は父の吃音のことをとても心配して、父が子どもの頃、父を聖人のところに連れていったという。何時間もバスに乗って、上り坂を一時間も歩いていったそうだ。祖母の甥《おい》のファズリ・ハキムが父を背負っていった。聖人はレワーノ・ピール、〝狂人の守護聖人〟と呼ばれていた。興奮して正気を失った人でも落ち着かせることができるからだ。

レワーノ・ピールは、父に口をあけさせ、その口に唾を吐きかけた。そして、サトウキビで作った黒蜜を口に含んで、口のなかで噛《か》んでから取りだすと、それを父の祖母に手渡し、父に毎日少しずつ食べさせなさいといった。

そんなことをしても、父の吃音はよくならなかった。かえって悪くなったといわれることもあった。そんなわけで、父が十三歳で弁論コンクールに出るといいだしたとき、祖父はびっくりして「どうしておまえが?」と笑ったそうだ。「同じことをしゃべるのにも、おまえは人の何倍も時間がかかるじゃないか」と。

「だいじょうぶだよ。お父さんが原稿を書いてくれれば、それを覚えてしゃべるから」

祖父は演説がうまいことで有名だった。シャープール村の公立高校で宗教学の先生をしていたし、近所のモスクでは礼拝指導者《イマーム》をしていた。とにかくしゃべるのがじょうずだった。金曜日の礼拝の説教はとくに有名で、山に住む人たちもロバに乗ってききにきたほどだ。

父の実家は大家族だ。父にはかなり年上の兄、サイード・ラムザンがいる。わたしがカーン・ダダおじさんと呼んでいる人だ。それと、女のきょうだいが五人。バルカナ村という片田舎《かたいなか》で、平屋のみすぼらしい小さな家に住んでいた。土を固めた屋根なので、雨や雪が降ると必ずしみてくる。ほかの家と同じように、女の子は家にいて、男の子だけが学校に通ったそうだ。「女の子はだれかが自分と結婚してくれるのを待つだけだった」と父はいう。

女の子に与えられなかったのは、教育だけではない。毎朝、父はお茶に入れるクリームやミルクをもらえたのに、おばたちはもらえなかった。玉子があっても、食べられるのは男の子だけ。ニワトリをしめたときも、女の子がもらえるのは手羽や首の部分。おいしい胸肉を食べるのは、父とおじと祖父だけだった。

「小さい頃から、きょうだいのなかでも男と女には違いがあるんだと感じていたよ」

村ではすることがほとんどなかった。広いところがないので、クリケットも思うようにできない。テレビのある家は、村に一軒だけ。金曜日になると、父とおじはモスクにこっそり入りこんで、自分たちの父親が壇上に立って人々に説教するのを、なんとなく不思議な気持ちでみていたそうだ。説教は一時間ほど。声がよく響くので、天井の梁《はり》が本当に震えていたという。

祖父はインドで教育を受けたので、ムハンマド・アリー・ジンナー（パキスタン建国の父）や、ジャワハルラール・ネルーや、マハトマ・ガンディーといった偉大な演説者であり社会の指導者でもある人々をみたことがあるそうだ。パキスタン独立を求めて活動したわたしたちパシュトゥン人のリーダー、アブドゥル・ガッファール・

カーンの姿もみたという。そして一九四七年八月十四日の真夜中には、イギリスの植民地だったパキスタンが独立して一国家になる瞬間を目撃した。

祖父は古いラジオを持っていた。そのラジオでニュースをきくのが好きだったそうで、いまでも使っている。モスクでの説教には、世界の出来事や、歴史に残る出来事、コーラン［イスラム教の聖典］とハディース［預言者ムハンマド《PBUH》の言行録］、預言者ムハンマド《PBUH》の言葉などが盛りこまれていた。政治について話すのも好きだった。

スワートがパキスタンの一部になったのは一九六九年、わたしの父が生まれた年だ。多くのスワート人は、このことに不満を持っていた。パキスタンの司法制度が気に入らなかったからだ。スワート人が慣れ親しんできた制度に比べて、判決がおりるのが遅いし、強制力も弱いというのがその理由だった。祖父は、古くからの階級制度をなんとかしなくてはならないと、いつもいっていた。カーンが力を持ちつづけるのもよくないし、〝豊かな者〟と〝貧しい者〟の格差が大きいのもよくない、と。

パキスタンは歴史の浅い国家だ。でも不幸なことに、すでに戦乱をいくつも経験している。父が八歳のとき、ジア＝ウル＝ハクという将軍が権力を握った。その将軍の写真は、いまでもあちこちに掲げられている。とても怖そうな人で、目のまわりがパンダのように黒い。口には大きな歯がまっすぐ並んでいて、髪はポマードでぴったりなでつけられている。選挙で選ばれたズルフィカール・アリー・ブット首相を逮捕して、反逆罪で裁判にかけ、ラワルピンディ刑務所に入れて、絞首刑にした。

ブット首相は、いまも偉大なカリスマとして人々の口にのぼる。一般市民のために立ち上がった、パキスタンで最初の指導者だという。広大なマンゴー果樹園を持つ大地主だったのに、庶民の味方だったのだ。ブット首相が処刑されたことで、みんながショックを受けた。世界じゅうの人々に、パキスタンはよくない国だと思われ、アメリカからの支援も打ち切られた。

国民の支持を得るために、ハク将軍はイスラム主義運動を展開した。真の意味でのイスラム国家を作り、思想の異なる国々や国境を隔てた隣国から国を守るための軍隊を作ろう、という運動だ。イスラム原理主義を押し進める政府の指導に国民はみな従うべきだ、とハク将軍は主張して、お祈りのしかたまで細かく決めて国民に強制した。各地に礼拝委員会も作られた。わたしたちの住んでいる田舎の村も例外ではなかった。そして、一〇万人もの人を礼拝監視員に任命して、人々が決まりを守っているかどうかを見張らせた。

それまでは、ムッラーと呼ばれる宗教指導者たちは、仕事を気軽にやっていた。父がいうには、結婚式に呼ばれたときでも、ちょっと会場の隅に顔を出して早々に帰っていく、そんな存在だったのだ。ところが、ハク将軍の政策によって、ムッラーは強い影響力を持つようになり、イスラマバードまで行って、説教の指導を受けなければならなくなった。わたしの祖父も行ったそうだ。

ハク政権のもとでは、パキスタンの女性は制約だらけの暮らしを送らなければならなかった。パキスタン建国の父ジンナーはこういっている。

「男女が力を合わせなければ、なにごとも達成などできない。世の中にはふたつの力がある。剣の力とペンの力だ。そしてもうひとつ、それらより強い力がある。それは、女性の力だ」

ところが、ハク将軍はイスラム法《シャーリア》を重視した。イスラム法では、法廷における女性の証言には、男性の証言の二分の一しか価値がないとされる。そのうち、国じゅうの刑務所が、女性の囚人でいっぱいになった。レイプされて妊娠した十三歳の少女が、レイプだったと証言してくれる男性の証人が四人いないばかりに、姦通罪《かんつう》で投獄される――そんなひどいケースばかりだった。女性は、男性の許可がないと、銀行に口座も作れない。パキスタンはフィールド・ホッケーがさかんな国だけど、女性の選手は、短パンではなくぶかぶかのズボンをはいてプレイしなければならなくなった。いくつかのスポーツは、女性がやること自体禁止された。

その頃、マドラサと呼ばれる神学校が各地に建てられた。イスラム教やイスラム法についての教育をおこなう学校だ。マドラサ以外のどの学校でも、ディーニヤトと呼ばれる宗教の授業が、イスラミヤトと呼ばれるイスラム学の授業に変わった。パキスタンのすべての子どもが、いまでもこの授業を受けている。歴史の教科書も書き換えられた。そのなかで、パキスタンは〝イスラムの砦〟と表現された。まるでパキスタンという国が一九四七年以前からあって、ヒンドゥー教やユダヤ教と対決してきたかのような書きかただ。読んだ人はだれでも、パキスタンは強敵インドと三回戦って、三回とも勝ったと思うだろう。実際は負けたのに。

父が十歳のとき、すべてが変わった。一九七九年のクリスマスの直後、ソ連が隣国のアフガニスタンに攻めこんできた。何百万人ものアフガニスタン人が国境を越えて逃げてきた。ハク将軍は避難民を受け入れ、ペシャワールを中心とした地域に、白いテントの並ぶ大規模な難民キャンプをいくつも作った。そのいくつかは、いまも残っている。

パキスタン最大の諜報《ちょうほう》機関は軍に属していて、軍統合情報局（ＩＳＩ）と呼ばれる。このＩＳＩが、アフガニスタンの人々を難民キャンプから集めてきて訓練し、ムジャヒディン、つまり「外敵と戦うイスラム聖戦士」の武装組織を作りはじめた。アフガニスタン人は勇猛な戦士として知られていたけど、組織立った行動をとるのが苦手だ。この作戦の指揮をとったイマーム大佐は、「まるでカエルを訓練しているみたいだ」といったそうだ。

ソ連軍のアフガニスタン侵攻によって、世界の嫌われ者だったハク将軍が、冷戦下における自由の守護者になった。アメリカはふたたびパキスタンの友人になった。アメリカにとって、ソ連が最大の敵だったからだ。また、隣国イランでは、ムハンマド・レザー・パーレビが、数ヶ月前に起こった反体制運動によって失脚した。このため、アメリカ中央情報局（ＣＩＡ）は、中東における活動の本拠地を失った。すると、パキスタンがそのかわりになった。アメリカやその他の西洋諸国から、何十億ドルもの資金が、パキスタンの国庫に流れこんできた。

ＩＳＩには武器の支援もあった。アフガニスタン人を訓練して、共産主義の赤軍と戦わせようというのだ。ハク将軍は、ロナルド・レーガン大統領の招きでホワイトハウスを訪れた。マーガレット・サッチャー首相の招待で、イギリス首相官邸を訪れたこともある。米英ともに、ハク将軍に最大級の賛辞を贈ったという。

ズルフィカール・アリー・ブット首相がハク将軍を国軍司令官に任命したのは、ハクのことを有能だと思っていなかったからだ。自分にとって脅威になるような司令官がいては困る、と思ったのだろう。ハクのことを〝猿〟と呼んでいた。

しかしハクは、とても狡猾《こうかつ》な男だった。アフガニスタンを、ソ連の共産主義の広がりを抑えたいと考える西洋諸国の力が集まる場所にすると同時に、スーダンからタジキスタンに至るイスラム諸国をひとまとめにする一大拠点にした。アフガニスタンは異教徒に攻撃されるイスラム国家という意味で、ほかのイスラム諸国の同情を買ったからだ。アラブの国々から資金がどんどん入ってきた。サウジアラビアからの援助は莫大で、アメリカからの援助と並ぶほどだったという。入隊志願者もたくさんいた。そのなかには、ウサマ・ビン・ラディンという名のサウジアラビアの億万長者もいた。

わたしたちパシュトゥン人は、パキスタンとアフガニスタンにまたがる地域に住んでいて、国境線などあまり意識していなかった。そんなもの、イギリスが一〇〇年以上前に引いた線にすぎない。だから、ソ連のアフガニスタン侵攻には、はらわたが煮えくりかえる思いだった。宗教的な意味でも、民族的な意味でも、許せない。モスクの聖職者たちは、説教のときによく、ソ連のアフガニスタン侵攻を非難した。異教徒たちをこらしめるために、われわれは力を合わせて戦わなければならない、これは聖戦《ジハード》なのだ、と。ジハードに加わることは、信心深いイスラム教徒の義務なのだ。

わたしたちは、イスラム教には五つの柱があると教えられてきたけれど、ハクの指導下にいると、ジハードが六つめの柱であって、ほかの五つより大切なものであるかのように感じられた。五つの柱というのは、神の信仰、一日五回の礼拝《ナマーズ》、喜捨《ザカート》、ラマダンの月に夜明けから日没まで断食《ローザ》すること、体に不自由のないイスラム教徒は死ぬまでに一度はしなければならないメッカ大巡礼《ハッジ》だ。

父がいうには、わたしたちにジハードに加われと焚《た》きつけたのはＣＩＡだ。難民キャンプの子どもたちに与えられる教科書も、アメリカの大学で作られたもので、基礎的な算数の計算でさえ、戦争を題材にして説明されていた。たとえば、「ソ連の異教徒一〇人のうち五人がわれわれイスラム教徒によって殺されたら、残りは五人です」とか、「（弾丸一五発）－（弾丸一〇発）＝（弾丸五発）」という具合だ。

父の住んでいた地域からも、何人かの若者が、兵士としてアフガニスタンに行ったそうだ。ある日、スーフィー・ムハンマドという名のイスラム学者《マウラーナー》が村にやってきて、イスラムの名の下にソ連と戦ってほしいと、若者たちに訴えた。父はそのときのことをよく覚えているという。多くの若者が、訴えに応じて戦地におもむいた。古いライフルを持っていく人もいれば、斧《おの》一丁だけという人もいた。バズーカ砲を持っていく人もいたという。当時は思いもよらなかったけど、そのマウラーナーの作った組織こそが、のちにスワートのタリバンになったのだ。

当時、父はまだ十二歳だったので、兵士にはなれなかった。でもソ連はアフガニスタンに一〇年間も居座りつづけ、一九八〇年代の終わり頃まで戦いが続いたので、父はそのうち、自分もジハードの戦士になりたいと考えるようになった。すると、毎日五回の礼拝をきちんとやらなくなった。朝早くに家を出て、別の村のモスクまで歩いていくようになったからだ。そこで、年上のタリバン構成員とともにコーランを学んでいた。当時、タリバンというのは、単に〝神学生〟という意味だった。ふたりはコーランを徹底的に勉強したそうだ。暗唱するだけでなく、内容の解釈もした。そこまでやる学生はめったにいない。

タリバンは、ジハードがいかにすばらしいものかということを、感動的な言葉でほめたたえる。おかげで、父はすっかりジハードのとりこになってしまった。地上での生など短いものだし、こんな村に住む若者にはろくなチャンスがないと、繰りかえしきかされたという。家族が持っている土地はごくわずかだから、このままだと、南の炭鉱に働きに出るくらいしかない。クラスメートの大半はそうなるだろう。過酷で危険な仕事だ。炭鉱事故で亡くなった人の柩《ひつぎ》が村に運ばれてくることは、年に何回もある。村の若者にとって、いちばんの出世コースといえば、サウジアラビアかドバイで土木工事にたずさわることだ。となると、七二人の乙女がいるという天国が魅力的にみえてくるのも当然だ。父は毎晩、神様に祈った。「神様、異教徒たちとの戦いを終わらせないでください。ぼくもジハードで殉教したいのです」

自分はイスラム教徒でよかった、そのことはほかのどんなことより大切なんだ――父はその頃そう思っていたそうだ。自分の名前を「ジアウディン・パンチピリ」と書くようになった（パンチピリというのは宗派の名前）。ひげが生えはじめたのも、ちょうどその頃。あれは一種の洗脳だった、と父はいう。自爆テロだってやりかねないような若者だったそうだ。もっとも、当時はまだ自爆テロをおこなうテロリストはいなかったけれど。とはいえ、父にはまだ幼いうちから、なんでも疑ってかかるようなところがあった。ものごとを額面どおりに受け取ることはめったになく、なにか裏があるんじゃないかという目でみてしまうのだ。公立学校の授業は型どおりのもので、生徒が先生に質問をすることは許されていなかったというのに。

殉教して天国に行きたいと神様に祈っていた頃、父は、母の兄であるファイズ・ムハンマドと知り合った。そこから家族どうしのつきあいがはじまり、父は、母の父の集会場に出かけるようになった。そこに集まるのは地元の政治に深い関わりを持つ人々だった。宗教とは関係のない民族主義政党を支持する戦争反対派だ。

ちょうどその頃、ラーマット・シャー・サエルという詩人が――ペシャワール出身で、わたしの名前の由来であるマラライの詩を書いたあの詩人──有名な詩を書いた。その詩は、アフガニスタンで起こっていることを〝二頭の象の戦い〟と表現していた。つまり、アメリカとソ連の戦いだというのだ。わたしたちの戦いではない。むしろわたしたちパシュトゥン人は、〝二頭の獰猛《どうもう》な獣に踏みつぶされる草のようだ〟と書かれていた。わたしが子どもの頃、父がこの詩をよく暗唱してくれたけど、わたしには意味がわからなかった。

父はファイズ・ムハンマドの影響を強く受けて、この国独自の封建制度や資本主義を終わらせるべきだ、という話をよくするようになった。一部の名門家族だけが権力を持ちつづけて、貧しい人々はさらに貧しくなる一方だからだ。いつのまにか、父はふたつの両極端な思いにとらわれていたのだ。ひとつは政教分離による社会主義、もうひとつは戦争を好むイスラム原理主義。そして結局は、その中間に落ち着いたのだろう。

父は、自分の父親（わたしの祖父）を心から尊敬していて、祖父のすばらしい話をわたしにいろいろときかせてくれた。しかし祖父には、自分のことを棚に上げて、他人には高い理想を押しつける面もあったそうだ。それでも人々からとても慕われていたし、情熱的なスピーチをすることでも知られていた。偉大な指導者になってもおかしくない人物だったけれど、人づきあいが下手だった。裕福ないとこたちと張り合うことに気をとられていたのもよくなかったのだろう。パシュトゥン人は、自分より人望があったり、金持ちだったり、影響力があったりするいとこがいると、悔しくて我慢できないのだ。

祖父には、祖父と同じ学校で教師をしているいとこがいた。そのいとこは、教師になったとき、自分は祖父よりずっと若いと職場の人たちにいっていた。パシュトゥン人の多くは、自分の正確な誕生日を知らない。わたしの母もそうだ。何年に生まれたかということは、地震などの出来事とからめて覚えることが多い。それでも祖父は、そのいとこが自分よりずっと年上だということを知っていた。祖父はどうしても納得がいかなかったので、丸一日かけてバスでミンゴラまで行き、スワートの教育相に面会を求めた。

「わたしには十歳上のいとこがいます。そのいとこは、わたしより十歳も若いときに教師の免状をもらったことになっているんです」

すると、教育相はこういったそうだ。

「わかった。では、どう書けばいい？　おまえが生まれたのはクエッタの地震の年だ、とでも書いてやろうか？」

祖父はうなずいた。これで、祖父は一九三五年生まれということになった。いとこよりずっと年下になったのだ。

家どうしのいがみ合いがあったせいで、父はいとこたちにずいぶんいじめられたそうだ。父は自分の容姿にコンプレックスがあった。というのも、学校の先生たちが、色の白い美形の子どもたちばかりかわいがるからだ。いとこたちはそのことを知っていたので、放課後、父が家に帰るのを邪魔したり、背が低いだの色が黒いだのとからかったりした。わたしたちの社会では、そのような侮辱を受けたら仕返しをしなくてはならない。でも父は、いとこたちよりずっと体が小さくて、なにもできなかった。

父は、このままでは一生、自分の父親を喜ばせることができないのではないかと、不安だったらしい。祖父は字がうまい。父は何時間もかけていっしょうけんめい字の練習をしたけど、一度もほめてもらえなかったそうだ。

そんな父を励ましたのは、父の母（わたしの祖母）だった。祖母は、子どもたちのなかでも父がいちばんのお気に入りだったし、父は将来立派な人物になると信じていた。父の皿にだけ肉を多めに盛ったり、自分のぶんのクリームを父にあげたりした。その頃は村に電気が来ていなかったので、夜に勉強するのもいまのようにはいかない。父は客間にオイルランプを置いて、その明かりで本を読むのが習慣になっていた。ところがある日、父はつい眠りこんで、オイルランプを倒してしまった。幸い、火が広がらないうちに、祖母がそれに気づいた。

祖母はいつも父を信じて、守ってあげた。そのことが父に勇気と自信を与え、父は自分の生きる道をみつけることができたのだ。その道を、父はわたしにみせてくれた。

ところが、そんな祖母も、父に猛烈に腹を立てたことがある。当時は、デライ・サイダンという神聖な土地から来た聖人たちが、地域の村にやってくることがよくあった。村を歩きまわって、人々に食べ物の施しを求めるのだ。ある日のこと、父の両親が出かけていたときに、そういう人たちが、家にやってきた。父は、封をしてあった木箱をあけて、トウモロコシの粉を出し、その人たちの持ってきた深皿いっぱいに入れてあげた。帰ってきた両親はかんかんに怒って、父をぶった。

パシュトゥン人はつましい生活をすることで知られている（客にだけは気前がいい）。父の父はとくに、お金の管理に厳しかった。子どもたちのだれかが、うっかり食べ物をこぼすと、その子をどなりつける。自分自身が厳格なしつけをされて育ったので、子どもたちがだらしないのを許せなかったのだ。

教師は、子どもたちの学校でやるスポーツの費用やボーイスカウトにかかる費用を割り引いてもらうことができる。割引といってもわずかなもので、ほとんどの教師は、わざわざ申請したりはしない。なのに、祖父は父に、割引分のお金を返してもらってこいと、厳しくいいわたしていた。父はそれがいやでたまらなかったそうだ。校長室のドアをノックするときから、汗がどっと吹き出してくる。いざ校長室に入ってからは、ほとんどしゃべれないほど吃音がひどくなった。

「自分はたった五ルピーのために恥をかかなきゃならないのか、と思ったものだ」

父はわたしにそういっていた。祖父は、父に新しい教科書を買い与えてくれたことがない。自分が教えているクラスの優等生たちに、使った教科書を捨てないでとっておくようにいい、学年の終わりになると、その生徒たちの家に行って教科書をもらってこいと、父にいいつける。父はそんなことをするのが恥ずかしくてたまらなかったけど、勉強をするためには、いいつけに従うしかない。父の教科書はどれも、ほかの子の名前が書いてあった。自分のものは一冊もなかった。

「お下がりの教科書を使うのは、悪いことじゃない」と父はいう。「ただ、一冊でいいから新しい教科書がほしかったんだ。ほかの子の名前が書かれていない、自分の父親に買ってもらった本がね」

倹約家の父親を持って苦労したせいで、父はとても気前のいい人間になった。お金や物に関してだけでなく、精神的な寛大さも身につけた。いとこたちとの長年のいがみ合いを終わらせようと考えるようになったし、校長先生の奥さんが病気になったときは、父は輸血のための血液を提供した。校長先生はこれに驚いて、大変だっただろう、痛かっただろう、とねぎらってくれたそうだ。

父が子どもの頃の話をするとき、いつもこういう。自分の父親は気むずかしい人だったが、なによりも大切な贈り物をくれた、と。それは、教育。祖父は、父を公立の高校に行かせて英語を学ばせ、現代的な教育を受けさせた。マドラサではなく公立高校を選ぶとはなにごとかと、イマームの仲間たちは、祖父を非難したそうだ。祖父はまた、知識を身につけることの楽しさを父に教えた。人間のさまざまな権利を踏みにじってはいけないということも、父は祖父に教わって、それをわたしに教えてくれた。金曜日ごとの説教のなかで、祖父はよく、貧しい人々や豊かな地主たちの話をして、封建制度は真のイスラム主義に反する、と訴えた。

祖父はペルシャ語とアラビア語が話せたし、言葉をとても大切にしていた。サーディ、アラマ・イクバル、ルミといった偉大な詩人の作品を、心をこめて父に読みきかせた。きいているのが父ひとりでも、モスクにいるイスラム教徒全員に教えているかのように、熱心に教えてくれたという。

父は、流暢《りゅうちょう》にしゃべれるようになりたかった。口を開けば言葉がなめらかに出てくるようになりたかった。また、祖父が自分に医者になってほしいと思っていることを知っていた。ところが、父は勉強がよくできるし、詩の才能もあるのに、数学や科学が苦手だった。このままでは祖父をがっかりさせてしまう。だから、年一回の地域の弁論大会に参加しようと思った。そうすれば祖父を喜ばせることができると考えたのだ。学校の先生も友だちも、口をそろえて、やめておけと父にいったらしい。祖父も、父に原稿を書いてほしいと頼まれたものの、気が進まなかった。それでも最後にはすばらしい原稿を書いてくれた。父は徹底的に練習した。山道を歩きながら、空や鳥をみあげて暗唱した。家ではひとりになれる空間がないからだ。

これといって娯楽のない地域だから、弁論大会の日にはおおぜいの人々が集まる。参加者のなかには、スピーチがうまいことで有名な子もいた。どんどん順番が進み、とうとう父の名前が呼ばれた。

「演壇に立ったときは、両手が震えて、膝ががくがくしていた。背が低いから、演壇の向こうがやっとみえるくらいだったが、緊張しすぎて、人の顔がぼやけてみえた。てのひらは汗でびっしょりなのに、口のなかはからからにかわいていた」

苦手な子音のことは考えまいとしていたそうだ。考えれば、その音がのどに張りついてしゃべれなくなるだろう。ところが、口を開いてみると、言葉がすらすらと出てきた。美しい蝶《ちょう》がひらひら羽ばたいていくかのようだった。父親のように迫力のある声は出せなかったけれど、情熱をたっぷりこめることができた。しゃべればしゃべるほど、自信がわいてきたという。

父がスピーチを終えたとき、会場がどっとわいた。なによりうれしかったのは、優勝のカップを手にした瞬間、祖父が手をたたいて喜んでいる姿がみえたことだ。まわりの人たちにも背中をたたかれて、祝福されていた。

「あのときはじめて、自分の力で父親を笑顔にすることができたんだ」父はそういっていた。

それからは、地域で弁論大会があると、父は必ず参加した。祖父が原稿を書いて、父がそれを読む。そうすれば、ほとんどの大会で優勝できた。あの子はスピーチがうまいと、地元で評判になった。父は、苦手だったことを克服して、自分の力に変えたのだ。そうなってはじめて、祖父は父のことを他人の前でほめるようになった。

「ジアウディンは鷹《シャヒーン》《たか》のような子だ」

祖父はそういったそうだ。鷹は、ほかのどんな鳥よりも高いところを飛ぶからだ。

また、祖父はこうもいった。

「これから名前を書くときには〝ジアウディン・シャヒーン〟と書きなさい」

父はそうするようになったけど、しばらくしてやめた。鷹はたしかに高いところを飛ぶ。でも残酷な鳥だ。そして〝ジアウディン・ユスフザイ〟と書くようになった。ユスフザイこそ、わたしたち一家の名前だ。

3　学校が遊び場だった

わたしの母は、六歳のときに学校に通いはじめたけど、一年ももたなかった。女の子を学校に通わせようという父親やきょうだいがいる家なんて、母の家くらいだった。クラスで、女の子はひとりだけだった。母は教科書の入ったバッグを持って、胸を張って学校に行き、「わたしは男の子より勉強ができるのよ」といばっていたらしい。でも、自分は毎日学校に行くのに、ほかの女の子たちは家に残って遊んでいる。みんなは学校に行かなくてすんでいいな、と思うようになった。学校なんかに通って、なんの意味があるんだろう。結局は家で料理をしたり、掃除をしたり、子どもを育てたりするだけなのに。

そんなわけで、ある日、母は教科書を売ってしまった。手にしたお金は九アナ［一アナは一六分の一ルピー］。そのお金でお菓子を買って、学校に行くのをやめてしまった。

父親（わたしの祖父）にはなにもいわれなかったそうだ。母がいうには、祖父は気づいてもいなかったらしい。毎朝、トウモロコシのパンとクリームの朝食をすませると、ドイツ製のピストルをストラップで脇につるして、さっさと出かけてしまう。地域の政治活動もあるし、住人どうしのもめごともおさめてやらなければならず、忙しかったのだ。それに、子どもが母のほかに七人もいたから、ろくに目が届かない。

父と知り合ったときにはじめて、母は学校をやめたことを後悔した。父は読書家で、母のために詩を書いてくれた。将来の夢は、学校を作ることだという。母は父の書いてくれた詩を読むこともできなかったけど、妻として、その夢をかなえる手伝いをしたいと考えた。

父にとって、学校を作ることとは、ずっと昔からの夢だった。でも、その方面の人脈もなければお金もないので、夢をかなえることはとてもできそうになかった。知識ほど貴重なものはない、というのが父の考えだ。子どもの頃、村を流れる川の岸に立って、この水はどこから来てどこに行くんだろう、と思いながら流れをながめていたことが忘れられないという。その後、雨が川になって海に流れていって、という水の循環を学んだそうだ。

父の通った村の学校は、小さな建物がひとつあるだけで、ほとんどの授業は、外の木陰でおこなわれた。トイレもないから、用を足すときは原っぱに行く。それでも自分は幸運だった、と父はいう。女のきょうだい――わたしのおばたち――は、学校に行けなかった。おばたちだけではない。パキスタンの何百万人もの女の子が、学校に行けなかった。

父はこういっている。教育は自分にとって最高の贈り物だった。その教育を受けられない人がたくさんいることが、パキスタンの抱える多くの問題の根底にある。無知な人々は、政治家にだまされていることに気づかない。悪い人間を、選挙でまた選んでしまう。すべての国民が学校に通えるようにするべきだ。金持ちだろうが貧乏人だろうが、男だろうが女だろうが関係ない。父の夢みる学校は、こんなふうだ。教室には机が並び、図書室があって、コンピュータもある。壁には色鮮やかなポスターがたくさん貼ってある。そしてもちろん、トイレがある。

祖父は、末の男の子だった父に、医者になってほしかった。ふたりしかいない男の子のひとりとして、家計を助けてほしいと思っていた。

父の兄、つまりわたしのおじであるサイード・ラムザンは、地元の学校の教師になった。おじは結婚してからも実家で暮らしながら、給料の大部分を貯金して、家の隣に小さなコンクリートの集会場を作った。山から丸太を運んできて薪にしたり、学校の仕事が終わったあとは野良仕事をしたり、そこで飼っている水牛の世話をしたりした。屋根の雪おろしのような力仕事も、祖父のかわりにやっていた。

成績優秀だった父は、スワートで最高の教育機関といわれるジェハンゼブ大学に入れることになった。ところがそのとき祖父は、大学に行くなら生活の面倒はみない、といったそうだ。祖父自身はデリーで教育を受けた。そのあいだ、生活費がいっさいかからなかった。モスクで神学生のような暮らしをしていたので、町の人々が、食べ物や着るものを恵んでくれたからだ。

ジェハンゼブ大学は授業料がかからないけど、生活費は必要だ。パキスタンには学生ローンのようなものがないし、そもそも父は銀行に足を踏み入れたこともなかった。大学はミンゴラの双子都市サイドゥ・シャリフにある。そこには、家に住まわせてくれるような親戚もいない。シャングラ地区にある大学はジェハンゼブ大学だけだし、大学に行かなければ、村を出ることもできない。村を出なければ、夢をかなえることができない。

父は途方にくれて、悔し涙を流したという。大好きだった母親は、その直前に亡くなっていた。もし母親が生きていてくれたら、自分の味方になってくれたのに、と思った。なんとかしてほしいと父親にすがったけど、だめだった。残るただひとつの望みは、カラチにいる義理の兄だ。その家に住まわせてもらってカラチの大学に行きたいと頼んでみたらどうだ、と祖父はいった。義理の兄夫婦は、母親、つまりわたしの祖母が亡くなったことで、悔やみをいいにくることになっていた。

父は、どうか願いをきいてもらえますようにと、神に祈った。ところが祖父は、夫婦が家にやってくると早速、その話を持ち出した。三日間もバスに乗ってきて、へとへとになったところにそんな頼みごとをされて、義理の兄は即座に断った。祖父はかんかんに怒って、それから夫婦が家にいるあいだ、ひとことも口をきかなかったという。

父は絶望した。自分も兄と同じように、どこかの村の学校の教師になるしかないんだろう、と思った。

カーン・ダダおじさんが教師として働いていた学校は、セウールという山村にあった。家から学校まで一時間半かけて山道をのぼっていかなければならない。学校といっても、校舎さえなかった。モスクの大広間を使って、五歳から十五歳までの一〇〇人以上の子どもたちに勉強を教えていた。

セウール村に住んでいるのは、グジャール人と、コヒスタン人と、ミアン人。わたしたちは、ミアン人は立派な人たち、土地に根づいた人たち、というイメージを持っている。でもグジャール人とコヒスタン人は違う。どちらも〝山の民族〟で、水牛の世話をする小作人が多い。子どもたちはいつも汚い格好をしている。貧しいパシュトゥン人でさえ、彼らのことを見下している。「汚いし、色は黒いし、頭が悪い。あいつらに読み書きなんか教えてやる必要はない」

よく耳にすることだけど、教師たちは、そういう辺鄙《へんぴ》な土地の学校に配属されるのをいやがる。もし配属されると、仲間の教師たちと相談して、学校に行く教師を一日にひとりだけにしてしまう。たとえば、その学校に教師がふたりいるときは、それぞれが週に三日ずつ出勤し、もうひとりの出勤簿にもサインする。教師が三人いるときは、週に二日ずつ仕事をする。仕事といっても、教室で長い棒を持って、子どもたちを静かに座らせているだけ。グジャール人やコヒスタン人の子どもたちに勉強なんか教えても意味がない、と思っているからだ。

わたしのおじはそういう教師と違って、仕事熱心だった。山の人々が好きだったし、過酷な環境でたくましく生きている人々を敬ってもいた。だからほぼ毎日学校に行って、子どもたちに勉強を教えようとがんばっていた。

父は大学に行けず、やることがなかったので、おじの仕事をただで手伝いはじめた。そうするうちに、幸運がめぐってきた。わたしのおばのひとりが、その村の男性と結婚していた。その家に、ナシール・パチャという親戚が訪ねてきて、父が学校で働いているのをみかけた。ナシール・パチャは、サウジアラビアの建設現場で何年も働き、家族に仕送りしていたことがある。父はナシールに、自分は学校を卒業したばかりで、ジェハンゼブ大学に入学を許されている、という話をした。実際はお金がないので行けないということまでは、いわなかった。祖父の面目をつぶすことになるからだ。

「それなら、わたしの家から通うといい」ナシール・パチャがいった。

「あのとき、どんなにうれしかったか！」父はいまもそういう。パチャと、奥さんのジャジャイが、父の第二の家族になってくれた。家はスパル・バンディにある。ホワイトパレスに行く途中にある、美しい山間《やまあい》の村だ。父によれば、とてもロマンティックで神秘的なところだそうだ。父はバスでその村へ行った。ふるさとの村と比べると、とても大きな村だったので、村ではなく都市にやってきたのかと思ったそうだ。

一家は、父を客として心からもてなしてくれた。ジャジャイは、亡くなったばかりの母親のかわりになってくれた。父の人生のなかでもっとも大切な女性のひとりだ。道を隔てた向かいの家の女の子を、父がいやらしい目でみている——村人からそんな文句をいわれたときも、ジャジャイは父をかばってくれた。

「ジアウディンは、つるんとした玉子みたいに汚れのない若者ですよ。あなたの娘にこそ、目を光らせておいたほうがいいんじゃありませんか」

スパル・バンディで、父は自由に生きる女性の姿を目にした。自分の村の女性は人目を避けてひっそり生きているけど、それとはまったく違っていた。スパル・バンディの女性は、山の頂の美しい場所に集まっては、日々の暮らしのことを話していた。女が家の外の決まった場所で集まるなんて、パキスタンではめずらしいことだ。

父はその場所で、アクバル・カーンという人に出会った。アクバル・カーンは、自分は大学には行っていないけど、父が大学に行けるよう、お金を貸してくれたという。わたしの母と同じで、ちゃんとした教育を受けていなくても、違う種類の知恵を持った人なのだ。

父は、アクバル・カーンやナシール・パチャの話をするとき、よくこんなことをいう。困っている人に親切にしてあげると、自分も思わぬときに助けられる。あのふたりをみていて、それがよくわかったよ、と。

父が大学に入学したのは、パキスタンの歴史が大きな節目を迎えたときだった。その夏、父が山道を歩いていたときに、独裁者として知られたハク将軍が、謎《なぞ》の飛行機事故で命を落とした。マンゴーの箱に爆弾が隠されていたというのが、もっぱらの噂《うわさ》だ。最初の学期が終わらないうちに、国民投票がおこなわれて、ベナジル・ブットが首相に選ばれた。父が子どもの頃に死刑になったブット首相の娘だ。ベナジル・ブットは、イスラム世界ではじめての、女性の首相だ。急に、未来に明るい希望がみえてきた。

ハク政権下では学生運動は禁じられていたけれど、政権が変わるとすぐさかんになった。父は学生の政治運動組織に加わって、演説のじょうずな運動家として知られるようになった。パクトゥーン学生連合（ＰＳＦ）の書記長にも任命された。ＰＳＦは、パシュトゥン人にも他民族と同等の権利を、と訴える団体だ。パキスタンでは、軍隊にしろ、役所にしろ、政府にしろ、組織のトップはパンジャブ人だけで構成されている。いちばん広くていちばん力のある州が、パンジャブ州だからだ。

ＰＳＦのほかに、大きな学生運動組織がもうひとつあった。イスラミ・ジャミアテ・タラバだ。保守的宗教政党ジャミアテ・イスラミの学生支部で、パキスタンの多くの大学で、大きな勢力を誇っていた。組織に加わった学生には、教科書をただで配布したり、奨学金を出したりする一方、考えかたがとても厳格で、暇さえあればあちこちの大学をみてまわり、音楽のコンサートでもやっていようものなら、妨害する。学生もともとはハク将軍に近い組織で、選挙ではいい結果が出ないことが多かった。学生支部の代表はジェハンゼブ大学のイフサン・ウルハク・ハッカーニ。わたしの父とは敵対していたけど、同時に、互いを尊敬してもいたし、のちにふたりは友だちになった。ハッカーニがいうには、もし父が裕福な家の息子だったら、PSFの代表になっていただろうし、卒業後は政治家になっていただろう、とのことだ。学生政治運動では、弁論能力とカリスマ性がすべてだけど、本物の政治にはお金が必要だ。

一年目、もっとも激しい議論を呼んだのは、ある小説の問題だった。サルマン・ラシュディが書いた『悪魔の詩』。預言者ムハンマド《PBUH》の人生をパロディ化し、舞台をボンベイ［ムンバイ］にした小説だ。イスラム教徒の多くが、この作品をイスラムへの冒瀆《ぼうとく》と考えたために、大騒動が巻きおこった。それ以外の話題がなくなってしまったかのように、人々はそのことばかり話していた。

奇妙なのは、当初はだれもこの本が出版されたことに気づいていなかったことだ。パキスタンでは売られていなかったということもあるかもしれない。ウルドゥー語の新聞に、諜報《ちょうほう》機関と関係のあるイスラム学者たちの書いた批判記事が次々と載せられたのがはじまりだった。この本は預言者ムハンマド《PBUH》を冒瀆するものであって、心正しいイスラム教徒は抗議する義務がある、という記事だった。

まもなく、パキスタン全国のイスラム学者たちがこの本を非難し、発売禁止にすべきだとの声をあげた。怒りのデモがあちこちでおこなわれた。一九八九年二月十二日には、イスラマバードでひどい事件が起こった。アメリカンセンターの前で星条旗に火がつけられた。ラシュディはイギリス人で、出版社もイギリスの会社だというのに。警官が群衆に向けて発砲し、五人が死んだ。怒ったのはパキスタンの人々ばかりではない。二日後、イランの最高指導者であるアヤトラ・ホメイニ師が、ラシュディを暗殺すべしという宣告を出した。

父の大学でも、学生が部屋いっぱいに集まって、熱のこもった討論を繰りひろげた。多くの学生は、本を発売禁止にして燃やし、ラシュディを暗殺すべしという意見だった。父は、本はたしかにイスラムを侮辱するものではあるが、彼らには同調しなかった。

「まずはその本を読んで、それから、それに対抗する本を書けばいいじゃないか」

父はそういった。さらに、迫力のある声をとどろかせた。祖父がきいていたら、さぞかし喜んだだろう。

「イスラムは、イスラムを否定する本を容認できないほど、弱い宗教なのか？　違う！　わがイスラムは、もっと強い宗教だ！」

ジェハンゼブ大学を卒業したあとしばらく、父は有名な私立大学で英語の教師をしていた。ただ、給料が低かった。月にたった一六〇〇ルピー〔およそ三〇〇〇円〕。祖父も、もっと家計を助けてくれないと困る、と文句をいう。父自身、愛するトール・ペカイとの結婚資金を貯《た》めることができずに困っていた。

父の同僚に、ムハンマド・ナイーム・カーンという人がいた。ふたりはいっしょに勉強して、英語の論文を書いて修士号をとった仲間でもある。ふたりとも、教育の仕事に情熱を持っていたし、苛立《いらだ》ちも感じていた。当時の学校があまりに厳格でつまらないものだったからだ。教師も生徒も、自分の意見を持ってはいけない。学校の経営者がすべてを厳しく取りしまっていて、教師どうしが仲良くなるだけで目をつけられる。父は自由になりたかった。自分の学校を作れば、窮屈な思いをしなくてすむ。自由にものを考えることを子どもたちに教えたい、と思っていた。偏見のない広い心や創造性よりも、命令に素直に従うことを重視するような学校に、うんざりしていたのだ。そこで、ナイームが大学の理事会と口論してクビになったとき、ふたりで力を合わせて学校を作ろうと決めた。

父の出身地の隣村シャープールに学校を作ろう、それが最初の計画だった。シャープールには学校が必要だった。「店のない村に店を作るのと同じだ」と父はいっていた。ところが、校舎にできそうな建物をさがしに村を訪ねてみると、〈学校ができます〉という垂れ幕がそこらじゅうにかけられていた。だれかがひと足先に動いていたのだ。そこでふたりは、ミンゴラに英語の中等学校を作ることにした。スワートは観光地だから、英語を学びたいという人が多いだろうと考えてのことだった。

父はまだ大学で授業をしていたので、ナイームが街を歩きまわって、よさそうな物件をさがした。ある日、ナイームが興奮した声で電話をかけてきた。ぴったりの場所がみつかった、とのことだ。ランディカスと呼ばれる高級住宅地にある二階建ての建物の一階だった。塀で囲まれた中庭があるから、生徒全員を屋外に集めることもできる。空き家だけど、その前はやはり学校だったそうだ。学校の名前は、ラマダ・スクール。経営者がトルコに行ったときにラマダ・ホテルをみたので、同じ名前をつけたとのこと。ところが、その学校は破産してしまったという。それを知ったとき、ふたりはもっとよく考えるべきだったのかもしれない。それに、建物は川沿いにあった。人々が川にごみを投げすてるので、暑い季節はひどいにおいがする。

父は、大学の仕事が終わってから、物件をみにいった。木々の梢《こずえ》の上に星と満月が輝く、最高に美しい夜だった。父はそれをゴーサインと受け止めた。「最高にしあわせだった。夢がかなうと思ったんだ」

ナイームと父は、ありったけの貯金をはたいた。全部で六万ルピー。さらに三万ルピーを借りて、校舎のペンキを塗り直した。道路をはさんだ向かいの小さな家を借りてそこで暮らし、近所の家を一軒一軒まわって生徒を募集した。残念ながら、英語教育は思ったほど求められていなかった。しかも、予想外の出費があった。父は大学を卒業してからも、政治運動に関わっていた。借りた家や学校に、毎日のように組織の仲間がやってくる。客が来れば、昼食を出さなければならない。「こんなに客をもてなしていたら、やっていけないよ！」とナイームが文句をいった。ふたりは仲のいい友だちだったけど、仕事のパートナーとしてやっていくのは難しいということがわかってきた。

なにより大変だったのは、シャングラの親戚や友人が次々に訪ねてきたことだ。パシュトゥン人は、訪ねてきた親戚や友だちを拒むことはできない。どんなに困っているときでも、客としてもてなす。プライバシーなどおかまいなしだし、だれかに会いにいくときに前もって知らせる習慣もない。客はいつやってきてもおかしくないし、来れば、好きなだけいる。新しいビジネスを始めようとしている者にとっては最悪だ。

そのせいでナイームの決心が揺らぎはじめた。ある日、こんな冗談をいいだした。「どちらかの親戚が泊まりにきたら、罰金を払うことにしないか」父はナイームの友だちや家族に、遊びにこい遊びにこいと声をかけつづけた。でないと、自分ばかりが罰金を払うことになってしまうからだ。

三ヶ月後、ナイームがとうとう音をあげた。

「生徒から授業料をもらって稼いでいくはずだったのに、うちに来るのは物乞いばかりじゃないか！　こんなんじゃやってられない。もうたくさんだ！」

その頃にはもう、ふたりはろくに口もきかないほど険悪な仲になっていた。町の年寄りを呼んで、話し合いをすることになった。父は、なにがなんでも学校を続けたかったので、ナイームが払った出資金をナイームに返すことに同意した。といっても、どうしたらそんなお金が払えるのかわからない。そこへ、ヒダヤトゥラーという、大学時代の別の友人がやってきた。金を出して、ナイームのかわりに父といっしょに働いてくれるという。

新しいコンビは、また近所の家をまわりはじめた。新しいタイプの学校を作ったんですよ、と宣伝する。父は抜群に人に好かれるところがあった。ヒダヤトゥラーがいうには、どこかに招かれたら、友だちの友だちとまで仲良くなってしまうような男らしい。ただ、町の人々は、父と楽しそうにおしゃべりをするだけで、自分の子どもたちを通わせるのは、新しいタイプの学校よりも従来の学校のほうがいいと考えていた。

父が尊敬する英雄、クシャル・カーン・カタックにちなんで、学校にクシャル・スクールという名前をつけた。カタックは戦場の詩人だ。スワートの南のアコラ出身で、十七世紀、パシュトゥン人の全部族をひとつにまとめてムガール人と戦ったことで知られている。

校舎の入り口近くには、〈新しい時代の声を求めて〉という校訓を書いた。そのほかに、飾り楯《たて》も作った。パシュトー語で、カタックの詩の一部が書いてある。〈アフガニスタン人の誇りの名のもとに、我は剣を構える〉というものだ。偉大な英雄の言葉に感銘を受けてほしい、という思いでそれを作ったのだけれど、この時代にふさわしく、「剣を構える」の部分を「ペンを持つ」と書き換えた。カタックがパシュトゥン人をひとつにまとめて外国の敵に立ち向かおうとしたように、わたしたちは無知と戦わなければならない。

残念なことに、その言葉は多くの人々の胸には響かなかった。学校がはじまっても、生徒はたった三人。それでも父は、初日に開校式をやることにこだわった。まずは校歌を歌い、そのあとは、手伝いに来てくれるようになった父の甥のアジズが、パキスタンの国旗を掲揚した。

生徒が三人しかいないので、お金も少ししか集まらない。備品も買えないし、資金も底をついた。父もヒダヤトゥラーも、家族にお金を出してもらうことはできない。ヒダヤトゥラーは、父が大学のいろんな人たちにお金を借りていることや、借金返済の催促の手紙ばかり届くことに、嫌気がさしてきたようだった。

学校を作ったことを届け出ようと役所に行ったとき、父はもっとひどい目にあった。何時間も待たされたあと、ようやく教育課のオフィスに通された。役人は書類の山に囲まれて、何人もの取り巻きといっしょにお茶を飲んでいた。

「これはどういう学校だ?」役人は、申請書類をみて笑った。「教師は何人いる? 三人! どうせろくな経験もないんだろう。学校なんて、そう簡単に作れるものじゃないんだぞ。考えが甘いな!」

オフィスにいたほかの人々も、父をばかにしたように、いっせいに笑った。父は腹が立ってしかたがなかった。どうみても、役人は賄賂を求めている。パシュトゥン人は、他人にばかにされることには耐えられない。父は、賄賂なんか払うつもりはまったくなかった。ちゃんと手続きを踏んでいるのだから、本来そんな必要はないのだ。父もヒダヤトゥラーも、食べ物さえ満足に買えないくらいだった。賄賂を出す余裕なんか、あるわけがない。

学校登録に必要な賄賂の相場は一万三〇〇〇ルピー。金持ちだと思われたら、もっと請求される。そのうえ、定期的に役人を招待して、上等なニワトリやマスの料理をふるまわなければならないという。教育課の役人は、学校視察の日程を決めると同時に、昼食はあれがいいこれがいいと、細かな注文をつけるのが当たり前になっている。父はよくこんなふうにいっていた。「学校は養鶏場じゃないんだ」

遠回しに賄賂を請求されたとき、父は、長年にわたって磨いてきたスピーチを武器に、役人に立ち向かった。

「どうしてそんなことをおっしゃるのですか？　わたしは教育課を訪ねてきたつもりですが、もしかしたらここは、警察か裁判所なのでしょうか？　わたしは犯罪者なんですか？」

父は、徹底的に戦ってやる、と心に決めた。ほかの学校の経営者たちのためにも、こんないやがらせや汚職はやめさせなければならない。でも、そのためには、自分にも権力が必要だ。そこで、スワート私立学校協会という組織に入会した。当時はまだ小さな組織で、会員が一五人しかいなかったので、父はあっというまに副会長になった。

ほかの校長たちは、当たり前のように賄賂を支払っている。父はその風潮に反対した。すべての学校が団結すれば、役人たちに対抗できるはずだ、と考えたのだ。

「学校を経営することは、犯罪ではありません。どうして賄賂を払うんですか。売春宿を経営しようというのではなく、子どもたちに教育を与えたいだけだというのに！政府の役人たちが、わたしたちより偉いはずがありません。彼らはわたしたち市民の下僕なんです。給料をもらって、わたしたちのために働くのです。わたしたちがいるから、彼らの子どもたちは教育を受けられるのではありませんか」

まもなく、父は会長になった。協会は大きくなり、会員は四〇〇人を数えるまでになった。こうなると、学校経営者の立場はがぜん強くなる。それでも父は相変わらず、ビジネスに徹しきれないロマンティックな人だった。ヒダヤトゥラーとふたりで、商店でお茶や砂糖を買うこともできない状況から脱するために、学校でお菓子屋さんを開くことにした。午前中に学校を抜けだしてお菓子を仕入れてきて、子どもたちにそれを売る。父がトウモロコシを買ってきて、夜遅くまでかかってポップコーンを作ることもよくあった。

「わたしは問題が山積すると思いつめてしまうたちで、まったくやる気をなくしてしまうこともあるんだが――」当時を振りかえって、ヒダヤトゥラーがいったことがある。「――ジアウディンは違う。ピンチのときこそ強くなって、やる気を出すんだ」

大きいことをやらなきゃだめだ、と父はいっていた。ある日、ヒダヤトゥラーが生徒募集を呼びかけて町から戻ってくると、父がオフィスにいて、パキスタン・テレビの地元の局長とテレビコマーシャルの相談をしていた。相手が帰っていくとすぐ、ヒダヤトゥラーは大声で笑いだした。

「ジアウディン、ここにはテレビもないんだぞ。コマーシャルをやったって、おれたちはみられないんだ」

それでも、父は希望を持ちつづけた。現実がどんなに厳しくても、前を向いて進みつづけた。

ある日、父はヒダヤトゥラーに、何日か学校をあけて実家に行ってくる、といった。いよいよ結婚することになったのだ。でも、父はミンゴラの友だちにはそのことを内緒にしていた。話してしまうと、もてなす客が増える。そんな余裕はなかったからだ。パシュトゥン人が結婚式をあげると、何日ものあいだパーティーが続いて、ごちそうがふるまわれる。

ところが、父は、式そのものには出席しなかった。そのことで、母にしょっちゅうからかわれていたものだ。父が参加したのはパーティーの最終日だけ。家族と親戚が、新郎新婦の頭の上にコーランとショールを掲げ、鏡でその姿を本人たちにみせる。親どうしが決めた結婚の場合、多くの新郎新婦は、このときはじめてお互いの顔をみることになる。新郎新婦は小さな男の子を膝に抱いて、男の子が生まれますようにと祈願する。

パシュトゥン人の習慣では、新婦は、新婦の家族から家具か冷蔵庫を贈られ、新郎の家族からは金の製品を贈られる。祖父にはわずかな金しか買ってもらえなかったので、父はまたお金を借りて、金のブレスレットを買わなければならなかった。

結婚式のあと、母は、父の実家で、わたしの祖父やおじといっしょに暮らしはじめた。父は二週間か三週間に一回、母に会いにいく。学校の経営が軌道に乗ったら、母を呼びよせるつもりだった。ところがそのあいだにも、祖父は、お金がかかるといって文句をいいつづけた。母は肩身が狭くて、とても暮らしていられない。母が少しだけ持っていたお金を使って、両親はバンを一台借り、ミンゴラへやってきた。でも、それからどうしていいのかわからなかった。父はこういっている。

「父はさっさとわたしたちを追い出したかったんだろう。あのときは、自分の家族はなんて冷たいんだろうと恨んだものだが、あとになって、それでよかったと思えるようになったよ。親に頼らずがんばろうという気持ちが強くなったからね」

ただ、父はそのことをビジネスパートナーには話していなかった。ミンゴラに戻ってきた父が妻といっしょにいるのをみて、ヒダヤトゥラーはびっくりした。「家族なんか養う余裕はないぞ。だいたい、どこに住まわせるんだ?」

「なんとかなる。料理や洗濯をやってもらえばいい」

母は、ミンゴラに住むことができて大喜びだった。モダンな都会にみえたからだ。母がまだ子どもの頃、友だちどうしで将来の夢について語り合っていたとき、友だちはみんな、結婚して子どもを産んで夫のために料理をして暮らしたいといったけれど、母は違ったそうだ。

「わたしは都会で暮らして、ケバブとナンを買ってきて食べるような暮らしがしたい。自分で料理するよりそのほうがいいわ」

でも、思ったとおりにはいかなかった。ミンゴラの家は、部屋がふたつしかない小屋のようなもの。片方の部屋で父とヒダヤトゥラーが眠る。もう片方の部屋は小さなオフィスだ。キッチンもないし、下水道も通っていない。母がやってきたので、ヒダヤトゥラーはオフィスの固い木の椅子で寝るしかなくなった。

父はどんなことでも母に相談した。

「ペカイ、困っているんだ。どうしたらいいと思う?」

いつもそんな調子だった。母はなんでも手伝った。父やヒダヤトゥラーが校舎の壁に漆喰《しっくい》を塗っていて停電で真っ暗になったとき、ランタンを持って手元を明るくしてあげたりすることもあった。

「ジアウディンは家族を大切にする男なんだ。夫婦仲はすごくよかった」ヒダヤトゥラーはそういっていた。「妻といっしょになんか暮らしていけるもんかって男は多いが、やつはその反対だ。奥さんがいないと生きていけないみたいだった」

何ヶ月もたたないうちに、母は妊娠した。一九九五年に生まれた最初の子どもは女の子で、死産だった。

「衛生面で問題があったんだろう。泥だらけの小屋で暮らしていたから。女性は病院に行かなくても子どもが産めるものだと思っていた。母も姉も、みんなそうだったからね。母は家で子どもを一〇人産んだんだ」

学校の出費は増える一方。そのうち、雇っている教師の給料や、校舎の家賃も払えなくなった。金細工師がしょっちゅうやってきて、結婚のとき父が母に贈ったブレスレットの代金を払えとせっつく。父はその男をおいしいお茶とビスケットでもてなした。それで満足してもらえればと思ったのだ。ヒダヤトゥラーが笑った。

「お茶で満足してくれると思うか？　金《かね》を取りにきたってのに」

状況はさらに厳しくなり、金のブレスレットを売らなくてはならなくなった。わたしたちの文化では、結婚の記念に贈った貴金属は、夫婦の絆《きずな》そのものとされる。それでも女性が貴金属を売ることはよくある。夫の事業を助けたいときや、出稼ぎの旅費を工面するときなどだ。

母は前にも、ブレスレットを売ると申し出たことがあった。父の甥を大学に行かせるためだった。大学のためのお金を出してやると、父が前に約束していたのだ。幸い、そのときは父のいとこのジェハン・シェール・カーンが援助してくれたので、母は現実を知らされないままだったけれど、母のブレスレットは、まだ代金が一部しか支払われていなかった。そしてとうとう本当にブレスレットを売ったとき、母はひどく怒ったという。お金が少ししか戻ってこなかったからだ。

これ以上事態が悪くなることなんてありえない——そんなとき、あたり一帯が鉄砲水に襲われた。朝から雨が降りつづき、夕方になると、警告が出た。いまにも川があふれそうだという。地域のだれもが避難した。ちょうど母は家を離れていた。ヒダヤトゥラーは父をさがした。校舎の一階にあるものを二階に運ぶのに、父の手を借りたかったのだ。水はどんどんあがってくる。なのに父の姿はどこにもない。ヒダヤトゥラーは外に出て、「ジアウディン、ジアウディン！」と叫んだ。

父をさがしているうちに、ヒダヤトゥラーは死にかけた。学校の前の狭い道はすっかり川のようになって、水位が首のところまで来ていた。電線が切れて垂れさがり、火花の散る先端が、いまにも水面につきそうになっていた。ヒダヤトゥラーは恐怖で身がすくんだという。電線が水面についたら感電してしまう。まさにぎりぎりの状態だった。

しばらくして、ヒダヤトゥラーがようやく父の姿をみつけた。父がなにをしていたのかもわかった。父は、女が泣いている声を耳にしたのだ。夫が家に取り残されている、なんとかしてほしい、と訴える声だった。父は必死に女の夫を助けだし、ついでに冷蔵庫も運びだしてやった。ヒダヤトゥラーはかんかんだった。

「おまえはこの女の夫を助けて、自分の家はほったらかしにしたんだぞ！　女が泣いている、たったそれだけのことでな！」

水が引いたあとは、家も学校もめちゃくちゃだった。家具も、カーペットも、本も、服も、ステレオも、悪臭のする泥にまみれていた。寝るところもないし、着替えもない。ありがたいことに、アマン・ウディンという近所の人がふたりを泊めてくれた。ふたりは一週間かけて、泥や破片を片づけた。

一〇日後、ふたりが家をあけていたときに、二度目の鉄砲水が襲ってきた。校舎はまた泥まみれ。それからすぐ、水道と電気の会社ＷＡＰＤＡの役員がやってきた。メーターが壊れているといって、賄賂を要求する。父が拒むと、ものすごい金額が書かれた請求書が送られてきた。どうしたってそんな金額は払えない。そこで父は、学生運動をしていたときの友だちに相談して、手をまわしてもらった。

学校を作るなんて、もともと無理だったんじゃないか——そんな雰囲気が漂いはじめたけれど、父はそう簡単に夢をあきらめようとはしなかった。家族だって養っていかなければならない。一九九七年七月十二日、わたしが生まれた。出産経験のある近所の人が、母のお産を手伝ってくれた。父は学校で待っていて、生まれたという知らせを受けると、すぐ駆けつけてくれた。男の子ではなくて女の子だったので、母は父がなんというか不安だったそうだ。でも父はわたしの目をのぞきこんで、大喜びした。「マララは幸運の女の子だった」ヒダヤトゥラーがいう。「マララが生まれて、おれたちの運気が変わったんだ」

といっても、すぐに変わったわけではない。一九九七年八月十四日、五〇回目のパキスタン建国記念日には、国じゅうで、パレードや記念行事がおこなわれた。でも、父も父の仲間たちもみな、めでたくなんかないといった。スワートの人々にとって、パキスタンに併合される前より、併合されたあとのほうが、苦しいことばかりだったからだ。父と仲間たちは黒い腕章をつけて、「建国記念日なんかめでたくもなんともない」と抗議活動をして、逮捕された。いいわたされた罰金は、とても払えるような額ではなかった。

わたしが生まれて何ヶ月かたった頃、教室の上の階があいたので、わたしたちはそこに引っ越した。壁はコンクリートだし、水道も通っている。泥だらけの小屋と比べれば、ずっと住みやすい。それでも窮屈なことには変わりがない。ヒダヤトゥラーもいるし、相変わらず客がひっきりなしにやってくる。

学校は男女共学の小学校で、とても小さかったけど、わたしが生まれた頃には、教師の数が五、六人になり、生徒も一〇〇人くらいになった。授業料は一ヶ月一〇〇ルピー。父は教師であり、会計士であり、校長でもあった。床の掃除をしたり、壁に漆喰を塗ったり、トイレを掃除したりもした。しょっちゅう電柱にのぼって、学校を宣伝する横断幕を張った。高所恐怖症なので、梯子《はしご》のてっぺんまでのぼると、足ががたがた震えた。水が出なくなると、井戸におりていって直した。わたしは父の姿がみえなくなると、もう帰ってこないんじゃないかと思って泣いたものだ。

家賃と給料を払うと、わずかな生活費しか残らない。飲むのは緑茶と決まっていた。牛乳が買えないので、普通のお茶［チャイ］は飲めないのだ。それでもしばらくすると、収支がとんとんになった。すると父は、学校をもうひとつ作るといいだした。名前は〈マララ教育アカデミー〉。

わたしにとって、学校は庭みたいなものだった。父がいうには、わたしはちゃんと話ができるようになる前から、よちよち歩きで教室に入っていって、まるで先生みたいに生徒たちの前に立ち、わけのわからないおしゃべりをしていたらしい。ウルファト先生をはじめとした女の先生たちは、わたしをよく抱っこしてくれたそうだ。ペットでも抱くみたいにわたしを膝にのせたり、しばらく自宅に連れていって世話をしてくれることもあった。三、四歳の頃、わたしはだいぶ年上の子どもたちのクラスに入れられた。わくわくしながら、みんなといっしょに先生の話をきいていた。先生のまねをすることもあった。文字どおり、わたしは学校で育ったのだ。

ナイームとの件でわかっていたとおり、ビジネスと友情を両立させるのは、やはり難しかった。結局、ヒダヤトゥラーは父の学校を去り、自分の学校を作ることになった。ふたりは四学年を二学年ずつに分けることにした。詳しい事情については、生徒には話さなかった。学校が大きくなったので校舎をふたつに分けるのだと、地域の人々に思ってほしかったからだ。その頃にはもう、ヒダヤトゥラーは父と口もきかなくなっていたけど、わたしと会えなくなるのを寂しがって、その後もちょくちょく訪ねてきてくれた。

あの日も、ヒダヤトゥラーが遊びに来ていた。二〇〇一年、九月のある午後だった。あたりが大騒ぎになって、いろんな人がやってきた。ニューヨークの大きな建物が攻撃された、飛行機が二機、建物につっこんだというのだ。わたしはまだ四歳で、意味がわからなかった。おとなにとっても、想像もつかないような話だったに違いない。スワートでいちばん大きな建物といえば、病院やホテル。どれも二階建てや三階建てだ。それに、あまりにも遠い世界の話だった。

わたしは、アメリカもニューヨークも、どこにあるのかさえ知らなかった。学校がわたしの世界であって、そのほかの世界なんて知らなかった。あのときのわたしたちは、9・11の事件がわたしたちの世界を変えることになるなんて——わたしたちの渓谷が戦争に踏みにじられることになるなんて、知るはずもなかった。

4 村

わたしたちの住んでいるところでは昔から、子どもが生まれて七日目に、ウォマ（〝七〟という意味）と呼ばれるお祝いをする。家族だけでなく、友だちや近所の人もやってきて、赤ちゃんをみてほめるというお祝いだ。わたしはそのお祝いをしてもらっていない。両親にお金がなくて、客をもてなすためのヤギやお米が買えなかったからだ。わたしが女の子だから、祖父に頼んでも援助してもらえないのはわかっていた。

弟たちが生まれたとき、祖父は自分からお金を出すといってくれたけど、父が「どうしてマララにも同じことをしてくれなかったんだ」といって断った。でも、祖父はわたしにとってたったひとりのおじいちゃんだ。母方の祖父は、わたしが生まれる前に亡くなっている。だから、わたしと祖父は仲良しになった。

両親がいうには、わたしはふたりの祖父のいいところをもらっているらしい。ユーモアがあって賢いのは、母方の祖父ゆずり。よく響く声は、父方の祖父ゆずり。祖父は年をとって、性格がおだやかになったし、ひげも白くなった。わたしは、祖父の村に遊びにいくのが大好きだった。

わたしが遊びにいくと、祖父は必ず歌を歌ってくれた。わたしの名前には悲しい意味もあることをずっと気にしていて、それがしあわせな意味になるようにと願ってのことだった。

「マララ・マイワンド、ワラ、ダ、パ、トゥール、ジェハン、ケ、ダ、クシャラ、ダ」――〝マララはマイワンドのマララ。世界でいちばん幸福な娘〟という意味だ。

イードのお祭りのときは必ず、家族で里帰りをした。いちばんいい服を着て、フライング・コーチという車に乗る。ミニバスに、鮮やかな色のパネルやじゃらじゃらした鎖をつけたものだ。そして北のバルカナへ行く。シャングラ地区にある、父の実家や親戚の家がある村だ。イードのお祭りは一年に二回。ひとつはイード・アル・フィトル、別名〝小イード〟。断食月であるラマダンの終わりを祝うものだ。もうひとつはイード・アル・アドハー、別名〝大イード〟。預言者アブラハムが息子イスマイルを神に捧《ささ》げようと決意したことを記念する祝日だ。何日におこなうかは、特別な聖職者たちの委員会が、三日月が出たのを確認してから、毎年決めることになっている。そのニュースをラジオできくとすぐ、わたしたちは出発する。

前の夜は、いつもわくわくして眠れない。バルカナまでは車で五時間かかる。道路が大雨や地滑りで崩れていれば、もっとかかる。フライング・コーチの出発は朝早い。わたしたちは急いでミンゴラのバス停に向かう。バッグには親戚への贈り物がいっぱい詰まっている。刺繍をしたショール、バラの花束、ピスタチオを使ったお菓子、村では手に入らない薬など。砂糖や小麦粉を何袋も持っていく人もいる。荷物のほとんどは、バスの屋根に積み上げられて、ロープでくくられる。それから人が乗りこむ。窓ぎわの席はいつも奪い合いだ。といっても、窓がひどく汚れているので、外の景色なんかろくにみえない。スワートのバスの車体には、明るいピンクと黄色の花畑や、蛍光オレンジのトラや、白い雪山が描かれている。弟たちは、F-16戦闘機や核ミサイルの絵が描かれたバスが大好きだ。でも父は、政治家が原子爆弾なんかに大金をつぎこまなければ、教育にもっと予算をまわせるのに、といっていた。

バザールを抜ける。にっと笑った赤い口が描かれているのは、歯医者の看板だ。木のかごを積んだ荷馬車が並んでいる。かごのなかには、ビーズみたいな黒い目と真っ赤なくちばしのニワトリがぎゅうぎゅう詰め。宝石店がみえる。ウィンドウには結婚の贈り物用の金のブレスレットがずらりと並んでいる。

もうすぐミンゴラを出る。町の北はずれに、互いに寄りかかるようにして立っている小さな店があった。店の前には修繕済み古タイヤの山。ここから道が悪くなるので、こういう店があるのだ。それからバスは幹線道路に出る。最後のワーリーが作った道路だ。幅の広いスワート川を左に、エメラルド鉱山のある崖を右にみながら進んでいく。川沿いには観光客用のレストランが並んでいる。窓には大きなガラスがはめこまれているのがわかる。わたしたちには縁のない店だ。道路の端を、砂ぼこりまみれの顔をした子どもたちが歩いていた。腰を深くかがめて、草の大きな束を背負っている。おとなの男たちの姿もあった。毛足の長いヤギの群れを従えているけど、ヤギはあちこちで道草を食っている。

しだいに風景が変わってくる。青々とした水田から、さわやかなにおいが漂ってくる。アンズやイチジクの果樹園もある。ところどころに小さな大理石の加工場があって、その下を流れる小川の水は、捨てられた化学物質のせいで白く濁っている。父がこれをみて怒った。

「ひどいと思わないか。わたしたちの美しい渓谷は、こうやって汚染されているんだ」

父のいつもの科白《せりふ》だ。道路は川を離れ、曲がりくねった細い道をのぼりつづける。モミの林が広がる高原よりさらに高くのぼっていくと、気圧のせいで耳がおかしくなった。途中の峠には廃墟があって、上空をハゲワシが旋回している。初代ワーリーが建てた砦のひとつだ。バスはやっとのことで坂をのぼっているので、ときどき運転手が大声でどなる。見通しのきかないカーブで無茶な追い越しをするトラックがいるからだ。切り立った崖ぎりぎりを走っているというのに。弟たちは、そういうスリルが大好きだった。山の斜面に車の残骸が転がっているのを指さして、母やわたしを怖がらせる。

そして車はとうとうスカイターンに到着する。〝シャングラの頂〟という峠道の入り口だ。ここに来ると、世界のてっぺんにやってきたような気分になる。ごつごつした山頂がまわりにたくさんみえるけど、そのどれよりも高い。遠くのほうに、マラム・ジャバというスキーリゾートの雪がみえる。道路のわきには、きれいな泉がわいていたり、滝が落ちていたり。休憩のために車をおりると、空気はすがすがしく、杉や松のいい香りがする。わたしたちはいつも、きれいな空気を胸いっぱいに吸いこむ。シャングラは、とにかく山、山、山なのだ。あとは小さな空がみえるだけ。ここをすぎると、道路はしばらく下り坂になる。それからグウルバン川に沿って進んでいくと、岩だらけのでこぼこ道にさしかかる。グウルバン川を渡りたければ、ロープと滑車に頼るしかない。鉄の箱に入って、対岸まで飛んでいくのだ。外国から来た人たちには〝自殺の橋〟とも呼ばれるけど、わたしたちはこれに乗るのが大好きだ。

スワートの地図をみると、全体がひとつの大きな渓谷になっていて、その両側に、小さな渓谷がたくさんあるのがわかる。小さな渓谷はダラエと呼ばれる。木の幹から枝が広がっているような感じだ。わたしたちのめざす村は、谷の東側のなかほど、カナ・ダラエにある。まわりを岩山に囲まれた狭い土地なので、クリケットのコートを作ることもできない。

カナ・ダラエには、谷底でつながった三つの村がある。そのなかではシャープールがいちばん大きい。もうひとつはバルカナ、父が育った村。残るひとつはカルシャト、母が住んでいた村だ。三つの村は、両端を大きな山にはさまれている。南にあるのがトール・ガール、〝黒い山〟。北にあるのがスピン・ガール、〝白い山〟。

いつもは、バルカナにある祖父の家に泊まる。父が育った家だ。この地域はどの家もだいたいそうだけど、石と土でできた、屋根の平らな家だ。わたしはカルシャトで母方のいとこたちといっしょに過ごすほうが好きだ。コンクリートの家で、お風呂もあるし、遊び相手がたくさんいる。一階には、女が過ごす部屋がある。子どもたちの面倒をみながら料理をして、二階にある男たちが談笑する広間に料理を運ぶのが、女の仕事だ。夜はいとこのアニーサやスンブルといっしょに眠る。部屋にはモスクの形をした時計があった。壁の戸棚にはライフルが一梃《ちょう》。毛染めの薬品もあった。

カルシャト村の朝は早い。いつもは寝坊ばかりのわたしも、ニワトリの声や、お皿のがちゃがちゃいう音で目が覚める。女たちはもう起きて、男たちのために朝食を作りはじめている。朝は黒い山《トール・ガール》の頂上が輝いている。一日五回のお祈りのうち、最初のお祈りであるファジュルを始める頃、左をみると、白い山《スピン・ガール》の頂上が黄金色に輝きはじめる。白い肌の女性がジュマール・ティカ［額につける金の鎖］をつけているかのようだ。

朝日がのぼったあとは、雨が降ることが多い。雨は、すべてをきれいに洗いきよめてくれる。雨雲が残りがちな緑の丘では、人々がラディッシュやクルミを育てている。そのあちこちに、ミツバチの巣がある。わたしはハチミツが大好きだ。クルミといっしょによく食べる。カルシャトの村はずれの川には水牛がいる。水車小屋が一軒あって、大きな石うすで小麦やトウモロコシを粉にしている。幼い男の子たちが、これを袋詰めする。その隣には小さな小屋があって、大きな板に電線がいっぱいくっついている。村には国の電気が来ていないので、多くの村人は、こうした簡易水力発電に頼っている。

日が高くのぼると、スピン・ガールの山肌がどんどん黄金色に染まっていく。そして夕方になると、トール・ガールの陰になる。山の陰影をみれば時間がわかる。太陽がある決まった岩のところまで沈むと、アスール、午後のお祈りの時間。夕方、スピン・ガールの白い山頂が、朝以上に美しくなったときが、マッカム、夜のお祈りの時間だ。スピン・ガールは、村のどこからでもみえる。昔はあの山のことを、この土地の平和のシンボルだと思っていたんだ、と父はいう。村に立てられた白い旗のようにみえるからだ。子どもの頃、父はこの小さな渓谷が世界のすべてだと思っていたそうだ。山が空にキスしているところより向こうに行くと世界の果てに落ちてしまう、そんなふうに思っていた。

わたしは街で生まれたけど、父と同じで、自然が大好きだ。豊かな土壌、青々と繁る草木、農作物、水牛、歩いているとひらひら飛んでついてくる黄色い蝶。村人たちはとても貧しいのに、わたしたちが遊びにいくと、ごちそうでもてなしてくれる。ニワトリ、米、近くの畑でとれたホウレンソウ、スパイスをきかせた羊肉——女たちの心尽くしの料理がずらりと並ぶ。デザートはみずみずしいリンゴや、黄色いケーキ。

大きなやかんいっぱいに作ったミルクティー〔チャイ〕もある。子どもたちはおもちゃも本も持っていない。男の子は谷底でクリケットのまねごとをするけど、使うボールは、ビニールの袋を丸めて輪ゴムを巻きつけたものだ。

文明に置いていかれたような村だ。水は泉からくんでくるしかない。コンクリート造りの家は何軒かあるけど、それは、息子や父親が南の鉱山やペルシャ湾まで出稼ぎに行って、その仕送りで建てた家だ。パシュトゥン人は四〇〇〇万人いて、そのうちの一〇〇〇万人は、故郷の土地を離れて暮らしている。悲しいことだ、と父はいう。いったん出稼ぎに行った人は、二度と帰ってこられない。家族が前よりもいい暮らしをするようになったら、もうもとのような暮らしはさせられないからだ。女だけで暮らしている家も多い。男は年に一度帰ってくる。その九ヶ月後、赤ちゃんがまた生まれる。

渓谷の斜面にぽつりぽつりと建つ家は、どれも編み枝と泥でできている。祖父の家もそのひとつ。そういう家は、洪水があると壊れてしまうことが多い。冬に子どもが凍え死ぬことも、ときどきある。病院はない。シャープール村に診療所があるだけだ。シャープール以外の村で病人が出ると、親戚の人たちが病人を木の板に乗せてシャープールまで運ぶ。わたしたちは冗談でそれを〝シャングラの救急車〟と呼んでいる。

病気が重いときには、車を持っている知り合いでもいない限り、バスでミンゴラまで行かなければならない。

政治家がやってくるのは選挙のときだけ。道路を作ってやるとか、電気や水道をひいてやるとか、学校を作ってやるとか、いいことばかり約束する。そして、村の偉い人に、お金や発電機を贈る。そういう偉い人は〝差配師《さはいし》〟と呼ばれていて、だれに投票するかを村の人たちに指示する。もちろん、投票するのは男性だけ。ここでは女性に投票権はない。そして、それが国会議員の選挙なら、当選した候補者は首都イスラマバードへ、それが州議会議員の選挙なら、候補者は州都ペシャワールへ行ってしまって、村には二度と顔をみせない。約束なんて守られるわけがない。

わたしは都会っ子なので、いとこたちによくからかわれた。裸足で歩くのが苦手だし、本を読むし、言葉のアクセントが違う。ミンゴラ特有の言葉や表現もある。着ているものは店で買った服が多くて、みんなのような手作りではない。親戚の人たちに、よくこういわれる。

「ニワトリを料理してくれない?」

わたしはこう答える。

「ニワトリを殺すなんて、かわいそうよ」

みんな、わたしが街で生まれ育ったから、都会的なんだと思っている。イスラマバードやペシャワールの人たちからみれば、わたしなんかひどい田舎者なのに。

家族みんなで山にのぼったり、川までおりていったりすることもある。川は幅が広くて深く、流れが速い。雪解けの水が流れてくる夏はとくにそうだ。渡ることもできない。

男の子たちは、ビーズに糸を通すようにミミズに糸をつけて、それを長い棒の先に垂らして、釣りをする。口笛を吹く子もいる。音をきいて魚が集まってくると思っているらしい。でも、釣れる魚はそれほどおいしいものではない。口にはぎざぎざの歯がついている。わたしたちがチャクワーティーと呼ぶ魚だ。

女の子が何人かで川岸に行ってピクニックをすることもある。持っていくのはごはんとシャーベット。いちばん人気のある遊びは、結婚ごっこだ。ふたつのグループに分かれて、それぞれがひとつの家族になる。そしてお互いの家から花嫁をもらって結婚式をあげるのだ。みんながわたしを家族にしたがった。ミンゴラから来た都会の子だからだ。でも、いちばんきれいなのはタンゼラという子。わたしはよく相手のグループにタンゼラをゆずった。そうすれば、花嫁としてこっちに来てくれる。

結婚ごっこになくてはならないのは、記念のアクセサリーだ。イヤリングやブレスレットやネックレスを持ってきて、花嫁を飾りながらインドの映画音楽を歌う。母親の化粧品で化粧をし、石灰と重曹を混ぜて温めたものに手を浸す。そうすると手が白くなる。そして、ヘナで爪を赤くする。準備が整うと、花嫁は泣きだす。みんなは花嫁の髪をなでて、心配しなくてもだいじょうぶよ、となぐさめる。

「結婚は人生の一部なのよ。あちらのお母さんやお父さんにやさしくしてあげなさい。そうすればあなたもやさしくしてもらえるから。夫の面倒をよくみて、しあわせに暮らしなさい」

村ではときどき本物の結婚式もある。すごいごちそうの並ぶお祝いが何日も続く。結婚で破産したり、借金を抱えたりすることもある。花嫁は美しいドレスを着て、両家から贈られるネックレスやブレスレットなど、金のアクセサリーを身につける。なにかの本に書いてあったけど、イスラム世界ではじめての女性首相だったベナジル・ブットは、自分の結婚式のとき、ガラスのブレスレットをつけることにこだわったらしい。国民が金の装飾品にこだわらなくてもすむように、お手本をみせたかったのだという。でも、花嫁を金で飾る伝統は、いまも続いている。

ときどき、ベニヤ板で作った柩が、鉱山から運ばれてくることがある。村の女たちは、亡くなった男の家に集まり、残された妻や母親をなぐさめる。泣き声が渓谷じゅうに響きわたるので、きいていると鳥肌が立ってくる。
夜は村全体が真っ暗になる。斜面に立つ家々で、オイルランプの明かりがちらちらする程度。年寄りの女はみな無学だけど、物語はたくさん知っているし、タパエと呼ばれる二行詩を暗唱することもできる。わたしの祖母は、詩の暗唱がとてもじょうずだった。愛についてや、自分がパシュトゥン人であることを誇るような詩が多かった。

好きこのんで故郷を離れるパシュトゥン人はいない
貧しさや愛のために遠くへ行くことはあるとしても

おばたちは、怖い話をきかせてくれた。たとえば、指が二〇本あるシャルグワタイという男が、夜になるとみんなのベッドにやってくる話。わたしたちは怖がって泣いたけど、じつは怖くもなんともない。手の指と足の指を合わせると、指は二〇本あるのが当たり前。わたしたちがそのことに気づかないだけだ。子どもたちに入浴をさせるための話もあった。シャシャカという名前の恐ろしい女は、お風呂に入らない子や髪を洗わない子のところにやってきて、泥だらけの手をなすりつけてきたり、臭い息を吐きかけてきたりする。そんなことをされた子は汚い女になってしまう。髪はネズミの尻尾みたいになって、虫がうじゃうじゃたかるようになる。死んでしまうかもしれないよ、というものだ。冬は、外に出たがる子どもたちに、こんな話をする。雪が降った日は、ライオンやトラが最初の足跡をつけにくるんだよ。それまでは外に出るのをやめておこうね。

大きくなると、村での生活が退屈に思えてきた。テレビはお金持ちの家の広間にしかないし、パソコンなんてだれも持っていない。

村の女たちは、外に行くときは必ず顔を隠す。プルダというイスラムの習慣だ。近い親戚以外の男とは会ってもいけないし、話をしてもいけない。でも、わたしは十代になっても、地味な格好なんかしなかったし、顔を隠しもしなかった。男のいとこのひとりが怒って、わたしの父にいったことがある。

「マララはどうして顔を出してるんだ?」

父が答えた。「マララはうちの娘だ。よけいなお世話だ」

でも、親戚のなかには、うちの家族がパシュトゥン人の掟《パシュトゥンワーリ》を守っていないといって、人々に非難されるんじゃないかと心配する人もいた。

わたしは自分がパシュトゥン人であることを心から誇りに思っているけど、パシュトゥンワーリに疑問を持つことがときどきある。とくに、女性を縛る決まりはおかしいと思う。シャヒダという女性がいる。うちの仕事を手伝ってくれていて、娘が三人いる。シャヒダは、まだ十歳のときに、父親に売られたそうだ。シャヒダを買ったのは年寄りの男。妻がひとりいるのに、若い妻がほしくなって、シャヒダを買ったのだという。

女の子がいなくなるのは、結婚のためとは限らない。シーマという、十五歳の美しい女の子がいた。シーマには好きな男の子がいて、みんながそのことを知っていた。その男の子が近くを通りかかると、シーマは、ほかの女の子たちがうらやむような長いまつげごしに、男の子をみつめる。わたしたちの社会では、女の子が男性となれなれしく接してはいけない。女の子の家の恥になってしまうのだ。男性のほうはおとがめなしだというのに。わたしたちは、シーマが自殺したときかされたけど、真実はあとでわかった。シーマは家族に毒殺されたのだ。

スワラという習慣もある。部族どうしの諍《いさか》いをおさめるためには、女の子をやりとりしてもいいというものだ。表向きにはなくなったとされる習慣だけど、実際は、いまもおこなわれている。わたしたちの村にはソラヤという女性がいて、早くに夫を亡くしてしまった。ソラヤが同じ村の男やもめと再婚したので、両家に諍いが起きた。夫を亡くした女性が再婚するためには、家族の許可が必要なのだ。再婚のことをあとで知ったソラヤの家族は、猛烈に怒った。相手の家族を非難しつづけて、しまいには長老会議《ジルガ》が開かれることになった。ジルガは、ソラヤの再婚相手の家族に罰を下した。一族のなかでいちばんきれいな娘を、ソラヤの一族でいちばん出来の悪い男と結婚させるように、というのだ。選ばれた男は役立たずの貧乏人で、新婦側の父親が結婚費用をすべて用意しなければならなかった。諍いをおさめるためとはいえ、どうして、なんの関係もない女の子が、人生を棒に振らなければならないんだろう。

わたしがこういう疑問をぶつけると、父はこういった。

「アフガニスタンの女性は、パキスタンの女性以上に過酷な人生を強いられているんだよ」

わたしが生まれる前の年、隻眼の宗教指導者が率いるタリバンと呼ばれるグループが政権を握り、女の子の学校を次々に燃やした。男はひげを長く伸ばし、女はブルカを着用しなくてはならなくなった。ブルカは、大きなバドミントンの羽根みたいなものだ。顔のところが細かい格子状になっていて、そこから前がみえる。夏にブルカを着て歩いていると、オーブンに入っているみたいに暑い。少なくともわたしは、ブルカなんか着たくなかった。

父の話では、タリバンは、女性が笑い声をあげたり白い靴をはいたりするのも禁じ

〝白は男の色だから〟だそうだ。女性は、マニキュアをしているだけで牢屋に入れられ、鞭《むち》で打たれるようになった。父からそんな話をきいているだけで、わたしはぞっとした。

わたしは『アンナ・カレーニナ』やジェイン・オースティンの小説を読んで、父の「マララは鳥のように自由だ」という言葉は本当だと思った。アフガニスタン国内でどんなひどいことが起きているかという話をきくたびに、わたしは、自分がスワートの人間であることを誇らしく感じる。

「ここでは女の子も学校に行けるのよ」

わたしはよくそういったものだ。でも、タリバンの影はすぐそこまで迫っていた。渓谷は明るい日差しに照らされていたけど、黒々とした雲が山の向こうに控えていたのだ。父は何度もいってくれた。

「マララ、おまえの自由はお父さんが守ってやる。決して夢をあきらめるんじゃないぞ」

5 わたしがイヤリングをつけない理由、パシュトゥン人が「ありがとう」といわない理由

七歳になる頃には、わたしはクラスで一番になるのが当たり前になっていた。授業についていけない子に勉強を教えてあげるのも、いつもわたしだった。

「マララは天才少女だね」

クラスメートに、よくそういわれた。勉強だけでなく、なんにでも積極的に参加することでも有名だった。バドミントン、演劇、クリケット、美術。あまりうまくないけど、歌も歌った。だから、マルカ・エ・ヌールという女の子がクラスに入ってきたとき、わたしはなんとも思っていなかった。マルカ・エ・ヌールというのは〝光の女王〟という意味だ。女性で最初のパキスタン陸軍参謀総長になりたいといっていた。お母さんはほかの学校で先生をしているという。とてもめずらしい話だった。働いて

いるお母さんなど、まわりにはひとりもいなかった。はじめの頃は、とても無口な子だと思った。

もともと、クラスで一番を争うのは、いつもわたしと親友のモニバだった。モニバは字がじょうずで、みんなの前で発表するのも得意だから、先生の受けがいい。でも試験そのものは、わたしのほうがよくできる。そんなわけで、学年末のテストでマルカ・エ・ヌールが一番になったとき、わたしはびっくりした。家に帰ってから大泣きして、母になぐさめられた。

その頃、わたしたち一家は引っ越しをした。それまではモニバの家の近所だったのに、新しい家の近くには友だちがひとりもいない。近所にサフィーナという女の子がいたので、年はわたしより少し下だったけど、いっしょに遊ぶようになった。サフィーナは両親に甘やかされて育った子で、お人形をたくさん持っていたし、靴箱いっぱいのアクセサリーを持っていた。それなのに、わたしの携帯電話をみて、いつもうらやましそうな顔をする。携帯電話といっても、ピンクのプラスティックでできたおもちゃだ。父が買ってくれたもので、わたしの数少ないおもちゃのひとつだった。父はいつも携帯電話でしゃべっているので、わたしは父のまねをするのが好きだった。

ある日、それがなくなった。

何日かして、わたしはサフィーナがそれとまったく同じもので遊んでいるところをみかけた。

「それ、どうしたの?」わたしはきいた。

「バザールで買ってもらったの」サフィーナは答えた。

嘘《うそ》だとはいいきれない、いまはそう思う。でもそのとき、わたしは嘘だと思った。わたしはそう決めた。いつもサフィーナがわたしのものをとるなら、わたしもサフィーナのものをとってやる——サフィーナがわたしのものをとるなら、わたしもサフィーナのものをとってやる——

サフィーナがわたしのものをとるなら、わたしもサフィーナのものをとってやる——サフィーナの家に行って勉強していたので、そのたびにサフィーナのものをポケットに入れてきた。たいていは、おもちゃのイヤリングやネックレス。簡単だった。はじめは胸がどきどきしたけど、そのうち平気になった。そして、盗まずにはいられなくなってきた。いつのまにか、やめられなくなっていた。

ある日の午後、学校から帰ったわたしは、いつものようにキッチンに駆けこんだ。おやつが食べたかった。

「お母さん、ただいま! おなかがぺこぺこ!」

わたしがそういっても、返事がない。母は床に座ってスパイスを挽《ひ》いている。ターメリックとクミンの鮮やかな色が目に入った。いい香りがあたりに漂っていた。母は手を動かしつづけるばかりで、わたしのほうをみようともしない。どうして? わたしがなにかしたの？　わたしは悲しくなって、自分の部屋に行った。戸棚をあけると、サフィーナの家からとってきたものが全部なくなっていた。とうとうばれたのだ。

いとこのリーナが入ってきた。「泥棒してたこと、お母さんたちは知ってたんだよ。そのうちやめるだろうと思ってたのに、あんたはいつまでもやってるんだもん」

みぞおちがずんと重くなった。がっくりうなだれたまま、母のところに行った。

「マララ、泥棒は悪いことよ。お父さんとお母さんに恥をかかせるつもり？　うちにはああいうものを買う余裕がありません、といっているのと同じことよ」

「違う！　泥棒なんかしてない！」

でも、母はそれが嘘だとわかっていた。

「先に盗んだのはサフィーナだもん。お父さんが買ってくれたピンクの携帯電話を、サフィーナがとったの」

母はまだわたしのほうをみない。「サフィーナはあなたより年下でしょ。やられたからやりかえすなんて、よくないわ。あなたはお手本をみせてあげなきゃならないのに」

わたしは泣きだした。何度も何度もごめんなさいといった。「お父さんにはいわないで。お父さんを悲しませたくないの。だめな子だって思われたくない！」

同じようなことが、前にもあった。わたしが小さい頃、母とバザールに行ったときのことだ。わたしは手押し車にアーモンドが盛ってあるのをみた。おいしそう！　思わず片手いっぱいにアーモンドをつかんでいた。母がやめなさいといって、店主に謝った。店主はかんかんに怒っている。母は財布を開いて、いくら残っているか確かめてからいった。

「一〇ルピーで売ってくれませんか？」

「だめだ」店主はいった。「アーモンドはそんなに安くない」

母は困りはてて、父に相談した。父はすぐにその店に行って、アーモンドを全部買い取ると、ガラスのお皿にそれを盛った。

「アーモンドは体にいいんだ。寝る前に牛乳といっしょに食べると、頭がよくなるんだぞ」

父はそういってくれたけど、うちにお金があまりないことは、わたしもわかっていた。それに、お皿いっぱいのアーモンドをみると、自分がしでかしたことを思い出さずにはいられない。こんなことは二度としない、と自分に誓った。なのに、またやってしまった。母に連れられて、サフィーナとサフィーナの両親に謝りに行った。すごくつらかった。サフィーナは、わたしの携帯電話のことをなにもいわない。ずるい、とわたしは思ったけど、わたしもそのことには触れなかった。

いやな思いはしたけど、同時にほっとしていた。泥棒を続ける日々が終わったからだ。あの日から、わたしは一度も嘘をついていない。人のものをとったこともない。どんな小さな嘘もついていないし、一ペニーだって盗んでいない。父はよく、小銭をそのへんに置きっぱなしにする。わたしたちはそのお金でお菓子を買ってもいいといわれているけど、わたしは絶対に手をつけない。アクセサリーを身につけるのもやめた。〝どうしてそんな安物がほしくなったの？　そんなちゃらちゃらしたもののせいで、人としての価値をなくしてもいいの？〟と思ったからだ。それでも、うしろめたさは消えない。わたしはいまでも、神様に許しを乞いつづけている。

両親はなんでも話し合う仲なので、わたしが元気をなくしている理由は、父にもすぐにわかったようだ。父の目をみたとき、それがわかった。自分が父を悲しませてしまったのだ。わたしは父を喜ばせたい。学校で一番のトロフィーをもらってきたときみたいに。幼稚園のとき、自分やクラスメートたちが少しでも早くウルドゥー語をマスターできるようにと、「ウルドゥー語だけで話してください」と黒板に書いたときも、父はウルファト先生からそのことをきいて、うれしそうな顔をしてくれた。

父は、偉大な英雄たちだって子どもの頃にはいろんな失敗をしたものだ、といってなぐさめてくれた。マハトマ・ガンディーは、「間違いをおかす自由がなければ、自由には価値などない」といったそうだ。学校で、ムハンマド・アリー・ジンナーの話を読んだことがある。子どもの頃、カラチにいたジンナーは、家に明かりがないので、街灯のそばで勉強したという。友だちに、地面でビー玉遊びをすると服や手が汚れるから、クリケットをやろうといったこともあるそうだ。父は、エイブラハム・リンカーンが息子の教師にあてて書いたという手紙を額に入れて、オフィスの入り口に飾っている。もちろんパシュトー語に訳したものだ。とても美しい手紙で、いろんなことを教えてくれる。

「できれば、読書のすばらしさを息子に教えてやってください。また、静かな時間を作って、いろいろなことをじっくり考えさせてやってください。空を飛ぶ鳥のこと、日差しを愛するミツバチのこと、緑の丘をいろどる花のこと——不思議なことはいくらでもあるのです。そして、失敗しても胸を張っていろ、人をだますよりずっと立派なことなのだと教えてやってください」

だれでも、人生で一度や二度はあやまちをおかすものだと思う。だいじなのは、そこからなにを学ぶかだ。そう考えると、やはりパシュトゥンワーリには納得いかない部分がある。掟のひとつに、他人によくないことをされたら仕返しをしろ、というのがある。そんなことをして、いったいなににになるんだろう。

ある家の男が殺されたり、けがをさせられたりしたら、仕返しをしなければならない。そうしないとその家の誇りに傷がつくという。仕返しとして、加害者の家族のうち、どの男性を殺してもいいということになっているけど、そうすると、今度は逆の仕返しが待っている。仕返しの仕返しが、際限なく続く。いつまでという制限もない。だから、こんなことわざがある。「パシュトゥン人が仕返しを二〇年続けても、それでやめたら早すぎると責められる」

パシュトゥン人にはたくさんのことわざがある。たとえば「パシュトーの石は、川のなかで転がっても丸くならない」というもの。やったこともやられたことも決して忘れないし、相手を許すこともない、という意味だ。だから、わたしたちはめったに「ありがとう《マナナ》」とはいわない。パシュトゥン人は他人の親切を決して忘れないし、いつかきっとお礼をするという暗黙の了解があるからだ。悪いことをされたときの仕返しと同じなのだ。親切には親切を返す。「ありがとう」という言葉だけを返したりはしない。

多くの家には物見やぐらのようなものがあって、敵が近づいてこないか、遠くまで見張ることができるようになっている。もめごとの犠牲になる人はたくさんいる。そのひとりがシェール・ザマンだ。父が子どもの頃のクラスメートで、いつも父よりいい成績をとる優等生だった。祖父やおじは、よく「おまえはシェール・ザマンほどじゃないからな」といって、父をからかっていた。父は悔しくて、そのうち山から岩が落ちてきてザマンをぺしゃんこにしてくれたらいいのに、と思うほどだった。シェール・ザマンは大学には行かず、村の薬局の薬剤師になった。あるとき、シェール・ザマンの家族は、親戚どうしの諍《いさか》いに巻きこまれた。森の小さな土地をめぐるもめごとだった。ある日、シェール・ザマンがきょうだい三人で森に向かっていると、おじやその手下たちが待ち伏せしていた。三人とも殺されてしまった。

　父は地域の人々から尊敬されているので、もめごとの仲裁に呼ばれることが多い。父は、復讐《バダル》《ふくしゅう》はよくないと考えている。暴力の応酬を続けても得るものはなにもないし、互いに協力して生きていくほうがいいということを、人々に訴えている。ところが、父の説得をどうしても受け入れようとしないふたつの家族があった。いがみ合いがあまりに長く続いているので、そもそもなにがきっかけになって諍いが起こったのか、だれも覚えていないくらいだった。たぶん、ちょっとした口論かなにかだろう。パシュトゥン人は怒りっぽいのだ。まず、一方の家の息子が、他方の家の男を襲った。逆のことが起こり、復讐が復讐を呼んで、人がどんどん死んでいった。

みんなはこれを、いいシステムだという。パシュトゥン人の住む地域の犯罪率は、ほかの地域に比べるとずっと低い。でも、だれかにきょうだいを殺されたとしても、相手やその家族を殺してはいけないと思う。もっとほかのやりかたがあるはずだ。わたしはアブドゥル・ガッファール・カーンに共感している。辺境のガンディーとも呼ばれ、われわれの文化に非暴力の哲学を紹介した人物だ。

泥棒も同じだ。わたしのように、盗みがばれてから、もう二度としないと誓う人たちもいれば、「あんな小さなものを盗んだってどうってことないだろう」と開き直る人もいる。開き直る人たちは、次はもっと大きなものを盗むだろうし、その次はさらに大きなものを盗むようになる。

パキスタンでは、盗みをなんとも思わない政治家が多すぎる。政治家はみんな金持ちだ。なのに、パキスタンのような貧しい国からいろんなものを盗んでいく。税金さえ払わない政治家が多い。それだけならまだいい。銀行でローンを組んでおきながら、返済しない人もいる。知り合いの会社に政府の仕事を請け負わせて、裏で礼金をとる人もいる。多くの政治家は、ロンドンに高級マンションを持っている。

ああいう政治家たちに、良心はあるんだろうか。あるとしたら、よく平気で生きていられると思う。国民が飢えたり、停電ばかりしていたり、子どもが働き手にされて学校に通えなかったりという現実が、みえていないんだろうか。父がいうには、パキスタンにはお金のことしか考えない政治家が、ほかの国よりずっと多いとのことだ。国という飛行機のコックピットにいるのは軍人たち。政治家は、飛行機がちゃんと飛んでいるのかどうかを確かめようともせず、ビジネスクラスの席について仕切りのカーテンを引き、ぜいたくな料理を食べたり、のんびりくつろいだり。国民はエコノミークラスで窮屈な思いをしているというのに。

わたしが生まれた頃のパキスタンは、民主主義だったといっていいと思う。ベナジル・ブットとナワーズ・シャリフが交代で政権を握っていた時代だ。どちらも任期をまっとうしないうちに政権が入れかわる。いつも相手のことを汚職政治家だと非難し合っていた。けれど、わたしが生まれて二年後、一〇年間続いていたそんな状態が一変して、ふたたび軍部が政権を握った。

まるで映画のような出来事が続いた。当時の首相だったナワーズ・シャリフが、パルヴェーズ・ムシャラフ陸軍参謀総長を解任した。ムシャラフはそのとき、パキスタン国営の航空会社ＰＩＡの民間機でスリランカから帰国する途中だった。ナワーズ・シャリフはムシャラフの反発を恐れて、飛行機がパキスタンの空港に着陸するのを阻止しようとした。カラチ空港の管制塔に、着陸誘導灯を消せと命じ、滑走路に消防車を並べさせたという。飛行機には民間人が二〇〇人も乗っているのに、これでは着陸ができない。しかも、燃料が残りわずかなので、ほかの国に行くこともできない。

　ムシャラフの解任宣告がテレビで放送されてから一時間以内に、反シャリフの動きが起こった。街を戦車が走りはじめた。軍隊が出動し、テレビ局や空港を占拠した。カラチの司令官だったイフティカール将軍がカラチ空港の管制塔を奪還し、ムシャラフの乗った飛行機は無事に着陸することができた。

　その後、ムシャラフは政権を掌握し、ナワーズ・シャリフをアトック砦の地下牢に監禁した。ナワーズ・シャリフを支持する国民は少なかったので、これを祝って街角でお菓子を配る人たちもいたほどだ。一方、わたしの父は、このニュースをきいて悲鳴をあげた。軍事独裁政権はもう過去のものになったと思っていたのに、と嘆いた。ナワーズ・シャリフは反逆罪で訴えられ、友人であるサウジアラビアの王族に助けられて、サウジアラビアに亡命した。

　ムシャラフはパキスタンで四人目の軍人支配者だ。ほかの独裁者と同じく、まずはテレビで国民に呼びかけた。「愛する《アジズ》国民のみなさん《ハムワタノ》」という言葉からはじまって、ナワーズ・シャリフを非難する言葉が長々と続いた。パキスタンはシャリフのせいで「誇りと威厳を失った」というのだ。ムシャラフは、汚れた政治はこれでおしまいだ、これからは「国家財産を食い荒らした罪人たち」を追及する、と宣言した。自分の財産や、これまでに取り立てた税金を国民に還元すると約束した。自分はすぐに政治から身を引くつもりだ、ともいった。だけど、そんなことはだれも信じていなかった。ハク将軍の例がある。九〇日で政権を手放すといっていたのに、結局は一一年以上そのままだった。飛行機事故で死ななければ、その政権はもっと長く続いただろう。

同じことの繰りかえしだよ、と父はいった。そして、そのとおりになった。ムシャラフは、昔から続く封建制度を終わらせると約束した。つまり、名門といわれる一部の家系の人々が国家を支配している状態を、これ以上継続させないといったのだ。若くて心の正しい人々を登用すると約束した。それなのに、内閣ができてみれば、おなじみの顔ぶれだった。わたしたちの国は、またもイギリス連邦から除名され、世界のやっかい者になってしまった。アメリカは、その前の年、パキスタンが核実験をやったときに、パキスタンへの援助を停止した。パキスタンはいまや、世界のほぼすべての国からそっぽを向かれている。

そんな歴史があるからこそ、スワートの人々は、パキスタンの一部になることを必ずしも喜ばなかったのだ。何年かごとに、政府から政務官が派遣されてくる。昔、イギリスの植民地だったときに、イギリスがスワート総督を置いたのと同じだ。その手の役人がスワートに来るのは、ただ金持ちになるためなんじゃないか、と思えてくる。お金がたまったら、さっさと故郷に帰ってしまう。スワートの開発などには、なんの興味も持っていないのだ。

パシュトゥン人は、役人におとなしく従うことには慣れている。かつてワーリーがスワートを統治していた頃、ワーリーを批判することは禁じられていたからだ。ワーリーを怒らせれば、一家全員がスワートから追放されてしまう。だから、パキスタンから統治官がやってきたとき、わたしたちは、その人が新しい王様なんだと理解して、なんの疑問も口にしなかった。高齢の人たちは、最後のワーリーの時代のことをよく、なつかしそうに語っている。あの頃は、どの山も木々に覆われ、五キロごとに学校があり、ワーリーみずから人々の家を訪ねては、困ったことはないかときいてくれたものだという。

サフィーナとのことがあってから、わたしは、なにがあっても友だちを大切にしようと心に決めた。父も、友だちにはやさしくしなきゃいけないよ、といつもいっている。父が大学に通っていた頃、食べ物や本を買うお金がなくて困っていると、友だちが助けてくれたという。父はそのことが忘れられないのだ。

わたしには仲のいい友だちが三人いる。近所では、サフィーナ。村ではスンブル。学校ではモニバ。モニバは小学校に入ったときからの親友だ。家がすぐそばにあって、わたしが、うちの学校においでと誘ったのがきっかけだ。モニバは頭のいい子だ。でも、けんかもよくした。遠足のときは必ずといっていいほどけんかをしたものだ。

モニバの家は大家族で、モニバのほかに女の子が三人、男の子が四人いる。わたしもモニバのことをお姉さんのように思っている。実際はわたしのほうが半年もお姉さんだけど、ものごとを決めるのはモニバで、わたしはそれに従う立場だからだ。お互いに、隠しごとはしないし、お互いの秘密はだれにも話さない。

モニバは、わたしがほかの子とおしゃべりするのをいやがる。行儀の悪い子や、問題の多い子と仲良くしないほうがいいわよ、ともいう。「わたしには男のきょうだいが四人もいるの。だから、わたしはいい子にしてなきゃならない。ちょっとでも悪いことをしたら、学校をやめさせられちゃうわ」といつもいっている。

わたしは両親をがっかりさせたくなかったので、だれになにを頼まれても、引き受けるようにしていた。ある日、近所の人に、バザールでトウモロコシを買ってきてほしいと頼まれた。バザールに行く途中で、自転車に乗った男の子にぶつかられた。左の肩をひどく打って、痛くて涙が出るほどだった。それでもわたしはトウモロコシを買い、近所の人に届けてから、家に帰った。そのときようやく声をあげて泣いた。

それからしばらくして、父に見直してもらうのにもってこいのチャンスをみつけた。学校に弁論大会のポスターが出ていた。一般に公開される、大きな大会。わたしもモニバといっしょに参加することにした。わたしは、父が祖父を驚かせた話を思い出して、同じように自分も父を驚かせてやろうと思った。

弁論のテーマが発表されたとき、わたしは自分の目を疑った。「正直がいちばん」だった。

練習といえば、朝の会で詩の朗読をするくらいなものだった。学校には、ファティマという名の上級生がいた。ファティマは話すのがとてもうまい。見た目がきれいだし、身振り手振りをまじえて生き生きとしゃべる。何百人もの聴衆を前にしても、堂々と話すことができる。聴衆はファティマのひとことひとことをきき逃すまいとする。モニバもわたしもそんなふうになりたくて、ファティマをじっくり観察した。

わたしたちの弁論大会といえば、父親やおじや先生に原稿を書いてもらうのが普通だ。ほとんどは英語かウルドゥー語だ。こういうときには、母語のパシュトー語は使われない。英語を話せる人は知的だというイメージがあるせいだ。もちろん、そんなイメージは間違っている。どんな言語を使おうが、だいじなのは、自分のいいたいことをどう伝えるかだ。モニバはお兄さんに原稿を書いてもらった。パキスタンの有名な詩人、アラマ・イクバルの美しい詩を引用したものだった。わたしの原稿は父が書いてくれた。いいことをしたくても、やりかたがまずければ、いいことをしたことにはならない、という内容だった。また、どんなにいい方法を選んだとしても、悪いことは悪いことだ。締めくくりには「人をだますくらいなら、失敗するほうがずっと立派だ」というリンカーンの言葉を引用した。

大会に参加したのは、男女合わせて八人か九人ほどだった。モニバのスピーチはすばらしかった。落ち着いていて、スピーチにはわたしより感情がこもっていたし、言葉も詩的だった。ただ、わたしのスピーチのほうが、よりよいメッセージがこめられていたと思う。順番を待っているとき、わたしは緊張して震えていた。祖父がわざわざみにきてくれていた。きっとわたしに優勝してほしいと思っているだろう、そう思うとますます緊張してしまった。口を開く前に深呼吸しなさい、という父の言葉を思い出したけど、おおぜいの観客の顔をみてしまうと、もうだめ。あせって早口になり、どこを読んでいるのかわからなくなる。原稿を持つ手が震えていた。それでもようやくリンカーンの言葉で締めくくると、わたしは父の顔をみた。父はにっこり笑ってくれた。

いよいよ結果発表。モニバが優勝した。わたしは二位。

わたしは満足だった。リンカーンが息子の教師にあてた手紙には、こうも書いてあった。「負けを素直に認めることを、教えてやってください」わたしはいつもクラスで一番だったけど、たとえ三度も四度も一番をとったからといって、次も一番がとれるとは限らない。一番をとりたければ、努力が必要だ。それに、ときには自分の言葉で語ったほうがいいのではないか。それ以来、わたしは自分で原稿を書くようになった。そして、なるべく原稿をみないでしゃべるようになった。

6　ごみの山で働く子どもたち

クシャル・スクールの生徒数が増えてきたので、わたしたち一家はまた引っ越しをして、ようやくテレビを買った。わたしのお気に入りの番組は『シャカラカ・ブーンブーン』。魔法の鉛筆を持っているサンジュという男の子が主人公の、インドの子ども番組だ。サンジュがその鉛筆でなにかを描けば、それが本物になる。たとえば野菜や警官を描けば、その野菜や警官がそこにぱっとあらわれるのだ。うっかりヘビの絵を描いてしまったときは、消しゴムで絵を消せば、あらわれたヘビも消える。サンジュは魔法の鉛筆を使って人助けをする。両親をギャングから助けたこともある。わたしもそんな鉛筆が欲しかった。世界のどんなものよりも。

夜、わたしは神様に祈ったものだ。

「神様、どうかわたしにサンジュの鉛筆をください。だれにもいいません。そっとわたしの戸棚に入れておいてください。みんなをしあわせにするために使います」

お祈りが終わるとすぐ、引き出しをあけてみる。でも鉛筆はない。もしあったら、はじめにだれを助けるかは決まっていた。

引っ越したばかりの家の前の道をずっと歩いていくと、人が寄りつかない区画がある。そこにみんながごみを捨てはじめて——スワートにはごみ収集のシステムがない——ごみの山ができていた。わたしは近づくのもいやだった。においがひどい。ネズミが走りまわっているし、カラスがすぐ上を旋回していることもある。

ある日、弟たちが出かけているときに、母に、ジャガイモの皮と玉子の殻を捨ててきてちょうだい、といわれた。わたしは鼻にしわをよせて、ごみの山に近づいていった。ハエを追いはらいながら、お気に入りの靴で汚いものを踏まないように気をつけていた。持ってきたごみを腐りかけた食べ物の山に放りなげたとき、なにかが動いたのに気がついて、はっとした。女の子だった。わたしと同い年くらいだろうか。髪はばさばさで、顔は傷だらけ。村できかされた怪談に出てくるシャシャカのイメージそのままの姿だった。大きな袋を持っていて、ごみをより分けている。空き缶、ビンのふた、ガラス、紙。近くには男の子も何人かいて、ひもにつけた磁石を使って金属を釣りあげている。わたしはその子たちに話しかけてみたかったけど、怖くてできなかった。

その日の午後、父が学校から帰ってきたときに、ごみの山の子どもたちのことを話して、ついてきてもらった。父が話しかけると、みんな逃げていってしまった。それから父が教えてくれた。あの子たちは、分けて集めたごみを、買い取り業者に売っているのだ。といっても、わずかなお金にしかならない。買い取り業者はそれを転売して、利益を得る。家に帰る途中、父が泣いているのに気がついた。

「お父さん、あの子たちをただで学校に通わせてあげてよ」

わたしがいうと、父が笑った。母とわたしは、いままでにも父に同じことを頼んでいた。学校には、ただで通っている子がすでにたくさんいる。

母は教育を受けていないけど、家族のなかではいちばん行動力がある。父はしゃべる人、母は動く人なのだ。母はいつも、困っている人に手を差しのべようとする。父が怒ることもあるほどだ。お昼に父が帰ってきて「ただいま」といっても返事がない。母が出かけているのだ。そうすると、父は昼食が食べられない。あとで話をきくと、母は病気の人のお見舞いで病院に行っていたとか、困っている家族の手伝いをしにいっていたとかいうことがわかる。そういうことなら、父はいつまでも怒ってはいられない。ただし、チーナ・バザールまで布を買いにいっていた、などということもある。そういう場合は、さすがの父も甘い顔をしない。

どこに住んでいても、母は家を人でいっぱいにしてしまう。わたしの部屋には、わたしのほかに、女の子がふたりいた。ひとりはいとこのアネーサ。学校に行くために村から出てきて、うちで暮らしていた。もうひとりはシェーナズという女の子。昔、うちで働いていたスルタナという人の娘だ。

うちに来る前、シェーナズは妹とごみ集めをして家計を助けていた。父親が亡くなったあと、とても貧しい生活をしていたのだ。お兄さんのひとりが心の病気で、おかしなことばかりするという。きょうだいの服に火をつけたり、夏は暑くて大変だろうからとわたしの両親がプレゼントした扇風機を売ってしまったり。お母さんのスルタナはとても気が短くて、わたしの母でさえ、うちで雇うのをいやがったほどだ。それでも父はスルタナにお小遣いをあげて、シェーナズときょうだいたちが学校に来られるようにしてあげたりした。シェーナズはそれまで学校に行ったことがなかったので、年はわたしより二歳上なのに、わたしの二学年下のクラスに入った。そして、わたしが勉強を教えてあげられるように、うちで暮らすことになった。

ヌーリアやアリシュパもいる。ヌーリアは、うちで洗濯や掃除の手伝いをしてくれるカルーという女性の娘だ。アリシュパは、料理の手伝いをしてくれるカリダの娘。

カリダは昔、お金のために年寄りと結婚させられた。結婚相手にひどくぶたれるので、三人の娘を連れて逃げだした。でも実家は受け入れてくれない。自分たちの娘が嫁ぎ先を勝手に出てくるなんて、家の恥だというのだ。しばらくのあいだ、三人の娘たちはごみ集めをして暮らしていた。カリダの話は、わたしがその頃ちょうど読みはじめたばかりの小説のようだった。

その頃には、学校はだいぶ規模が大きくなって、三ヶ所に校舎があった。ランディカに最初に作ったのは小学校だけど、ヤーヤ・ストリートに作った学校は女子のハイスクール。仏教寺院の遺跡のそばに作ったのは男子校で、広いバラ園がついている。生徒数は全部で八〇〇人。

それほど儲《もう》かっていたわけではないのに、父は、一〇〇人以上の生徒を無料で引き受けていた。そのうちのひとりは、父の友だちの息子だった。父の友だちはシャラファト・アリー。父が大学生のとき、お金がなくて困っているのを助けてくれた人だ。父とは村にいるときからの友だちで、電力会社に勤めていた。何百ルピーものお金を、余裕のあるときはいつでも都合してくれたという。父は、そのときの恩を返せることを喜んでいた。

わたしのクラスにも、無料で通っている生徒がいる。カウサルという女の子で、お父さんは服やショールに刺繍をする職人さんだ。刺繍は、わたしたちの地域を代表する工芸でもある。遠足で山に行くことになったとき、カウサルはお金がなくて参加できないといっていたので、わたしがお小遣いでカウサルのぶんを払ってあげた。

貧しい家の子どもたちを無料で学校に受け入れると、父の収入が減る。でも問題はそれだけではない。お金持ちの人たちが、自分の家の子どもをここには通わせない、といいだすこともある。「うちの子どもを、掃除人や縫い子のような連中の娘や息子と同じクラスで勉強させるなんて冗談じゃない」というのだ。自分の家の子を貧しい家の子といっしょにされるのは、屈辱的だと感じるらしい。

母は、貧しい子どもは家でじゅうぶんな食事をとれないから、勉強どころではないだろう、といいだした。何人かがわたしの家で朝食をとるようになった。父が、「うちは寄宿舎みたいだな」と冗談をいっていた。

家が人でいっぱいになると、勉強するのも大変だ。引っ越しをしたとき、自分だけの部屋がもらえてうれしかったし、勉強机がわりのドレッサーも買ってもらえた。なのに、ほかの女の子と三人で部屋を使うことになってしまった。

「狭苦しくて、もういや！」

わたしはよく泣き言をいったものだけど、そのあと決まってうしろめたい気持ちになった。わたしは恵まれているのだ。ごみの山にいた子どもたちのことが忘れられない。あそこでみた女の子の汚い顔が、目に焼きついている。だからわたしは、あの子たちを学校に受け入れて、と父に頼みつづけた。

父は根気よく説明してくれた。

「あの子たちは家族のために働いてお金を作らなきゃいけないんだ。あの子たちが学校に通えば、たとえ授業料がただでも、家族みんながおなかをすかせることになってしまうんだ」

それでも父は、裕福な博愛主義者のアザダイ・カーンに頼んで、リーフレットを作るお金を出してもらった。〝これらの子どもたちに、教育を受ける権利はないのでしょうか？〟と訴えるものだ。父はそのリーフレットを何千部も印刷して、地元の会合で配ったり、町なかで配ったりした。

その頃には、父はスワートの有名人になっていた。父は首長《カーン》でもなければ、お金持ちでもないのに、人々は父の話をききたがる。ワークショップやセミナーに父を呼べば、おもしろい話をしてもらえると思っている。父が堂々と権力者を批判することも知っている。パキスタンを牛耳っている軍隊も、父は平気で批判する。父の名前は、軍人たちにも知られるようになった。知り合いがいうには、地域の司令官は父のことを、「軍をおびやかす存在」だと公言したそうだ。その司令官がなにをいいたかったのかはわからない。でも、パキスタンにおける軍隊の力の大きさを考えると、あまりいい意味ではなさそうだ。

父の大嫌いなもののなかに、〝幽霊学校〟というのがある。地方の有力者が、「学校を作るため」といって政府から予算をもらっておいて、実際には自分たちのための集会場や、動物の飼育小屋を作ったりするのだ。生徒に勉強を教えたことなんか一度もないのに、教員年金をもらう人もいる。そういった悪政や汚職も気になるけど、当時の父には、もっと気がかりなことがあった。それは、環境問題だ。

ミンゴラは急速に発展して、人口一七万五〇〇〇人といわれるようになった。かつてはきれいだった空気が、自動車や調理の煙で汚染されつつあった。美しい山の木々が切られ、材木として売られていく。安全な飲み水を手に入れることができる人は、市の人口の半分ほど。わたしたちを含めた大半の人々は、下水設備もないところで暮らしている。そこで、父は友だちといっしょに、〈世界平和評議会〉という組織を作った。世界という言葉がついているけど、実際は身近な環境問題について話し合う組織だ。あれは皮肉なんだ、と父はよく笑っていた。でも、組織の目的はまじめそのものだ。スワートの環境を守り、スワートの平和を守り、スワートの人々に教育を普及させること。

父は詩を書くのが大好きだ。愛の詩を書くこともあるけど、よくテーマにするのは、名誉の殺人〔婚前・婚外交渉をおこなった女性をその家族が殺すことで、家族の名誉を回復する風習〕や、女性の人権など、多くの論争を呼んでいる社会問題だ。父は、アフガニスタンのカブール・インターコンチネンタルホテルで開かれた詩の祭典に参加したとき、平和をテーマにした詩を読んだ。閉会の挨拶をした人が、父の詩がいちばん胸を打ったといったそうだ。観客の何人かが父のところに来て、さっきの詩をもう一度、最初から最後まで読んでほしい、といってきた。とくに気に入った表現があると、「ブラボー《ワーワー》」と声をあげて、喜んできいてくれたという。祖父も大喜びだった。「わたしの息子は、空に輝く星のような物知りだ」と、よくいっていた。

わたしたちもうれしかった。でも、父が有名になるということは、父にあまり会えなくなるということだ。わたしたちの服を買ったり、具合が悪いとき病院に連れていってくれたりするのは、いつも母だった。でも、わたしたちの社会では――とくに田舎出身の人々のあいだでは――女性が男性のつきそいなしに出かけることはよくないとされている。そのため、父の甥がつきそってくれることが多かった。家にいるときの父は、仲間といっしょに夕暮れどきに屋根にのぼり、政治についていつまでも話しこんでいた。

当時、人々の話題にのぼったのはただひとつ、9・11だ。全世界を変える出来事だった。そしてわたしたちは、まさにその震源地で生きていた。イスラム過激派のテロ組織アルカイダの指導者ウサマ・ビン・ラディンは、ワールドトレードセンターが攻撃されたとき、アフガニスタンのカンダハルに住んでいた。アメリカは数千人規模の軍隊をアフガニスタンに送りこんだ。ウサマ・ビン・ラディンを捕らえ、彼を守ってきたタリバン政権を転覆させるためだ。

パキスタンは相変わらず独裁政治下にあった。アメリカはそんなパキスタンに協力を求めた。一九八〇年代にソ連がアフガニスタンに攻めてきたときと同じだ。ソ連のアフガニスタン侵攻がハク将軍の運命を変えたように、9・11は、国際社会ののけものだったムシャラフ大統領にスポットライトを当てることになった。ムシャラフ大統領はブッシュ大統領に招かれてホワイトハウスに行ったり、ブレア首相に招かれてイギリス首相官邸に行ったりした。

ただ、大きな問題があった。パキスタンの諜報《ちょうほう》機関ＩＳＩは、実質的に、タリバンを作った組織でもあるのだ。多くの局員はタリバンの司令官たちと親しい関係にある。何年も前からの知り合いだし、考えかたにも共通するところがある。ＩＳＩのイマーム大佐は、九万人のタリバン兵士を訓練したのは自分だと公言し、タリバンが政権を握ると、ヘラート［アフガニスタン第三の都市］のパキスタン総領事に就任した。

わたしたちはタリバンが好きではなかった。タリバンのよくない噂をきいていたからだ。女の子の通う学校を破壊したり、大きな仏像を爆破したり。パキスタンにも立派な仏像はたくさんある。国の宝だ。それでも多くのパシュトゥン人は、アフガニスタン空爆にも、パキスタンがアメリカに協力することにも、反対だった。協力といっても、アメリカの軍用機がパキスタン上空を通るのを認めることや、タリバンへの武器供給をストップすることくらいなものだ。それでもいやなものはいやだった。当時わたしたちは知らされていなかったけれど、ムシャラフ大統領は、アメリカにパキスタンの飛行場を使わせていた。

敬虔《けいけん》なイスラム教徒は、ウサマ・ビン・ラディンを英雄だと思っていた。バザールでは、白馬に乗ったビン・ラディンのポスターや、彼の写真を貼りつけた箱入りのお菓子が売られていた。イスラムの聖職者たちは、9・11は、アメリカがこれまで世界各地でやってきたことへの復讐だと主張する。

でも、ワールドトレードセンターにいた人々にはなんの罪もないし、アメリカの政策とは無関係だ。それに、コーランには「人を殺してはならない」と書いてある。そういうことを無視していいのだろうか。

わたしたちは、なにかが起きるとすぐ、なにかの陰謀が隠されているのではないか、と疑う民族だ。９・１１についても、あのテロを実行したのはユダヤ人で、イスラム社会に対する戦争の口実をアメリカに与えるための行為だったのではないか、と考える人が多かった。あの日、ワールドトレードセンターで働くユダヤ人はひとりもいなかった、と書く新聞まであった。父は、そんなのはでたらめだ、といっていた。

ムシャラフ大統領は、パキスタンはアメリカに協力するしかない、と国民に説明した。「アメリカに協力しなければ、パキスタンをテロ国家とみなす」とか、アメリカに反対の立場をとるなら「爆撃で石器時代に逆戻りさせてやる」と脅された、というのだ。

ただ、パキスタンがアメリカに協力したとはいいがたい。ＩＳＩは引きつづきタリバンに武器を供与していたし、タリバンの司令官たちをクエッタの聖域にかくまったりしていた。アメリカに、パキスタンの兵士たちをアフガニスタン北部から逃がしてやってほしい、と頼んだりもした。また、ＩＳＩの局長は、自分がカンダハルに行ってタリバンの司令官であるムッラー・オマルに会い、ウサマ・ビン・ラディンを引き渡すよう要求するので、アフガニスタン攻撃を一時ストップしてほしい、とアメリカに申し入れたこともある。ところが、ムッラー・オマルに会いにいったISI局長がしたのは、タリバンに援助を申し出ることだった。

スワートのスーフィー・ムハンマド師という、アフガニスタンでソ連と戦った経験のある人物が、アメリカ国家に対して死刑宣告を出した。彼は、わたしたちの祖先がイギリスと戦ったマラカンドの地で大規模集会を開いた。パキスタン政府はそれを止めようとはしなかった。北西辺境州の知事は、アフガニスタンで国連軍と戦いたい者は好きにしてよい、という宣言を出した。

およそ一万二〇〇〇人のスワートの若者が、タリバンを助けるために出かけていった。帰ってこなかった人も多い。戦死したものと思われる。でもその証拠を手に入れることはできなかった。そうなると、残された妻は、寡婦と認めてもらうこともできない。とてもつらい状況になる。

父の親しい友だちのワヒッド・ザマンの弟や義理の弟も、アフガニスタンに行った。妻や子どもたちは、いまもその帰りを待っている。わたしもその家に行ったことがある。家族みんなの心からの祈りがひしひしと伝わってきたのを覚えている。それでも、おだやかな庭園のようなスワート渓谷にいると、戦争なんて遠い世界の出来事のように思えてしまう。スワート渓谷からアフガニスタンまでは一〇〇キロも離れていないのに、そのあいだには、バジャウルの連邦直轄部族地域（FATA）〔パキスタン国内北西部のアフガニスタン国境地帯で、イギリス統治時代と同じく現在も、一種の治外法権状態にある〕が横たわっているのだ。

ウサマ・ビン・ラディンとその仲間は、アフガニスタン東部にあるトラボラのホワイトマウンテンに逃げた。そこには、ソ連との戦争中に彼らが作った地下トンネルが縦横に走っているという。ビン・ラディンたちはそのトンネルや山道を通って、FATAのクラム自治区（パキスタン領）に逃げこんだ。当時わたしたちは知らなかったけれど、ビン・ラディンはスワートの辺境の村に一年ほどひそんでいたそうだ。客はなにがあってももてなすべしというパシュトゥンワーリのおかげで、無事に暮らしていられたのだという。

ムシャラフ大統領の二枚舌外交は、だれの目にも明らかだった。アメリカからお金をもらっておきながら、それをジハードの援助にまわす。ＩＳＩはそれを〝戦略的資産〟と呼んでいた。アメリカはパキスタンに何十億ドルもの資金を提供した。パキスタンが反アルカイダの活動をするための資金だったはずなのに、そのうちの一セントたりとも、わたしたちが目にすることはなかった。

ムシャラフ大統領はイスラマバードのラワル湖のほとりに豪華な邸宅を建て、ロンドンにマンションを買った。パキスタンはなんの役にも立っていないと、アメリカからは何度も文句をいわれていた。

そんなとき、思わぬニュースが飛びこんできた。9・11の首謀者とされるハリド・シェイク・ムハンマドが、ラワルピンディにある陸軍参謀総長の公邸から一キロあまりしか離れていない住宅で、発見されたという。それでも、ブッシュ大統領はムシャラフ大統領を讃えつづけた。ワシントンに招待し、〝相棒〟と呼んだ。父も、父の仲間たちも、腹を立てていた。アメリカは昔からパキスタンの独裁者とつきあいたがるんだ、といっていた。

わたしは子どもの頃から政治に関心があったので、父の膝に座って、父たちのおしゃべりをきいていた。でも、もっと身近なところの出来事のほうが、わたしにはだいじだった。つまり、自分の町のことだ。わたしは学校の友だちに、ごみの山の子どもたちの話をした。みんなで助けてあげよう、と呼びかけた。気が進まない、という子もいた。ごみの山の子どもたちは汚いし、たぶん病気も持っているし、そんな子たちが学校に来るようになったら自分の両親がいやがるからだ。それに、そういう問題を解決するのはわたしたちの仕事じゃない、という意見もあった。わたしはそうは思わなかった。

「政府がどうにかしてくれるのをじっと待っていても、政府はなにもしてくれないもの。わたしがひとりかふたりを助けて、ほかの人が別のひとりかふたりを助ける、それでいいのよ。そうやってみんなが力を合わせれば、子どもたちみんなを助けてあげられる」

ムシャラフ大統領に願い出たってむだだ。経験上、わかっていることがあった。父にも解決できない問題があったら、頼れるのは神様だけ。わたしは神様に手紙を書いた。

「神様、神様はすべてをみていらっしゃると思います。でも、もしかしたら、見逃していることもたくさんあるのではありませんか。とくにいまは、アフガニスタンの空爆に気をとられておいででしょうから。ごみの山で生計を立てている子どもたちをみたら、神様もきっと悲しい思いをなさることでしょう。どうか、力と勇気をください。わたしをなんでもできる子にしてください。この世界をすばらしいものにしたいのです。マララより」

どうしたら神様に届けることができるんだろう。地下の深いところに届かなくてはならない、そんな気がしたので、まずは庭に埋めてみた。でも、そのままだと腐ってしまう。ビニール袋に入れてみたけど、それでは神様に祈りが通じないように思えた。

パシュトゥン人は、神様にあてた手紙を川に流すのが好きだ。わたしもそうすることにした。手紙をくるくる丸めて、木切れに縛りつけ、タンポポの花を一輪つけて、近くの小川に浮かべた。スワート川まで流れていけば、神様がきっとみつけてくれる。

7 わたしたちの学校をつぶそうとしたイスラム学者

　わたしが生まれたクシャル・スクールの正面の家には、背が高くてハンサムな宗教指導者《ムッラー》と、その家族が住んでいた。ムッラーの名前はグラムッラー。自分のことをムフティと呼んでいた。イスラムの学者であり、イスラム法《シャーリア》の専門家であるという意味だけど、「頭にターバンを巻いていれば、だれでも自分のことをマウラーナーとかムフティと呼べるからな」と、父は皮肉をいっていた。

　学校経営はうまくいっていた。父は、男子校の入り口に、アーチ形のエントランスと、豪華な受付エリアを作っているところだった。母はようやくきれいな服を買えるようになったし、村にいたときから夢みていたように、料理の出前を頼むことができるようになった。でも、そのすべてを、向かいのムフティがじっとみていた。女の子が毎日学校に出入りするのをみて、ムフティは腹を立てた。とくに、十代の女の子が含まれているのが許せなかったらしい。

「あの学者は、うちの学校が気に入らないようだな」

ある日、父がそういった。実際、そのとおりだった。

それからまもなく、ムフティが、校舎の大家の女性を訪ねていった。

「ジアウディンはあなたの建物にイスラムで禁じられた《ハラーム》学校を作っている。町《モハラ》の恥だ。女の子はとばり《プルダ》から出てはいかんのだ。建物をジアウディンに貸すのはやめなさい。わたしが借りてイスラムの神学校《マドラサ》を作る。そうしてくれたら、すぐに金を払うし、来世でもいいことがあるぞ」

大家はそれを断った。大家の息子がこっそり父のところにやってきた。

「あの学者が、あなたの悪い噂を広めようとしています。うちは、あの男に建物を貸すつもりはありませんが、気をつけてください」

父は怒った。

「『中途半端な医者はかえって命をあやうくする』ということわざがあるように、中途半端な学者はかえって信仰をゆがめるんだ」

パキスタンが、現代における世界で最初のイスラム教国だということを、わたしは誇りに思っている。でも、そのことをどう解釈するかは、人によってばらばらだ。コーランはわたしたちに忍耐《サブル》を教えてくれる。それなのに、みんなはその言葉を忘れてばかりだ。イスラムといえば、女は家でプルダのなかにいる、あるいはブルカを着ているものであり、男は聖戦《ジハード》に行くもの、と決めつけてしまう。

パキスタンには、イスラム教のさまざまな宗派がある。建国の父であるジンナーは、インドに住むイスラム教徒の権利が認められることを願ったけど、インド国民の大半はヒンドゥー教徒だ。兄と弟が仲たがいをして別々に住むことにした、そんな状況に似ている。一九四七年八月、イギリス領インドは分断され、イスラム教徒の自治領パキスタンが誕生した。多くの血が流れた。何百万人ものイスラム教徒が、インドからやってきた。ヒンドゥー教徒はその逆で、インドに行こうとした。そうした人々のうち、二〇〇万人近くが、新しくできた国境を越えようとして、殺された。列車のなかでもたくさんの人が殺された。国境近くの都市ラホールやデリーには、血まみれの死体でいっぱいの列車が到着したという。わたしの祖父は当時デリーで勉強していたので、パキスタンに帰ってこようとしたけど、列車のなかでヒンドゥー教徒たちに襲われて、あやうく殺されるところだったそうだ。

現在のパキスタンの人口は約一億八〇〇〇万。そのうちの九六パーセント以上がイスラム教徒だ。ほかには、約二〇〇万人のキリスト教徒と、二〇〇万人以上のアフマディーヤ信者。アフマディーヤ信者は、自分たちはイスラム教徒だと考えているけど、政府には認められていない。悲しいことに、こうしたマイノリティー集団は、しばしば攻撃の対象になる。

ジンナーは、若い頃ロンドンで弁護士をしていた。寛容な国を作ることが、彼の願いだった。パキスタンが独立する数日前にジンナーがおこなった演説は、よくパキスタンの人々の口にのぼる。

「パキスタンでは、仏教寺院だろうが、モスクだろうが、教会だろうが、好きなところで礼拝すればよいのです。どのような神を信じていようと、どのようなカーストであろうと、ここパキスタンで生活するのにはなんの問題もありません」

父がいうには、問題は、ジンナーが交渉によって獲得したのがわずかな土地にすぎなかったということだ。ジンナーは、パキスタン建国の翌年、結核で亡くなった。それ以降、戦火が絶えることはない。インドとは三回も戦争をしたし、国内の紛争もやむ気配がなく、死者が出つづけている。

イスラム教徒はスンニ派とシーア派に大別される。根本的な教義はどちらも同じだし、コーランの教えに従って暮らしているという点も変わりがない。ただ、七世紀に預言者ムハンマド《PBUH》が死んだあと、だれがイスラム世界を導いていくべきかという点で、意見が食い違っている。後継者《カリフ》に選ばれたのはアブー・バクル。預言者ムハンマド《PBUH》の親しい友人であり相談相手でもあった人物だ。病床の預言者ムハンマド《PBUH》は、この人物を礼拝の指導者に選んだという。〝スンニ〟はアラビア語から来た言葉で、〝預言者ムハンマド《PBUH》の伝統を守る者〟という意味だ。それに対し、カリフにふさわしいのは預言者ムハンマド《PBUH》の家族であり、したがって、義理の息子でありいとこでもあるアリーをカリフにすべきだと考える人々も、少数派ながら存在した。これがシーア派だ。アリー派（シーア・ト・アリー）を略してシーアという。

　シーア派の人々は、預言者ムハンマド《PBUH》の孫であるフセイン・イブン・アリーが六八〇年のカルバラの戦いで殺されたことをしのんで、毎年ムハッラムの祭りを催す。鉄の鎖や、カミソリの刃のついたひもを使って自分たちの体を打ち、血まみれになる。通りが真っ赤に染まるほどだ。わたしの父の友だちにもシーア派の人がひとりいて、カルバラでフセインが死んだ話をしては涙を流す。その悲しそうな顔をみていると、まるできのう起こった事件について話しているかのようだ。一三〇〇年も前のことだなんて思えない。パキスタン建国の父ジンナーもシーア派だった。ベナジル・ブットの母親も、イラン出身のシーア派だった。

パキスタン国民のほとんどはスンニ派だ。その割合は八〇パーセント以上。わたしたちもそう。でも、このスンニ派も、やはりいくつものグループに分かれる。いちばん大きなグループは、バレルヴィ派。十九世紀、インドのウッタル・プラデーシュ州のバレイリーにあったマドラサの名前にちなんで名づけられた。そして、デオバンド派。この宗派名も、同時期のウッタル・プラデーシュ州、デオバンドという村にあったマドラサの名前にちなんだものだ。デオバンド派はとても保守的な宗派で、国内のマドラサのほとんどはデオバンド派だ。ほかに、サラフィー主義のアッレハディース(ハディースの人々)派というのもある。アラブ社会の影響を強く受けた宗派で、もっとも保守的。西欧の人々が〝イスラム原理主義〟と呼ぶのがこれだ。聖人や廟《びょう》を崇拝することも禁じている。パキスタン国民の多くは神秘的なものを信じるので、スーフィー聖者廟で踊ったり礼拝をしたりするのは普通のことなのに。これらグループのそれぞれが、さらに細かいグループに分かれている。

クシャル・ストリートのムフティは、デオバンド派に属するタブリーグ・ジャマート派の一員だった。この会派は、ラホールの近くのライウィンドにある本拠地で、毎年大きな集会を開く。何百人もの信者が集まるという。先の独裁者ハク将軍も、その集会に参加していた。一九八〇年代、ハク政権下において、タブリーグ派は隆盛を誇っていた。軍の兵舎での説教に指名されるイマームの多くはタブリーグ派だったし、軍人たちはしょっちゅう休暇をとって、タブリーグ派の伝道遠征についていったものだ。

ムフティは大家に校舎を自分たちに貸せといって断られたあと、わたしたちの町に住む影響力のある人物や年配者を何人か集めて、ある夜父を訪ねてきた。やってきたのは全部で七人。タブリーグ派の長老、モスク管理人、ジハード参戦者、商店主――小さな家がいっぱいになってしまった。

父は不安そうな顔をして、わたしたちをほかの部屋に追いやった。とはいえ小さな家なので、話し声はすべてきこえた。

「わたしはウラマー〔イスラム学者の団体名〕とタブリーグ派とタリバンの代表者としてやってきた」グラムッラーがいった。イスラム学者の組織の名前をふたつも出したのは、箔《はく》をつけるためだろう。「善良なイスラム教徒の代表としていわせてもらう。女子のための学校は、イスラム教で禁じられている。神への冒瀆だ。学校を閉鎖しろ。女子は学校になど行ってはならないのだ。女子は神聖なものだ。だからこそ家のなか《プルダ》に入れておかなければならない。また、女子は、その存在を公にしてはならないものだ。だから、コーランには女子の名前はいっさい出てこない。神は女子に名前をおつけになりたくなかったのだ」

父は、それ以上きいていられなかったようだ。「コーランには、マリヤム［キリスト教のマリア］の名が何度も出てくるではありませんか。マリヤムは女性ではないのですか？　それとも彼女は悪い女だったのですか？」

「そうではない。イーサー［キリスト教のイエス］はマリヤムの子だと書かれてはいるが、神の子ではないということをはっきりさせるために、そう書かれているだけだ！」

「そうだとしても、コーランにマリヤムの名前が出てくるのは事実でしょう」

ムフティが反論しはじめたけど、父はそれ以上きこうとしなかった。家にやってきた人たちみんなに向かっていった。「わたしは、道路でこちらの紳士とすれちがうとき、きちんと目をみて挨拶をします。ところが、こちらの紳士は挨拶を返してくれません。ちょっと頭を下げるだけです」

ムフティは決まりが悪そうにうつむいた。イスラム教では、きちんと挨拶をすることがとても重要なのだ。「おまえはイスラム教で禁じられている学校を経営しているではないか。だから挨拶なんかしたくないんだ」

するど、別のひとりがいった。「あなたは異教徒だときいていたが、部屋にコーランがあるのだな」

「当たり前じゃないですか！」父はびっくりしていった。そんなことをいわれるとは思ってもみなかったのだ。「わたしはイスラム教徒です」

「学校の話をしていたんだ」ムフティがいった。このままでは分が悪いと思ったのだろう。「学校の受付には男がいて、女の子たちが入っていくのをみている。大変な問題だ」

「では、こうしましょう。学校に、入り口をもうひとつ作って、女子生徒はそちらから入るようにしますよ」

ムフティは不満そうだった。学校を閉鎖に追いこみたいのだ。でも長老たちは、父の出した案に満足したらしい。一同は帰っていった。

これでおしまいにはならないだろう、と父は考えた。ただ、ムフティたちの知らないことがひとつあった。ムフティの姪《めい》が、ひそかに父の学校に通っているのだ。三日ほどたってから、父はムフティの兄に電話をかけた。学校に通っている子の父親だ。

「弟さんのことで、こちらはかなりまいっています。弟さんはどういう人なんですか？　ほとほと困っているんです。うちの学校に口出ししてこないよう、お兄さんのほうから取りなしていただくことはできませんか？」

「ジアウディン、申し訳ないが、それはできない。わたしの家でも困っているんだよ。

弟夫婦もうちで暮らしているんだが、弟は自分の妻に、プルダの決まりを守って、わたしの家族に顔をみせないようにしろという。そしてわたしの妻にも、顔をみせてくれるなという。狭い家のなかで、それぞれの妻にプルダを守らせるべきだというんだ。わたしの妻と弟の妻は、弟にとってきょうだいみたいなものだ。わたしにとっても、それは同じだ。弟はどうかしている。弟のおかげで、うちの暮らしはめちゃくちゃだ。すまないが、ジアウディン、きみに協力することはできない」

父が恐れていたとおり、向かいのムフティは、簡単に引き下がろうとはしなかった。ハク将軍が政権を握り、イスラム化運動が激しくなってから、ムッラーの持つ権力は大きなものになっていたのだ。

ムシャラフ将軍には、ハク将軍とはかなり違うところがあった。たいていは軍服を着ているけど、西洋風のスーツを着ることもあるし、自分のことを、主席戒厳令長官ではなく最高行政官と呼ぶ。また、イスラム教徒が不浄の生き物と考える犬を飼っている。ハク将軍がイスラム化運動を推進したのとは違って、啓蒙的穏健主義を取りはじめた。メディアを開放し、民放のテレビ局を作り、女性のニュースキャスターを採用した。ダンスをするテレビ番組がはじまり、バレンタインデーやニューイヤーズ・

イブといった、西洋の祝日を祝うことが許されるようになった。独立記念日の前夜にはポップミュージックのコンサートが開かれて、それが全国にテレビ中継された。

ムシャラフは、民主主義を掲げていたかつての支配者たちがやらなかったことをしてくれたのだ。ベナジル・ブットにさえできなかったことだ。さらに、レイプされた女性がそのことを証明するためには、男性四人の証言が必要だという法律を廃止した。また、パキスタン国立銀行にはじめての女性頭取を任命し、飛行機のパイロットや沿岸警備員にもはじめて女性を採用した。カラチにあるジンナーの墓にも女性の警備員を配置することになるだろう、と発表した。

ところが、パシュトゥン人の土地である北西辺境州では、事情がずいぶん違っていた。二〇〇二年、ムシャラフは〝制限つきの民主主義〟を求めて選挙をおこなった。奇妙な選挙だった。主な政党の代表者であるナワーズ・シャリフやベナジル・ブットは亡命しているのだ。わたしたちの州では、この選挙の結果、〝ムッラー政府〟と呼ばれる組織が権力を得た。統一行動評議会（ＭＭＡ）は、五つの宗教政党で構成されている。そのうちのひとつイスラム神学者協会（ＪＵＩ）［イスラム聖職者により組織される保守政党で、イスラム法の厳格な適用を主張するアフガニスタン・タリバンと密接な関係にある］は、タリバンを養成するマドラサの経営母体だ。ＭＭＡは「ムッラー・ミリタリー・アライアンス（ムッラー軍事同盟）」の略語ではないか、というジョークがある。彼らが選挙に勝ったのは、ムシャラフの支持があったからだ、ともいわれているけど、理由はほかにもある。アメリカがアフガニスタン攻撃をはじめたことや、アフガニスタンにおけるタリバンの勢力をそいだことで、一部の信心深いパシュトゥン人が腹を立て、彼らに票を入れたのだ。

スワートは、パキスタンのなかでも昔から保守的な地域だ。アフガニスタンでのジハードの最中も、多くのマドラサが建てられた。ほとんどはサウジアラビアの資金提供によるものだ。授業料が無料なので、多くの若者がここで教育を受けた。父にいわせると、これがパキスタンの〝アラブ化〟のはじまりだった。そこへ9・11が起こったことで、人々の闘争心がさらにかきたてられた。

町を歩いていると、建物の壁にチョークで書かれたメッセージをみかけることがあった。「ジハードの訓練希望者はこちらに連絡を」として、電話番号が書いてある。当時、ジハードのグループはなにをしても許される状況だった。人目につく場所で堂々と募金活動をしたり、兵士を募集したりしていた。シャングラのある学校の校長は、九年生の男の子を一〇人も、カシミールにあるジハード訓練施設に送りこんだと、誇らしげに語っていた。

ＭＭＡはＣＤやＤＶＤを売る店をすべて営業禁止にして、アフガニスタンのタリバンが作ったような道徳警察を作ろうとした。男性につきそわれて外出している女性を引きとめて、その男性が親族であることを確かめるためだ。ありがたいことに、国の最高裁判所は道徳警察の設立を認めなかった。その後、ＭＭＡの活動家たちは、映画館を襲撃したり、女性の写真を使った看板を壊したりペンキで黒く塗りつぶしたりした。衣料品店からは女性のマネキンを撤去した。西洋風のシャツやズボンを着ている男性がいれば、いやがらせをする。男性はシャルワールカミズと呼ばれる伝統的な服を着るべきだし、女性は髪や顔を隠すべきだという。人々の暮らしから、女性に関わるものすべてが消え去ることを願っているかのようだった。

父のハイスクールができたのは二〇〇三年。最初の年は男女共学だったけど、二〇〇四年には、男子と女子が同じクラスで学ぶことなど、とても考えられない状況になっていた。そのせいで、向かいのムフティ、グラムッラーの行動が大胆になっていった。学校の事務の人から、父に報告があった。ムフティが学校に入ってきて、文句をつけたという。

「どうして相変わらず女の子が学校に来ているんだ？　どうして表の入り口から入っていくんだ？」

別の日にはこんなことをいった。「男の事務員が女の教師を外に送りだしてリキシャに乗せていたぞ。あの男は女教師の兄か弟なのか？」

「いいえ、職場の同僚です」と事務員は答えたという。

「大問題だ！」ムフティはいった。

父は、「ムフティがまた来たら自分を呼ぶように」と事務員にいった。ムフティはまたやってきた。事務員に呼ばれた父は、イスラム学の教師を連れていって、ムフティと対決した。

「いいかげんにしてくれませんか！　あなたは何様ですか。頭がどうかしているんじゃありませんか。医者にみてもらったほうがいい。わたしが学校のなかで裸になるとでも思っているんですか？　男の子と女の子がいっしょにいたら、それだけでなにか起こるとでも？　みんな、まだ子どもですよ。さっさとハイデル・アリー先生に会いにいけばいい」

ハイデル・アリー先生というのは、町で有名な精神科の先生だ。「ハイデル・アリー先生に会いにいけ」というのは、「おまえは頭がどうかしている」というのと同じだ。

ムフティはだまりこみ、頭のターバンを取って、父の膝に置いた。わたしたちにとって、ターバンは〝尊厳〟の象徴だ。パシュトゥン人の誇りをあらわすものでもある。ターバンを失うことは面目を失うことなのだ。ところがそうしておいて、ムフティはこういった。「わたしは事務員にそんなことはいっていない。でたらめだ」

父はもう我慢ができなかった。「あなたにとやかくいわれる筋合いはない。出ていってくれ！」

学校は閉鎖されなかったものの、これは、パキスタンが変わりつつあることを象徴する出来事だった。父は先行きに不安を感じていた。仲間の活動家たちと何度も会って、延々と話し合った。かつては森林伐採の問題を話し合う場だったのが、いまでは教育や民主主義の問題についても論じ合う場になっている。

二〇〇四年、アメリカの圧力に二年半のあいだ抵抗してきたムシャラフ大統領がとうとう、連邦直轄部族地域（ＦＡＴＡ）に軍隊を送りこんだ。ＦＡＴＡは、アフガニスタンとの国境沿いにある、七管区からなる地域だ。政府の支配力がほとんど及ばない地域でもある。アメリカは、アフガニスタン空爆から逃れたアルカイダの兵士たちが、このＦＡＴＡに隠れている、と訴えた。客が来ればもてなさなければならないパシュトゥン人の伝統を利用しているというのだ。アルカイダはここを拠点に、訓練キャンプを設営したり、国境の反対側にいる北大西洋条約機構（ＮＡＴＯ）軍に攻撃をしかけたりしていた。

スワートの住民にとっては身近な問題だ。七管区のうちのひとつ、バジャウル管区はスワートと隣接している。FATAの住民はみなパシュトゥン人だ。わたしたちユスフザイ族も含めて、パシュトゥン人はもともとアフガニスタンとの国境にまたがる地域に暮らす民族なのだ。

イギリスによる統治がおこなわれていた頃、アフガニスタンと、当時はインド領だった地域の中間に緩衝地帯が作られた。現在のFATAも同様のもので、各部族の長老たちによって治められているのだけど、残念なことに、実際にはまともに統治されているとはいえない状況だ。

世界から忘れ去られた、岩だらけの渓谷地帯で、人々は密輸によってなんとか生計を立てている(住民の平均年収は二五〇ドル――パキスタン国民平均の半分だ)。病院や学校もほとんどない。女の子を受け入れるところなど、まずないだろう。政党を作ることも、つい最近まで禁止されていた。この地域の女性のほとんどは字が読めない。ここの人々は気性が荒く、独立心が強いといわれている。昔のイギリス人が書いた本には、そう記録されている。

それまで、パキスタンは軍隊をFATAに派遣したことは一度もなかった。イギリスがやっていたように、パシュトゥン人が自主的に組織していた国境警備隊に頼って、間接的な支配をしていたにすぎない。そこへとうとう国の軍隊を送りこむことになったのだ。ムシャラフ大統領にとっては悩んだ末の決断だったに違いない。FATAにいるアルカイダ兵士のなかには、パキスタン軍やISIとつながりのある者もいる。それだけではない。パキスタン軍がアルカイダの武装勢力と戦うということは、パシュトゥン人どうしで戦うことにもなるのだ。

はじめに軍が派遣されたのは、南ワジリスタン。二〇〇四年三月のことだった。予想されたことだったけれど、その地域の人々は、この攻撃は自分たちの生きかたをおびやかすものだと考え、すべての男たちが武器を持って抵抗した。何百人もの兵士が、この逆襲によって命を落とした。

軍は動揺した。戦うのを拒否する兵士もいた。同じ民族どうしで戦うのがいやだったのだ。軍はたった一二日で撤退し、ネック・ムハンマドをはじめとした地元の武装勢力指揮官たちと和平協定を締結した。パキスタン軍がアルカイダに金を払い、アルカイダは戦闘をやめる、という内容だ。アルカイダが戦闘をやめれば、外国の軍隊がやってくることもない。ところがアルカイダは、その金でさらに武器を調達し、戦闘活動を再開した。数ヶ月後、米軍が無人飛行機によるパキスタン攻撃をはじめた。

二〇〇四年六月十七日、南ワジリスタンにいたネック・ムハンマドを狙って、無人機プレデターがヘルファイア・ミサイルを発射した。ネック・ムハンマドはそのとき、衛星通信によるインタビューを受けているところだったらしい。ムハンマド本人と、まわりにいた人々が即死した。地域の人々は、なにが起こったのか、まったくわからなかったという。アメリカがそんなことをしてくるとは、当時はだれも思わなかったのだ。ネック・ムハンマドを悼む気持ちがあるかないかは人によって違ったかもしれない。でも、だれもが驚いた。わたしたちはアメリカと戦争をしているわけではないのに、どうしてアメリカに空爆されなければならないのか。FATAの人々はみな腹を立てた。多くの人々が武装勢力に加わった。あるいは、ラシュカルと呼ばれる独自の軍隊を作った。

するとアメリカによる攻撃がますます激しくなった。アメリカは、アルカイダでビン・ラディンに次ぐ地位にあるアイマン・アル・ザワヒリがバジャウル管区に隠れている、妻もそこに連れていったはずだ、と主張していた。

二〇〇六年一月、アイマン・アル・ザワヒリを狙ったと思われる無人機が、ダマドラという村を攻撃し、三軒の民家を破壊、一八人の死者を出した。アメリカによると、アル・ザワヒリは事前に情報を得て逃げたとのこと。

同じ年の十月三十日、アメリカの無人機が、カールという大きな町に近い丘にあるマドラサを爆撃した。死者は八二人。その多くが少年だった。アメリカによると、そのマドラサはアルカイダの訓練キャンプであり、アルカイダ内部で出まわっていたビデオに紹介されている。その丘には地下トンネルが張りめぐらされていて、ミサイルや火砲が据えつけられている、というのだ。爆撃後何時間もたたないうちに、ファキル・ムハンマドと呼ばれる、そのマドラサの責任者であり、バジャウル管区で影響力を持つ指導者でもある人物が、復讐を宣言した。パキスタンの兵士を相手に自爆テロをおこなうというのだ。

父と仲間たちは心配になり、町の長老や指導者たちを集めて、話し合いをおこなった。一月の、とても寒い夜だったのに、一五〇人もの人が集まった。

「もはや対岸の火事ではありません。いまにスワートも巻きこまれます。スワートに戦火が届く前に、対策をとるべきです」

父はそういったけど、だれも取り合わなかった。笑う人たちもいた。最前列に座っていた、町の政治家もそのひとりだった。

父はその人にいった。「アフガニスタンの人々がどんな目にあったか、ご存じでしょう。彼らは国を逃れ、スワートで暮らしています。同じことがバジャウル管区でも起ころうとしているんですよ。わたしたちも同じ目にあうんです。そうなったとき、どこに逃げるんですか。逃げていく場所など、ないんですよ」

その男は平然と、父をばかにしたようにいった。「わたしはカーンだ。だれであれ、わたしをここから追い出すことなどできるものか」

家に帰ってきた父は、暗い顔をしていた。「わたしは学校を作った。だがわたしはカーンでもないし、政治家でもない。基盤がないんだ。自分の存在の小ささを思い知らされたよ」

8　大地震のあった秋

天気のいい、十月のある日。わたしが小学校にいたとき、突然、机ががたがた揺れだした。低学年だったので、クラスは男女いっしょ。男の子も女の子も悲鳴をあげた。

「地震だ！」

日頃から教えられていたとおり、みんなで外に駆けだした。生徒全員が、先生のまわりに集まった。ひな鳥が親鳥を取りかこんでいるみたいだった。

スワートには断層があるので、地震はよくあった。ただ、そのときの地震はいつもの地震とは違った。まわりの建物がどれも揺れているのがわかったし、激しい音がちっともやまない。子どもたちの大半は泣いていた。先生たちは神様に祈っていた。

わたしの大好きなルビ先生という女の先生が、みんなに声をかけた。

「泣かないで、落ち着きなさい。すぐに静まるから」

揺れがおさまるとすぐ、わたしたちは家に帰された。家では、母が椅子に座って、コーランを抱きしめていた。同じところを何度も繰りかえして唱えている。人は、なにか大変なことがあると、いつも以上に神様に祈るものだ。母はほっとした表情でわたしと弟たちを抱きしめ、涙を流した。余震が午後いっぱい続いたので、わたしたちは不安でたまらなかった。

うちは引っ越しをしたばかりだった。わたしが十三歳になるまでに、うちは七回も引っ越した。当時住んでいたのはアパートだった。ミンゴラのなかでは高い建物だ。二階建てで、屋上に水のタンクがある。母は、タンクの重みで天井が崩れてくるかもしれないといって、わたしたちを連れて外に出た。父は、夜遅くなってからようやく帰ってきた。すべての校舎の状態を確かめてきたのだ。

あたりが暗くなっても、小さな余震が続いていた。母はパニックを起こしていて、かすかな揺れを感じるたびに、審判の日が来たと思っていた。

「生き埋めになったらどうしよう！」

母は夜も家にいたくないといったけど、父は疲れはてていたし、イスラム教徒は神様の定めた運命に従うべきだといって、わたしや、まだ小さかった弟たち（クシャルとアタル）をベッドに寝かせた。

「どこかに行きたいなら、好きにすればいい。わたしはここに残る。神様を信じるなら、おまえもここに残りなさい」

父は、母といとこにそういった。

大きな災害があったときや、命が危険にさらされたとき、人間は自分のおかした罪を思い出し、どんな顔をして神様に会えばいいのか、神様は自分を許してくれるだろうか、と考えるものだと思う。でもその一方で、神様はわたしたちに忘れる能力を授けてくださった。だから、悲劇が起こっても、それを忘れて普通の生活を続けることができる。わたしは父のいうように神様を信じるべきだと思ったけど、母が怖がる気持ちも理解できた。

二〇〇五年十月八日の地震は、パキスタン史上最大級の惨事だった。マグニチュード七・六。アフガニスタンのカブールやインドのデリーなど遠く離れた場所でも揺れを感じたという。わたしたちの住むミンゴラは被害が少なく、倒れた建物は二、三軒にとどまったけど、隣のカシミール地方やパキスタンの北部地域は、ひどいありさまになっていた。イスラマバードでも、たくさんの建物が倒壊した。

何日かたって、被害の実情がやっとわかってきた。テレビのニュースで、映像が流れる。村全体が瓦礫《がれき》の山になってしまったところもある。地滑りが起きて道が寸断され、被害の深刻なところが孤立してしまっていた。電話も使えない。停電も続いた。被災した地域は三万平方キロ。アメリカのコネチカット州の倍の広さだ。発表される数字は信じられないものばかり。死者は七万三〇〇〇人以上、けが人は一二万八〇〇〇人。一生治らない傷を負った人も多いという。およそ三五〇万人が、住む家をなくした。道路や橋が壊れ、水道や電力が使えなくなった。わたしたちが訪れたことのあるバラコットの町は、ほぼ壊滅状態。死者の多くは子どもたちだった。わたしと同じように、学校に行っていて被害にあった。六四〇〇もの学校が瓦礫となり、通っていた一万八〇〇〇人の生徒が命を失った。

あのときの恐怖は忘れられない。そこで、学校で募金をすることになった。みんなができ る範囲で協力してくれた。父は知り合いのところをまわって、食べ物や服やお金の寄付を頼んだ。わたしは母といっしょに毛布を集めた。父は、スワート私立学校協会や世界平和評議会にも協力を頼んだので、学校での募金と合わせると、一〇〇万ルピー以上のお金が集まった。わたしたちの教科書を作っているラホールの出版社は、トラック五台ぶんの食料や、生活必需品を送ってくれた。

シャングラの親戚がどうなったか、心配でたまらなかった。山にはさまれた、狭い渓谷で暮らしているのだ。ようやく連絡をくれたのは、わたしのいとこだった。父が生まれ育った小さな村では八人が死んで、たくさんの家が倒壊したとのことだった。そのうちの一軒は、村の聖職者カーディムの家だった。美しい娘四人が亡くなったそうだ。わたしも父といっしょにトラックに乗って、シャングラの村に行きたかった。でも父は危険だといって許してくれなかった。

何日かたって帰ってきた父は、青い顔をしていた。村に近づくほど、進むのに苦労したそうだ。道路はあちこちで崩れ、土砂が川に流れこんでいた。大きな岩が落ちて道をふさいでいるところもあった。親戚も友だちもみんな、この世の終わりだと思ったといっていたそうだ。山の斜面を岩が転げ落ちる音。家から飛びだした人々がコーランを読む声。屋根が崩れる音。水牛やヤギの叫び。そんな音をききながら、余震が続くなか、一日じゅう外にいたという。夜になっても状況は変わらず、みんなで抱き合って体を温め合ったそうだ。寒くてつらかっただろう。

救助活動は、わずかな人々でおこなわれていたそうだ。駆けつけたのは、この地域を本拠地とする海外の支援組織や、預言者ムハンマド《PBUH》のイスラム法《シャーリア》強化運動（TNSM）のボランティアの人々だ。TNSMは、アフガニスタンに兵士を送りこんでいたスーフィー・ムハンマドが作った組織だけど、本人は、二〇〇二年に投獄されている。ムシャラフ大統領がアメリカの圧力に負けて多くの武装勢力の指導者を逮捕したとき、スーフィーもそのひとりだったのだ。それでも組織の活動は続き、スーフィーの義理の息子であるファズルラーが指導者の地位を引き継いでいた。国の偉い人たちがシャングラのようなところに行くことは難しかった。道路も橋も壊れていたし、地方政治自体、ないも同然になっていたからだ。国連の人がテレビに出ているのをみたことがある。「今回の災害は、国連がいままで経験したことがないような悪夢だった」といっていた。

ムシャラフ大統領はこれを「国家の試練」と呼び、軍が〝ライフライン（命綱）作戦〟を開始したと宣言した。軍はなんにでも作戦名をつけるのが好きらしい。ニュース番組では、物資やテントを満載したヘリコプターの写真を何度もみた。でも、狭い渓谷の多くは、ヘリコプターが着陸できるようなスペースがないし、救援物資を空中から落としてもらっても、斜面を転がって川に落ちてしまう。ヘリコプターが飛んできたのをみて人々がその下に群がり、危険なので荷物を落とせなくなった、という例もあったようだ。

ただ、救助の手がまったく届かなかったわけではない。アメリカの行動は早かった。何千人もの軍隊や何百機ものヘリコプターがアフガニスタンに駐留しているので、そこからパキスタンに飛んでくるのは簡単だ。困っているパキスタン国民を助けている、という姿勢を示すことができたわけだ。なかには、機体に描かれたアメリカのマークをなにかで覆っているヘリコプターもあった。アメリカ機だとわかると攻撃されるおそれがあるからだろう。辺境に住む人々の多くにとっては、これが外国人をみるはじめての経験だった。

救援ボランティアの大部分は、イスラムの慈善団体やイスラム教の組織に属する人々だったけれど、そのなかには、武装勢力のグループも混じっていた。いちばん目立ったグループは、ラシュカレトイバ（ＬｅＴ）［〝敬虔なる者の軍隊〟という意味で、インドとの係争地カシミール地方の分離独立を目指す武装勢力。インドを標的とするテロを幾度もおこなったとされる］のフロント組織で、福祉活動を担当するジャマアト・ウッダワ（ＪｕＤ）だ。ＬｅＴは諜報《ちょうほう》機関ＩＳＩと密接なつながりを持ち、カシミール地方の解放のために戦っているグループだ。わたしたちは、カシミール地方はインドではなくパキスタンの一部だと思っている。住民の大部分はイスラム教徒なのだ。

ＬｅＴの指導者は、ラホールにある大学でイスラム学を教えるハフィズ・サイード。過激な発言で知られる人物で、よくテレビに出ては、インドを攻撃すべきだと人々に呼びかけている。地震が起こったとき、政府はほとんどなにも手を打てずにいたのに、ＪｕＤは避難キャンプを作り、自動小銃《カラシニコフ》やトランシーバーを持った男たちを警護に当たらせた。こうした男たちがＬｅＴのメンバーだということはだれもが知っていた。彼らが掲げる、剣をクロスさせたデザインの白黒の旗が、山間部や渓谷地帯をあっというまに埋めつくした。アザド・カシミール地域のムザファラバードという町には、ＪｕＤによって大規模な野戦病院まで作られた。レントゲンの機械や手術室もあり、薬局にはいろんな種類の薬が置かれていたし、歯科の診療まで受けることができたという。医者たちと、何千人もの若いボランティアが、そこで働いていた。

被災者たちは、険しい山道や崩れた谷間を行き来する活動家たちを称賛した。だれも見向きもしないような辺境の村にまで、彼らは薬を届けてくれたのだ。そのうえ瓦礫を撤去し、村の再建にも尽力し、礼拝指導や、犠牲者の埋葬までやってくれたという。いまはもう外国の救助団体の多くが撤収してしまった。道路わきには崩れた建物が残っている。人々は国からの補償をまだ受け取ることができず、新しい家を建てることもできない状態だ。それでも、ＪｕＤの旗はいまもあちこちに翻っているし、ＪｕＤの救援隊は活動を続けている。イギリスに留学していたいとこがいうには、ＪｕＤは在英パキスタン人からも多額の寄付を集めたそうだ。ところが、あとになって妙な噂が流れた。寄付金の一部は、イギリスからアメリカに向かう旅客機を爆破する計画のために使われたというのだ。

多くの死者が出たということは、多くの孤児が生まれたということだ。一万一〇〇〇人の子どもたちが、親を失った。わたしたちの文化では、孤児は親戚に引き取られることになっている。でも、今回の地震の被害はあまりにも大きかった。親も親戚もすべてなくした子どももいたし、すべてを失ったので子どもを引き取る余裕のない人々もいた。政府は、そういった子どもたちは国家が面倒をみると約束したが、政府の約束なんて、あてにならない。父が耳にした話によると、多くの孤児はＪｕＤに引き取られ、マドラサで暮らしはじめたようだ。パキスタンでは、マドラサは一種の福祉施設で、食べ物や寝る場所を無料で提供してくれる。ただし、教育の内容は普通の学校とは違う。男の子たちはコーランをすべて覚えて、体を前後に揺らしながらそれを暗唱する。科学や文学などという学問はないと教えられる。大昔に恐竜が存在したことも、人類が月に行ったことも、真実ではないと教えられる。

国全体が混乱して、長いこと立ち直ることができなかった。ただでさえ、腐敗した政治家や軍の独裁者に苦しめられていたのに、今度は自然災害にまで苦しめられたのだ。ＴＮＳＭのムッラーたちは、地震は神からの警告だと、恐ろしい声で人々に訴えた。これまでの生きかたを反省して、シャーリア、すなわちイスラム法を守っていかないと、もっと厳しい罰が下されるぞ、と。

第二部

死の渓谷

رباب منگیه وخت د تېر شو　　د کلي خوا ته طالبان راغلي دینه

Rabab mangia wakht de teer sho
Da kali khwa ta Talibaan raaghali dena

音楽よ、さらば！ その甘美な旋律を、いまは消しておこう
タリバンが村に迫り、人々は歌うことをやめてしまった

9　ラジオ・ムッラー

わたしが十歳のとき、タリバンがスワートにやってきた。その頃、わたしとモニバは『トワイライト』を読んで、吸血鬼になりたいと思っていた。夜になってあらわれたタリバンが、まるで吸血鬼のようにみえたものだ。彼らはグループ単位で行動した。ナイフや自動小銃《カラシニコフ》で武装して、最初に姿をあらわしたのは、スワート川の上流地区。マッタの丘陵地帯だ。はじめのうち、彼らは自分たちのことをタリバンとは呼んでいなかったし、見た目にも、アフガニスタンのタリバンとは違っていた。わたしたちが写真でみたことのあるアフガニスタンのタリバンは頭にターバンを巻き、目のふちを黒く塗っていた。

奇妙な格好をしているな、と思った。髪は長くてぼさぼさ。あごひげを生やして、シャルワールカミズの上に迷彩柄のベストを重ね、短めのズボンのすそからは足首がのぞいている。履きものはジョギングシューズか、安物のビニールのサンダルだ。目のところだけ穴をあけた靴下のようなものを頭にかぶっていることもある。ターバンの端を使って洟《はな》をかむ。つけている黒いバッジには、「シャリアット・ヤ・シャハダット」、すなわち「イスラム法を守らない者に苦難あれ」と書いてある。黒いターバンを巻いていることもあるので、〝黒いターバンの集団《トール・パトキ》〟と呼ばれていた。黒ずくめで不潔な身なりをしているので、父の友だちは〝風呂や理髪店を知らない連中〟と呼んでいた。

リーダーは、ファズルラーという名のイスラム法学者。二十八歳で、かつてはスワート川にかけられた橋がわりの滑車装置の操作係をやっていた。右足を引きずっているのは、子どもの頃にポリオにかかったせいだという。イスラム法強化運動（TNSM）の創始者であるスーフィー・ムハンマドの神学校《マドラサ》で学び、その娘と結婚した。二〇〇二年、武装勢力のリーダーが一斉検挙されたとき、スーフィー・ムハンマドも投獄されたので、ファズルラーがそのあとを継いで指導者となった。大地震の少し前、ファズルラーはイマーム・デリにいた。ミンゴラからみるとスワート川の対岸、川からほんの数キロの場所にある小さな村だ。そこで、違法のラジオ放送局を開設した。

スワート渓谷の人々にとって、日々の情報源は主にラジオだ。テレビはない家が多いし、字が読めない人も多い。ラジオ局はすぐに人々の話題になった。ラジオ局はムッラーFMと呼ばれ、ファズルラーはラジオ・ムッラーと呼ばれるようになった。放送時間は毎晩八時から十時。翌朝の七時から九時に、その再放送がある。

はじめのうち、ファズルラーの放送は思慮分別のあるまともなものだった。自分のことをイスラムの改革者でありコーランの解釈者であるといっていた。わたしの母は敬虔《けいけん》なイスラム教徒で、はじめのうちはファズルラーを気に入っていた。放送の内容は、人々によい習慣を奨励し、悪い習慣をやめさせようというものだった。男はひげをたくわえるべきで、たばこを吸ったり、嚙《か》みたばこを嚙んだりするのはやめるべきだ、ヘロインや大麻もやめよう、と呼びかけていた。礼拝の前には体を清潔にしなければならない。その正しいやりかたはこうだと説明することもあった。体のどの部分を最初に洗うべきかとか、陰部はどうやって洗ったらいいかとか、そういうことだ。

落ち着いた声で話すこともあった。おとなの男性が、他人を説得しようとするときのような口調だった。かと思えば、きいていると恐ろしくなるような激しい口調で話すこともあった。イスラム教のすばらしさを語っているうちに泣いてしまうこともあった。たいていは、ファズルラーがしばらくしゃべってから、アシスタントのシャー・ダウランがそれを引き継ぐ。ダウランは、以前、オート三輪に積んだお菓子をバザールで売っていた。ふたりはそのうち、音楽をきくな、映画をみるな、ダンスをするな、といいだした。そういう罪深いことをしているから地震が起こったのだ、それをやめないと、ふたたび神の怒りを招くという。コーランやハディースを曲げて解釈する宗教指導者《ムッラー》はよくいる。原典のアラビア語がわかる人はめったにいないからだ。ファズルラーはそのことを利用しているのだ。

「お父さん、ラジオでいっていたことは本当なの？」わたしは父にきいた。地震の恐ろしさが忘れられなかった。

「いや、あの男はみんなをだましているんだ」

父がいうには、学校の職員室も、ラジオの話題で持ちきりとのことだった。その頃には、学校には全部で七〇人ほどの教師がいた。男の先生が四〇人、女の先生が三〇人くらい。なかにはファズルラーをよく思わない人もいたけど、多くはファズルラーを支持していた。コーランをわかりやすく説明してくれるし、カリスマ性がある、と思っていた。社会にイスラム法を復活させるべきだという主張にも賛成しているようだった。スワートがパキスタンの一部になって以来、わたしたちはパキスタンの法律に従わなければならなくなり、人々はそのことに不満を感じていたからだ。たとえば、この地域ではよくある土地の問題。前はあっというまに解決できたのに、いまは一〇年もかけて裁判をしなければならない。それに、スワートに派遣されてくる汚職まみれの役人にはうんざりしていた。ファズルラーが、統治者《ワーリー》が治めていた頃の気高いスワート渓谷をよみがえらせてくれるのではないか——人々はそんな希望を抱いているようだった。

半年もしないうちに、人々はテレビを捨て、DVDやCDを捨てた。ファズルラーの配下の男たちがそれらを集めて、通りに山積みにし、火をつけた。黒い煙がもくもくと空高くあがっていった。何百軒もあったCDとDVDの店は自主的に閉店し、そのために出た損害はタリバンが補塡した。わたしとふたりの弟はテレビが大好きなので心配だったけど、父が、「うちはテレビは捨てないよ」と約束してくれた。ただし安全のため、テレビを戸棚のなかに入れ、みるときはボリュームを小さくした。タリバンは人々の家の前でき耳を立て、音がしていれば家に押し入ってテレビを持ち出し、通りでたたき壊してしまうといわれていた。ファズルラーは、わたしたちの大好きなインドの娯楽映画が大嫌いだという。イスラム教徒がみるのにふさわしくないというのだ。そんなわけで、わたしたちに許されたのはラジオだけ。音楽も、タリバンのもの以外はイスラムで禁じられた音楽とみなされた。

ある日、父は入院している友だちのお見舞いにいった。すると、多くの患者が、ファズルラーの説教をカセットテープに録音したものをきいていた。「ファズルラー先生に会ってみるべきだ、ファズルラー先生は偉大な学者だ」と、父はみんなにいわれた。

「あの男は、ハイスクールの授業にもついてこられなかった落ちこぼれだし、名前だって、本当はファズルラーなんかじゃない」父がそういっても、だれも取り合わなかった。父はがっかりしていた。みんながファズルラーの話をありがたがっている。彼がイスラム教について必要以上に神秘的に、ロマンティックに語るのを、うっとりしてきいているのだ。「ばかばかしい」父はいっていた。「なにも知らないえせ学者が、人々にいいかげんな話を広めている」

ファズルラーは、辺境の地域でとくに人気があった。地震のとき、役人は来なかったけれどTNSMのボランティアはやってきた、という記憶があったからだろう。モスクのなかには、ラジオにスピーカーをつないで、村人すべてがラジオ放送をきけるようにしたところもある。いちばん人気があるのは、名前をあげて話をするところだ。「だれだれさんは大麻を吸っていましたが、罪深いことなのでやめたそうです」とか「Xさんがこのところひげを伸ばしているので祝福してあげました」とか「Yさんはみずから進んでCDの店を閉めました」とか。そういう人にはきっとあとでよい報いがあるでしょう、と締めくくる。みんな、自分の名前が呼ばれるのを楽しみにしていた。村のだれかが〝罪深い〟といわれると、「だれだれさんのこと、きいたか？」とみんなで噂《うわさ》をする。

ファズルラーは、国の軍隊について、よく冗談半分に、パキスタンの役人はみな異教徒だからイスラム法を認めたがらないんだといっていた。「このままだと、われわれがイスラム法を国民に広めるしかない。役人たちなど八つ裂きにしてやる」ファズルラーがよく話題にするのは、首長《カーン》たちによる支配のことだった。貧しい人々は、カーンたちに天罰が下るのを待ち望んでいるのだ。だから、ファズルラーのことをロビンフッドのような存在だと思っていた。そのうちファズルラーが権力を握ったら、カーンたちの土地を貧しい人々に分けてくれる、そう信じていた。逃げだすカーンも出てきた。父は、〝カーン至上主義〟の世の中はよくないが、タリバンのほうがもっとたちが悪い、といっていた。

父の友だちのヒダヤトゥラーは、その頃にはペシャワールの役人になっていて、わたしたちに警告してくれた。「これが武装勢力のやりかただ。人々の心をつかむために、まずは地域がどんな問題を抱えているのかを調べて、その問題の責任者をやり玉にあげる。そうやって、声なき大多数（サイレント・マジョリティー）の支持を得るんだ。ワジリスタンでも同じことがあった。人さらい集団や盗賊を攻撃しておいて、いざ自分たちが権力の座についたら、いままで自分たちが非難していた犯罪者たちと同じことをはじめるんだ」

ファズルラーは、ラジオで、女性に向けて話すことも多かった。多くの男性が家にいないことを知っていたのだろう。スワートには、南部の炭鉱や、ペルシャ湾の建築現場へ出稼ぎに行く男たちがたくさんいた。

「男性諸君は遠慮なく仕事に出かけてくれたまえ。わたしは女たちに話をしよう」ファズルラーはこんなふうに話しはじめる。「女は家にいて、家の仕事をやらなければならない。どうしてもしかたがないときは外に出てもいいが、そのときは必ずベールをかぶるように」

TNSMのメンバーたちは、女性たちから取りあげた派手な服を人前にさらすようになった。「〝堕落した女〟がこんなものを着ていたから取りあげてきた」

わたしのクラスメートたちも、母親がラジオ・ムッラーの放送をきいているといっていた。でもわたしたちは、校長のマリヤム先生に「あなたたちはきいてはいけませんよ」といわれていた。わたしの家には、祖父が使っていた古いラジオがあるだけで、それも壊れていた。でも、母の友だちはみんなラジオをきいていて、その内容を母にきかせようとする。みんながファズルラーをほめそやす。長い髪が素敵だとか、馬に乗る姿がいいとか、まるで預言者ムハンマド《PBUH》のようだとか、そんなことばかりいっている。ファズルラーに自分たちの夢を話すと、ファズルラーはそれがかなうように祈ってくれるらしい。母もそういう話をきいて楽しんでいた。父はそのことに驚き、危機感を覚えていた。

わたしはファズルラーの言葉をきいて、混乱していた。コーランには、男は外に出ろ、女は一日じゅう家で働け、なんて書かれていない。学校ではイスラム学の授業がある。わたしも「預言者ムハンマド《PBUH》の人生」というタイトルの作文をよく書いた。預言者ムハンマド《PBUH》の最初の妻は、ハディージャという名の起業家だったと、その授業で学んだ。結婚したとき、ハディージャは四十歳。預言者ムハンマド《PBUH》より十五歳も年上だった。ハディージャは前にも結婚したことがあって、再婚だった。わたしは母をみていて、パシュトゥン人の女性はとてもたくましくて力強いということを知っている。母の母、つまりわたしの祖母は、祖父が事故で骨盤を骨折して八年間も寝たきりだったとき、ひとりで八人の子どもを育てていた。

男は外で働き、お金を稼いで、家に帰って、食事をして眠る。たしかに男はそうやって日々がんばっている。でもパキスタンの男たちは、お金を稼いだり家族にあれをしろこれをしろと命令したりすることが、偉いと思っている。女だって偉いのに、どうしてそうは思わないいんだろう。女は一日じゅう家族の面倒をみている。子どもを産むのは女だ。うちもそうだ。父がとても忙しいから、母が家のことをすべてやっている。朝早く起きて、わたしたちの制服にアイロンをかけ、朝食を作り、わたしたちにお行儀よくしなさいと注意する。市場に行って買い物をして料理をする。全部、母ひとりでやっているのだ。

タリバンがスワートにやってきた年、わたしは手術を二回受けた。一度目は盲腸。二度目は扁桃腺《へんとうせん》の摘出手術だった。弟のクシャルも盲腸の手術を受けた。わたしたちを病院に連れていってくれたのは、母だ。父は病院にお見舞いに来たり、アイスクリームを買ってくれたりした。それでも母は、コーランには「女は外出してはいけない」とか「結婚のできない続柄の男以外の男と話をしてはいけない」と書いてあると信じていた。父は、そんな母にいった。「ペカイ、女性はプルダを守らなければならないというが、プルダは布でできたベールでなくてもいいんだよ。心にプルダがあれば、それでいいんだ」

多くの女性がファズルラーに心酔していた。そのうち、金のアクセサリーやお金を、ファズルラーに差し出すようになった。貧しい村の人々や、男たちが出稼ぎに行っている家庭ほど、熱心だった。結婚祝いの金のブレスレットやネックレスを集めるためのテーブルが置かれると、女性たちがそこに列を作ったり、自分のかわりに息子を列に並ばせたりした。老後のための蓄えを差し出す人もいた。そうすれば神様が喜ぶと信じていたのだ。

ファズルラーは、イマーム・デリに赤レンガ造りの巨大な施設を建てはじめた。神学校《マドラサ》やモスクも作って、全体をスワート川の氾濫から守るための堤防で囲んだ。セメントや鉄骨をどこから調達してきたのかはわからないけど、建設現場で働いたのは地元の人々だ。すべての村が順番に、一日ずつ労働力を提供する。ある日、ウルドゥー語を教えているクルバン・シャー先生が「明日は学校に来られません」といった。自分の村の男が働く番がまわってきたのだという。

「生徒に勉強を教えることが、いちばん大切な仕事ではないんですか」父がいった。

「いいえ、わたしはどうしても行きたいんです」クルバン・シャー先生は答えた。

父はかんかんに怒って家に帰ってきた。「だったら、学校や道路を作ったり、川をきれいにしたりするのも、同じようにみんなで進んでやればいいんだ。一年もたたないうちに、パキスタンは楽園になる。だが実際は、モスクやマドラサを建てることにしか協力しようとしない」

それから二、三週間たつと、同じ先生が父にいった。「もう女子に勉強を教えることはできません。ファズルラー先生がいやがりますから」

父は必死に説得しようとした。「女の子に教えるのは女の先生がいい。たしかにそう思います。しかしそのためには、女の子を教育して、女の先生を作らなければならないんですよ！」

ある日、スーフィー・ムハンマドが刑務所から声明を出した。女に教育を与えてはならない、女子のマドラサも許さない、というものだ。「イスラム教が女子の通うマドラサを許した例が、歴史上一度でもあるなら、わたしのひげに小便をひっかけにくるがいい」その後、ファズルラーがラジオで学校を攻撃するようになった。学校の責任者をののしったり、学校をやめた女の子を祝福したりする。「だれだれさんは学校に行くのをやめたので、いつか天国に行けるでしょう」とか「Y村のXさんは、五年生まででで学校をやめました。すばらしいことですね」とか。わたしのように学校に通いつづける女の子は、ファズルラーにいわせれば、水牛や羊と同じなのだ。

わたしも、わたしのクラスメートも、学校に行くことのなにが悪いのか、理解できなかった。

「あの人たちはどうして、女の子が学校に行くのをやめさせようとするの？」わたしは父にきいた。

「ペンの力が怖いのさ」父はそういった。

また別の教師が、女の子に勉強を教えたくないといいだした。髪を長く伸ばした数学の先生だ。父がその先生を解雇すると、ほかの教師たちが抗議してきた。「どうか、解雇だけは許してやってください。いまは時期が悪いんです。解雇さえ取り消してくれたら、あの先生のぶんはみんなでカバーします」

毎日のように、新しい命令が下される。美容院が閉店させられた。あごひげを剃《そ》ることが禁じられたので、理髪店の仕事もなくなった。父はもともと口ひげしか生やしていなかった。タリバンにいわれてあごひげを生やすのはいやだといって、あごひげを剃りつづけた。女はバザールに行くな、ともいわれた。わたしはかまわなかった。買い物が楽しいとは思わなかったからだ。母は違う。お金があまりなかった頃から、きれいな服が大好きだった。

母はいつもわたしに注意した。「顔を隠しなさい。みんながみているわよ」

わたしはこう答える。「わたしは平気よ。みられたら、こっちも相手をみてやるし」そして母を怒らせてしまう。

母や母の友だちは、買い物に行けなくなって困っていた。ラマダン終了を祝うイードの日が近づいてくると、とくに不満が募った。いままでは、おしゃれをしてバザールに出かけていき、イルミネーションに飾られた店でブレスレットやヘナをみるのが楽しみだったのだ。そんな楽しみがすべて奪われた。女性が市場に行ったからといってひどい目にあうことはないけど、タリバンにみつかればどなられ、激しく非難されるので、家に帰るしかなくなるのだ。タリバンの兵士がひとりいれば、ひとつの村全体をおとなしくさせるのにじゅうぶんだった。わたしたち子どもも不満を持っていた。いつもなら、イードのお祭りのときには新しいＤＶＤをみて楽しめるのに、ファズルラーのせいでＤＶＤの店がなくなってしまった。この頃には、母もファズルラーにうんざりしてきたようだ。よけいな教育をするな、学校に行く子どもは地獄に落ちる、なんて説教ばかりでは、気持ちが暗くなる。

次に、ファズルラーはシューラを開くようになった。一種の評議会というか、裁判のようなものだ。これは喜ぶ人が多かった。解決が早いからだ。パキスタンの司法制度にのっとった裁判は、判決が出るまでに何年もかかるし、賄賂を渡さなければ自分の言い分もきいてもらえない。

人々はファズルラーやその仲間たちのところへ行っては、仕事のことであれ個人的なことであれ、不満をぶつけて解決してもらおうとするようになった。「三〇年前から抱えていた問題が、一発で解決したよ」ある男が父にいった。

ファズルラーのシューラによって下される罰のなかには、人前での鞭打《むちう》ち刑があった。前にはなかったものだ。父の友だちのひとりが、その現場をみた。ふたりの女性を誘拐した罪で、三人の男がシューラにかけられて有罪になり、人前で鞭打ち刑を受けたのだという。

〝ファズルラー・センター〟の近くにみせしめの場が作られた。金曜日の礼拝に参加したあとの人々が何百人も、そこに集まって刑の執行をみた。鞭がひと振りされるごとに、「神は偉大なり《アッラー・アクバル》！」とみんなで叫ぶ。黒い馬に乗ったファズルラーが、そういう場所にあらわれることもあった。

保健所が子どもたちにポリオの予防接種をすることも禁じられた。ワクチン接種の普及は、イスラム教徒の女を不妊にしてスワートを滅亡させるためのアメリカの陰謀だというのだ。「病気にかかる前にその病気を排除するのは、イスラム法の考えかたに反している」とファズルラーはラジオで訴えた。「スワートの子どもたちは、ポリオワクチンを一滴たりとも体に入れてはならない」

ファズルラーの手下たちが町に出て、人々に目を光らせるようになった。ファズルラーの教えに反する者の取り締まりだ。アフガニスタンでタリバンの道徳警察がやっているのと同じだ。ファルコン・コマンドーと呼ばれるボランティアの交通警察ができ、マシンガンを載せた交通警察のトラックが、町じゅうを走りまわるようになった。

喜ぶ人たちもいた。ある日、父は銀行の支店長とばったり出会った。「ファズルラーのおかげで、女たちがチーナ・バザールに行かなくなったので、男が金を貯《た》められるようになりましたよ」支店長はそういっていたそうだ。

反対意見を口にする者は、ごく一部だ。父によれば、ほとんどの人の思いは、近所の理髪師と同じだろう、ということだ。理髪師はこうぼやいていた。「もう現金が八〇ルピーしか残っていない。前はその一〇倍も稼いでいたのに」翌日、その理髪師は新聞記者に「タリバンは善良なイスラム教徒です」と話していた。

放送がはじまって一年ほどたつと、ファズルラーはどんどん攻撃的になった。ファズルラーの弟のリヤーカトは、その息子三人とともに、二〇〇六年十月末にバジャウル管区のマドラサにいたとき、アメリカの無人機による爆撃で死んだ。その爆撃では八〇人が死んだ。まだ十二歳の男の子たちもたくさんいたし、その一部はスワート出身の子どもたちだった。わたしたちみんなが腹を立て、復讐《ふくしゅう》を誓った。その一〇日後、イスラマバードからスワートに通じる道の途中にあるダルガイの兵舎で、自爆テロが起きた。犠牲者はパキスタン兵士四二人。当時は、パキスタンでは自爆テロはとても少なく、年間たった六件しかなかった。ダルガイのテロは、パキスタンの武装勢力が起こした自爆テロのなかでももっとも大きなものだった。

イードのお祭りでは、ヤギか羊を神に捧《ささ》げるのが普通だ。ところがファズル「今年は二本足の動物を生贄とする」といった。その意味はすぐにわかった。ファズルラーはラーの手下たちはカーンや、政治活動家たちを殺した。狙われたのは、非宗教政党や民族主義政党、とくにアワーミー国民党（ＡＮＰ）〔パシュトゥン人によって構成される民族主義政党〕だ。

二〇〇七年一月、父の友人の親しい友人のひとりが、銃を持って覆面をした八〇人もの男たちによって、村から誘拐された。マラク・バクト・バイダルという人だ。裕福なカーンの家の出身で、ＡＮＰの地方支部の副代表をしていた。死体は、先祖代々経営しているブドウ園に捨てられていた。両腕と両脚の骨が折られていた。個人が狙われて殺されたのは、スワートではこれがはじめてだった。タリバンの隠れ場所をみつけようとする政府軍に協力したからだろう、と人々は噂した。

警察も役所も、みてみぬふりをした。スワートの政府はまだムッラーが率いる政党に牛耳られていて、イスラムのために戦うのだと主張する人々を批判することができなかったのだ。わたしたちははじめのうち、ミンゴラに住んでいれば安全だろうと思っていた。なにしろスワートでいちばん大きな町なのだから。でも、ファズルラーの本部はほんの数キロ先にあるし、家の近くにタリバンがいないとしても、市場に行けば必ずいる。通りや山にもいる。危険がじわじわと迫ってきていた。

イードのお祭りのとき、わたしはいつものように故郷の村に帰った。いとこの車に乗って、川に沿って走っていく。道路が流されているので、川のなかを走ることもあった。途中にはタリバンの検問所もある。わたしは母といっしょに後部座席にいた。いとこに音楽のカセットテープを渡されたので、素早くバッグに隠した。タリバンは黒ずくめの格好で、カラシニコフを持っていた。母とわたしをみて、こういった。

「その姿はなんだ。どうしてブルカを着ない」

イードが終わって学校に戻ると、門に張り紙がしてあった。「この学校は西洋的で、イスラム的ではない。女の子に勉強を教え、イスラム的でない制服を着させている。すぐにやめないと、後悔することになるだろう。おまえの子どもたちが、おまえを恋しがって泣くことになる」というメッセージのあとに、「イスラムの聖戦士《フェダイーン》」という署名があった。

父は男子の制服を、シャツとズボンからシャルワールカミズに変えることにした。

シャルワールカミズは、パジャマみたいなぶかぶかのズボンと、丈の長いシャツだ。女子の制服はもともとロイヤルブルーのシャルワールカミズと、白いスカーフ《ドゥパッタ》だったのでそのままだったけど、学校に出入りするときは頭をすっかり覆うようにしなさい、といわれた。

父の友だちのヒダヤトゥラーは、胸を張っていろと励ましてくれた。「ジアウディン、おまえには人をまとめる力がある。おまえが声をあげれば、人々をまとめて、やつらに対抗することができる。酸素を吸って二酸化炭素を吐くだけじゃ、生きているとはいえない。タリバンのいうことをすべてきき入れて生きていくこともできるし、逆らって生きていくこともできるんだ」

父は、ヒダヤトゥラーの言葉をわたしたちに伝えた。それから、地元の新聞社〈デイリー・アザディ〉に手紙を書いた。「イスラムのフェダイーンたちへ。あなたたちはイスラム法を執行しているというが、これは正しいやりかたではない。わたしの子どもたちにはかまわないでほしい。あなたたちが信じるのと同じ神に、わたしの子どもたちも毎日祈りを捧げているのだ。わたしの命を狙うのはいいが、わたしの学校の子どもたちに手を出すのはやめてくれ」

新聞をみた父の顔がくもった。手紙は第一面ではなく、なかのほうの目立たないページに掲載されていた。しかも、父の名前や、学校の住所が書かれていた。編集者が匿名で載せてくれるものと思っていたのに、そうはならなかったのだ。ところが、次々に電話がかかってきた。「あなたは静かな水面に最初の石を投げいれてくれた」「これでみんなが勇気を持って発言できる」という、喜びの電話だった。

10 キャンディとテニスボールとスワート渓谷の仏像

タリバンはまず、わたしたちから音楽を取りあげ、次に仏像を取りあげた。それから、わたしたちの歴史を奪った。わたしたちのなによりの楽しみは、学校の遠足だった。スワートにはきれいなところがたくさんある。滝、湖、スキーリゾート、ワーリーのお屋敷、仏像、聖職者アクンドの墓。それぞれの場所がそれぞれに、パシュトゥン人の歴史を語ってくれる。遠足があると、その何週間も前から、わたしたちの話題はそのことばかりになる。そしていよいよその日がやってくると、いちばんいい服を着て、バスに乗りこむ。お弁当はチキンとライス。カメラを持っていく子もいる。一日遊んだあとは、父がみんなを順番に大きな岩の上に立たせて、その日みたものの話をさせる。でもファズルラーが来てからは、遠足に行けなくなった。女の子が外にいるところを人にみられてはいけないから。

タリバンは、わたしたちの遊び場にあった仏像や仏舎利塔《ぶっしゃり》を破壊した。何千年も前からそこにあって、クシャナ朝の時代から、わたしたちの歴史の一部だったのに。タリバンは、彫像や絵画はイスラム教に反する罪深いもので、許されないと主張する。ジェハナバードの石仏の顔まで、ダイナマイトで破壊してしまった。ミンゴラから車で三〇分ほどのところにある山の斜面に彫られたもので、高さが七メートルほどもあるみごとなものだ。考古学者いわく、バーミヤンの石仏と同じくらい重要なもの。バーミヤンの石仏は、アフガニスタン・タリバンが破壊した。

一回目の破壊作業は失敗した。ドリルで岩に穴をあけ、ダイナマイトを仕込んだのに、爆発しなかったのだ。その数週間後、二〇〇七年十月八日、タリバンは二回目を試み、石仏の顔を吹きとばした――七世紀からずっと、わたしたちの渓谷をみわたしてきた顔を。スワート博物館にあったものはすべてほかの場所に移しておいたので、タリバンから守ることができた。

タリバンは、芸術と文化と歴史の敵になっていた。古いものをことごとく破壊してしまう。といって、新しいものをもたらすわけでもない。エメラルド鉱山を占領し、採掘される美しいエメラルドを売りはらって、醜い武器を買う。タリバンのせいでお金に困った人々が、大切な木々を伐採しはじめた。タリバンは、その木材を積んだトラックの通行料まで要求する。

ラジオの電波は、スワート渓谷だけでなく、周辺の地域にまで届いていた。うちにはまだテレビがあったけど、ケーブルテレビの回線が切られてしまっていた。モニバもわたしも、大好きだったインドの娯楽番組（『シャララット』や『メイキング・ミスチーフ』など）をみることができない。タリバンに、なにからなにまで禁じられているようなものだった。お気に入りのカロムというボードゲームも禁止された。木製のボード上で駒をぶつけあう、おはじきのようなゲームだ。子どもたちの笑い声がきこえると、タリバンが部屋に入ってきて、ボードをたたき壊してしまう。わたしたちは人形じゃないのに、と思った。することなすこと、着るものまでも、タリバンに決められてしまうなんて。もしもそれが神様の望みなのだとしたら、神様は人間ひとりひとりに個性なんか与えず、みんなを同じように作ったはずだ。

ある日、学校のハメダ先生がひどく泣いていた。ハメダ先生の夫は、マッタという小さな町で警官をしている。そこがファズルラーの手下たちに襲われたのだという。何人もの警官が殺された。ハメダ先生の夫もそのひとりだった。タリバンがスワートの警察を襲ったのはこれがはじめてだったけど、その後、多くの村で同じことが起こった。ファズルラーの率いるＴＮＳＭの白黒の旗が、警察署に翻るようになった。タリバンがメガフォンを持って村に入っていくと、警官が逃げだしていく。みるみるうちに、五九の村の警察署がタリバンに奪われ、タリバンの拠点になった。警官たちは、タリバンに命を狙われるのを恐れて、「自分はもう警官をやめました」という広告をこぞって新聞に載せた。

これだけのことが起こっているのに、だれもなにもしようとしない。みんな、体も頭も麻痺してしまったかのようだった。みんなはファズルラーにだまされていたんだ、と父はいう。一味に加わった人たちもいた。それは、そうすればよりよい生活ができると思ったからなのだ。父はファズルラーたちの活動に抵抗しようとしたけど、簡単なことではなかった。「わたしには武装勢力もついていないし、ラジオ局も持っていないからね」父はそんな冗談をいっていた。

父は、ファズルラーの村の学校に出かけていったこともある。川を渡る橋がないので、金属の箱を滑車とワイヤーで川の対岸に渡す装置が作ってある。それに乗って、川の向こうに行った。村に近づくと、煙が空高く立ちのぼっているのがみえたそうだ。それまでにみたことがないような、真っ黒な煙だった。はじめはレンガ工場の煙だと思ったけど、さらに近づいてみると、あごひげを生やして頭にターバンを巻いた男たちが、テレビやパソコンを燃やしていた。

村の学校に行った父は、人々にこういった。「みなさんがテレビやパソコンを燃やしているのをみました。あんなことをしても、日本がテレビやパソコンをもっと作って利益を得るだけだということが、どうしてわからないんですか？」

だれかが近づいてきて、父に小声でいった。「そういう発言は、やめたほうがいい。危険だ」

役所も一般の人々と同じように、なにもしようとしなかった。


国じゅうが狂気に包まれていた。スワート以外の地域では、別の問題が起きていた。タリバンは、パキスタンの首都イスラマバードに拠点を移していた。やがて、〝ブルカ旅団〟と呼ばれる人々の写真が新聞に載るようになった。若い女性や少女たちが、ブルカを着て手に棒を持ち、イスラマバード中心部のバザールにあるＣＤやＤＶＤの店を襲撃しはじめたのだ。

この集団はジャミア・ハフサの女たちだった。ジャミア・ハフサは、パキスタンで最大の女子用マドラサであり、イスラマバードにある〝赤のモスク《ラール・マスジッド》〟の一部でもある。赤のモスクは一九六五年に建てられたモスクで、壁が赤いことから、その名がつけられた。国会議事堂や軍統合情報局（ＩＳＩ）本部のすぐそばにあって、多くの政府役人や軍人たちが、そこで礼拝をしていた。赤のモスクにはマドラサが二校ある。ひとつは女子校、もうひとつは男子校。何年も前から、アフガニスタンやカシミールでの紛争に加わる兵士たちの募集や訓練のための施設として使われている。

経営者はアブドゥル・アジズとアブドゥル・ラシッドの兄弟。ビン・ラディンを讃えるプロパガンダを広めるための拠点にもなっている。アブドゥル兄弟は、タリバンの司令官ムッラー・オマルに会うためにカンダハルに行ったとき、ビン・ラディンに会った。兄弟はふたりとも、過激な説教をすることで有名だった。９・１１後にみるみる支持者が増え、何千人もの崇拝者を獲得した。

ムシャラフ大統領が、対テロ戦争においてアメリカに協力するといったとき、赤のモスクは長年にわたる軍との絆《きずな》を断ち切り、反政府運動の中心になった。アブドゥル・ラシッドは、二〇〇三年十二月、ラワルピンディでムシャラフ大統領の乗った車列を爆破しようとした一件に加担していたとして訴追された。捜査当局の発表によると、使われた爆弾は赤のモスクに保管されていたものだという。それでも、アブドゥル・ラシッドは数ヶ月後に釈放された。

ムシャラフ大統領の連邦直轄部族地域（ＦＡＴＡ）への軍隊派遣は、二〇〇四年のワジリスタンからはじまった。そのときアブドゥル兄弟は、その動きを反イスラム的であると非難する運動を起こした。自分たちのホームページを作り、ラジオ局を占拠して、自分たちの主張を放送した。ファズルラーと同じやりかただ。

タリバンの姿がスワートでみられるようになったのと同じ頃、赤のモスクの女子生徒たちが、イスラマバードでテロ活動をはじめた。ここはマッサージ店だといって、その家を襲い、この女は売春婦だといって、女性をむりやり連れ去る。ＤＶＤの店を襲って、ＣＤやＤＶＤの山を作って火をつける。タリバンを支持する活動であれば、女が堂々と意見を口にすることも、人前に出ることも、許されるのだ。マドラサの校長はウンメ・ハッサン。アブドゥル・アジズの妻だ。多くの女子生徒を訓練して自爆テロをさせた、と公言している。赤のモスクには独自の法廷もある。国家の司法はあてにならないといい、イスラム法《シャーリア》によって裁判をおこなっている。赤のモスクのタリバンは多くの警官を引き立てていき、政府の建物を襲って略奪した。

ムシャラフ内閣は、どうしたらいいかわからないようだった。軍と赤のモスクとのあいだに深いつながりがあったからだろう。二〇〇七年の中頃には、状況はさらに悪化した。タリバンが首都さえ占拠してしまうのではないか、と人々が心配しはじめた。とても信じられない状況だった。イスラマバードは、かつてはおだやかで平和な都市で、国のほかの地域とは一線を画していたのだ。とうとう、七月三日の夜、戦車部隊と武装兵からなる治安部隊が赤のモスクを包囲した。あたり一帯を停電させ、夕刻、空が暗くなってきた頃に、銃撃と爆発物による攻撃を開始。モスクを取りかこむ外壁に穴をあけ、迫撃砲を使ったり、武装ヘリで空中から攻撃を加えたりした。そして、なかにいる女子生徒たちに、拡声器で降伏を呼びかけた。

モスクのなかにいたタリバンは、アフガニスタンやカシミールでの戦闘経験があった。自分たちやマドラサの神学生たちのまわりに、コンクリートブロックや土嚢《どのう》でバリケードを築いた。心配した親たちがモスクのまわりに集まり、携帯電話で「どうか出てきてちょうだい」と娘たちに呼びかける。殉教は誉れ高いことだと先生がたに教わったから、といって、あくまでも抵抗を続ける女子学生もいた。

次の夜、何人かの女子学生がモスクから出てきた。そのなかに、アブドゥル・アジズがいた。ブルカを着て女のふりをし、娘といっしょに歩いていた。アジズの妻と、弟のアブドゥル・ラシッドは、モスクのなかにとどまっていた。ほかにも、多くの学生たちがモスクに残っていた。治安部隊とタリバンの銃撃戦は何日も続いた。タリバンは対戦車兵器や、スプライトの空き瓶で作った火炎瓶を使って抵抗する。七月九日の夜遅く、特殊部隊の司令官が、モスクの光塔《ミナレット》にいた狙撃手《スナイパー》に撃たれると、政府軍はとうとうモスクに突入した。

その行動は〝秘密作戦〟と呼ばれたけど、実際はとても騒々しいものだった。パキスタンの首都の真ん中であんな戦闘が起こったのは、あれがはじめてだった。特殊部隊は何時間もかけて、ひと部屋ひと部屋制圧していき、とうとうアブドゥル・ラシッドとその取り巻きを地下の一室に追い詰めて殺害した。七月十日の夜、赤のモスクが完全に制圧されるまでに、およそ一〇〇人の死者が出た。そのなかには、政府軍の兵士数名と、多くの子どもたちが含まれている。

ニュースでは、無残に破壊されたモスクの映像が流れた。血痕や割れたガラスがあちこちに飛び散り、死体もたくさん転がっていた。みているだけで恐ろしかった。そのマドラサには、スワート出身の子どもたちもいた。パキスタンの首都で、しかもモスクのなかで、どうしてこんなことが起こるんだろう。モスクは神聖な場所のはずなのに。

赤のモスク立てこもり事件のあと、ファズルラーの姿勢が変わった。七月十二日――わたしの誕生日なので、よく覚えている――ファズルラーのラジオ放送は、前日までの放送とはまったく違うものになっていた。政府軍が赤のモスクを攻撃したことへの激しい怒りをあらわにし、殺されたアブドゥル・ラシッドの復讐を誓い、パキスタン政府に宣戦布告した。

このときからが大変だった。ファズルラーは、だれかを脅すときも、タリバンへの支持を集めるときも、〝赤のモスク《ラール・マスジッド》（のために）〟という合言葉を使えるようになったのだ。数日後、彼らはスワートに向かっていた軍の車列を攻撃して、一三人の兵士を殺した。政府への反発は、スワート以外の地域でも頻発した。バジャウル管区の部族民は大規模な抗議運動を起こしたたし、国のいたるところで自爆テロが起こった。ただ、ひとつだけ、希望の光があった。ベナジル・ブットが政治の舞台に戻ろうとしていた。

アメリカは、協力関係にあるムシャラフ大統領がパキスタン国内であまりに不人気なのを心配していた。これではタリバンへの対抗勢力を維持できないからだ。そこでアメリカは、だれもが予想もしなかったような取引を持ちかけた。ムシャラフは軍服を脱いで、非軍人としての大統領になり、ベナジル・ブット一派の支持を受け、それと引き換えに、ムシャラフは、ベナジル・ブットとその夫のかつての汚職容疑を不問にして、選挙をおこなうことに同意する、というものだ。こうすればベナジル・ブットが首相に選ばれることは、だれにでも予想できる。ただ、父もそうだったけど、パキスタン国民のだれもが、そんな取引がうまくいくはずがないと思っていた。ムシャラフとベナジルは犬猿の仲だったからだ。

ベナジル・ブットは、わたしが二歳のときから亡命していた。でもわたしは彼女のことを父からよくきいていたので、戻ってくると知って、とてもうれしかった。パキスタンにふたたび女性の指導者があらわれるかもしれないのだ。ベナジル・ブットがいたからこそ、わたしのような女の子が、自分の意見を人にきいてもらおうとか、政治家になろうとか、考えることができた。ベナジルはわたしたちのお手本だ。独裁政治の終わりの象徴でもあるし、民主主義のはじまりの象徴でもある。世界の国々に、パキスタンにも希望と力があることを示してくれるだろう。それに、ベナジル・ブットは、武装勢力を堂々と批判することのできる唯一の政治家でもある。パキスタンの国境付近にひそんでいるビン・ラディンを捕らえようとするアメリカに協力を申し出てもいる。

ただ、それが気に入らない人々もいた。二〇〇七年十月十八日、わたしたちはテレビに釘づけになった。カラチ空港に着陸した飛行機から、ベナジル・ブットがおりてきて、目に涙を浮かべてパキスタンの土を踏んだ。それまで九年近くものあいだ、亡命していたのだ。屋根のない二階建てバスに乗って街をパレードすると、何十万人という人々が、彼女をみるために集まってきた。国じゅうのあらゆるところからやってきた人たち。小さな子どもを連れた人もいる。白いハトを空に飛ばす人たちもいた。

そのハトが一羽、ベナジルの肩にとまった。たくさんの人々がつめかけたので、バスは人が歩くくらいのスピードでしか進むことができなかった。しばらくして、わたしたちはパレードをみるのをやめた。このままだと何時間たっても終わりそうになかったからだ。

わたしが寝たあと、もうすぐ真夜中というときに、武装勢力がベナジルを襲った。バスがオレンジ色の炎に包まれたと、次の日の朝、父がわたしに話してくれた。父も父の友だちもショックで、その晩は眠れなかったそうだ。幸いなことに、ベナジルは無事だった。ちょうど、バスの一階部分の、防護壁に囲まれた部分で足を休めていたところだったという。とはいえ、一五〇人もの人が死んだ。パキスタン史上でももっとも大きな爆破事件だった。犠牲者の多くは学生だった。バスのまわりに〝人間の鎖〟を作っていた人々だ。ベナジルのために殉死するのだといいながら、死んでいったそうだ。学校に行くと、だれもが不安そうな顔をしていた。ベナジルの復権に反対していた子にとっても、事件はショックだったらしい。だれもがショックを受けてはいたけど、ベナジルが助かったことが不幸中の幸いだった。

約一週間後、ジープやヘリコプターの大騒音とともに、政府軍がスワートにやってきた。学校にいたわたしたちは、ヘリコプターをみて大騒ぎになった。外に出て、ヘリコプターから降ってくるキャンディやテニスボールを受け止めた。わたしの家の近くには町の軍司令部があるので、ヘリコプターが家の真上を飛んでいくことはたまにあるけど、一般的には、スワートでヘリコプターをみかけることはめずらしい。わたしたちは、集めたキャンディの数を競い合ったものだ。

ある日、近所の人がやってきて、モスクで重要な発表があったと教えてくれた。明日、戒厳令が出されるという。わたしたちはそれがどういうことかわからず、不安になった。近所の友だち、サフィーナの家には、壁にひとつ穴があいている。わたしたちはよくその穴ごしに会話をした。壁をたたくと、だれかが穴のところまで来てくれる。「戒厳令って、どういうこと？」わたしと弟たちはきいた。サフィーナの家の人たちの説明をきいて、わたしたちは自分の部屋から出ることも怖くなった。なにかよくないことが起ころうとしているということがわかったからだ。その後、戒厳令はわたしたちの暮らしすべてを変えてしまった。

ニュースで、ムシャラフが三〇〇〇人の兵士からなる政府軍をスワートに派遣したといっていた。タリバンを制圧するための軍隊だ。政府の建物にはもれなく兵士が配備されたし、民間の建物も、戦略上重要だと思われるところは同様だった。そのときまで、スワートでなにが起きていようと、スワート以外の人たちにはどうでもいいことなんだろうと思っていたけれど、そうではなかったらしい。翌日、自爆テロがまた起きた。スワートにいる政府軍のトラックが狙われて、一七人の兵士と一三人の市民が死んだ。その夜は、ダン、ダン、ダンという低い音が朝までずっときこえていた。山のほうから響く大砲やマシンガンの音だ。とても眠れるものではなかった。

翌日のテレビで、北部の山間部で衝突が起こったといっていた。学校が休みになったので、わたしたちは家にこもって、現状を必死に理解しようとしていた。戦闘が起こったのはミンゴラ市の外なのに、銃声はきこえてきた。政府軍は、一〇〇人以上のタリバンを殺したと発表したけれど、十一月一日には、七〇〇人ほどのタリバンが、ホワザヘラにあった政府軍の拠点を占領した。地元治安部隊「辺境軍団」からは五〇人ほどの兵士が脱走し、それとは別に四八人の兵士が捕虜になった。ファズルラーは彼らに恥辱を与えるために軍服を脱がせ、銃を奪い、ひとりあたり五〇〇ルピーの金を与えて家に帰らせた。タリバンはホワザヘラにある警察署を二ヶ所占領してから、マデヤンに兵を進めた。そこでも警官たちが武器を捨てて逃げだした。タリバンはあっというまに、ミンゴラを除くスワート地区ほぼ全域を掌握したのだ。

十一月十二日、ムシャラフ大統領はさらに一万人の兵士をスワート渓谷に派遣し、武装ヘリコプターを追加投入した。スワートは兵士だらけだった。ゴルフコースにもキャンプを張って、大型の銃器を山の斜面に向けて配備した。それから彼らはファズルラー討伐のための作戦を実行に移した。後に〝第一次スワートの戦い〟と呼ばれるようになったものだ。パキスタン政府軍が、ＦＡＴＡ以外の場所で自国の人々に攻撃をしかけたのは、これがはじめてだった。一度だけ、警察はファズルラーを捕らえる寸前まで行った。ファズルラーが群衆の前で演説をしていたときだ。ところが猛烈な砂嵐が起こって、ファズルラーは逃亡に成功した。この一件で、人々はファズルラーには神様がついていると思うようになった。

タリバンは粘り強く抗戦した。東へ兵を進めて、十一月十六日にはシャングラの中心都市であるアルプリを制圧。ここでもやはり、警官たちは抵抗もせずに逃げだした。タリバンのなかにはチェチェン人やウズベキスタン人も混じっているという噂があった。わたしたちは、シャングラにいる親戚が心配だった。ただ、父がいうように、親戚が住んでいるのは町から遠く離れた山間部だから、タリバンがわざわざ攻めていくとは思えないし、村の人々は、タリバンなんか寄せつけないと前からいっていた。政府軍は兵士の数や大型銃器の数でタリバンに大きく勝っていたので、すぐにタリバンからスワートを奪回した。ファズルラーの本拠地であるイマーム・デリを政府軍が占領すると、タリバンは森に逃げていった。十二月のはじめ頃までに、スワートのほぼ全域からタリバンがいなくなった、と軍は発表した。ファズルラーは山に身を隠した。でも、タリバンが一掃されたわけではなかった。「平穏はそう長く続かないだろう」と父はいった。

パキスタンを混乱させているのは、ファズルラーたちだけではない。パキスタン北西部にはいくつもの武装グループが蜂起していた。さまざまな部族グループによって作られたものだ。第一次スワートの戦いから約一週間後、四〇人のタリバン指導者が南ワジリスタンに集結し、パキスタン政府に対して宣戦布告した。彼らはテリク・イ・タリバン・パキスタン(TTP)、すなわち〝パキスタン・タリバン運動〟の旗のもとに一致団結することで合意した。それらのグループがひとつにまとまれば、兵士の数は四万になる。全体のリーダーとして選ばれたのは、バイトゥラー・メフスードという名の三十代後半の男だった。アフガニスタンでの戦闘経験があるという。ファズルラーはスワート地区隊長になった。

政府軍が来たとき、わたしたちは紛争はすぐに終わるだろうと思っていた。でもそうはならなかった。むしろ、紛争はそれから本格化したのだ。タリバンが狙うのは、政治家や国会議員や警官だけではない。プルダを守らず外出する女や、あごひげの長さが足りない男や、ちゃんとしたシャルワールカミズを着ていない市民も攻撃の対象にした。

十二月二十七日、ベナジル・ブットが、ラワルピンディのリヤーカト・バグフ公園で選挙演説をした。そこは、パキスタンの初代首相であるリヤーカト・アリーが暗殺された場所だ。「過激派ゲリラやタリバンによる暴力を、一般市民の力で打ち負かしましょう」ベナジルはそういって、大きな喝采を浴びた。乗っていたのは、防弾仕様のトヨタ・ランドクルーザー〔四輪駆動車〕。

車が公園を出たとき、ベナジルはシートに立って、サンルーフから顔を出し、支持者たちに手を振った。そのとき突然、銃声と爆発音がとどろいた。車のすぐ横で自爆テロが起きたのだ。ベナジルは倒れた。ムシャラフ政府がのちに発表したところによると、サンルーフのハンドルで頭を打ったとのことだけど、テロリストに撃たれたというのがもっぱらの噂だった。

テレビをみていたとき、そのニュースが飛びこんできた。祖母がいった。「ベナジルは聖なる殉教者だね」つまり、名誉の死だというのだ。わたしたちはみんな泣きながら、ベナジルのために祈った。彼女が死んだという知らせをきいたとき、わたしは自分の心の声をきいた。「わたしもあそこに行って、女性の権利のために戦わなければば」

民主主義の時代を心待ちにしていたのに、こんなことになってしまった。みんなは、「ベナジルが殺されるくらいだから、だれが殺されてもおかしくない」といっていた。パキスタンから希望が消えつつある――そんな気がした。

ムシャラフは、ベナジル暗殺を指示したのはパキスタン・タリバンのリーダーであるバイトゥラー・メフスードだといって、盗聴したという電話の音声を公表した。バイトゥラー・メフスードが、その仲間と、暗殺計画について話しているものだった。バイトゥラーは、タリバンにしてはめずらしく、関与を否定した。

うちには、イスラム教の先生《クアリ・サヒブ》が来てくれていた。わたしや近所の子どもたちに、コーランを教えてくれる。タリバンがスワートにやってきた頃には、わたしはコーランを最初から最後まで暗唱できるようになっていた。これはカタム・アル・コーランと呼ばれる。イスラム聖職者である祖父が、とても喜んでくれた。暗唱は、アラビア語の原典のままおこなうので、言葉の意味がわからないまま暗唱する人が多いけれど、わたしは同時に翻訳版での勉強もしていた。あるとき、恐ろしいことに、先生のひとりが、ベナジル暗殺を正当化するようなことをいいだした。「タリバンのやったことは正しかったと思う。ベナジルは、生きていても役に立たなかった。それに、イスラム法を守らない人物だった。ベナジルが生きて首相になっていたら、国が混乱して無政府状態になっていただろう」

わたしはびっくりして、そのことを父に話した。父はこういった。「残念だが、どうすることもできない。あのムッラーたちに来てもらわなければ、コーランの勉強ができないからね。だが、習うのは言葉の意味だけにしておきなさい。解釈や説明に耳を貸してはいけない。学ぶのは神の言葉だけでいいんだ。神からの大切なメッセージをきいたら、あとは自分で解釈すればいい」

11　賢い女の子たち

暗黒の日々に前を向いていられたのは、学校があったおかげだ。道を歩いていると、すれちがう人がみんなタリバンのように思えた。学校のバッグや教科書は、ショールで隠していた。父は昔から、朝の光景でいちばん美しいのは、学校の制服を着た子どもが歩いている姿だ、といっていた。でもわたしたちは、怖くて制服が着られなくなっていた。

わたしはハイスクールに通うようになっていた。マリヤム先生は、どの先生も、わたしのクラスを教えるのをいやがるといっていた。わたしたちが質問ばかりするからだろう。あのクラスの子たちは賢いと思われているのはいい気分だった。休暇や結婚式があるときは、ヘナで手に絵を描くのが普通だけど、わたしたちは花や蝶《ちょう》ではなく、数式や化学式を書くようになった。

わたしの最大のライバルは、相変わらずマルカ・エ・ヌールだったけど、トップを奪われたのは、彼女が転校してきたばかりのときだけ。びっくりしたわたしはいっしょうけんめい勉強して、そのあとはずっと、学校に貼りだされる順位表のいちばん上を守りつづけている。二番はたいていマルカで、モニバが三番だ。先生がいうには、テストの採点をするときにまずチェックするのは、どれくらいの分量を書いているかということだ。その次が、文章の中身。モニバはクラスでいちばん字がきれいだし、文章もうまい。なのに、わたしがいくらそういっても、モニバは自分に自信が持てないようだった。勉強はいっしょうけんめいやっている。成績が下がったら、親戚の人たちに、学校に行くのをやめさせられてしまうからだ。

わたしがいちばん苦手なのは、数学。一度だけ〇点をとったこともあるけど、がんばっている。化学のオバイドゥラー先生には、わたしは生まれつき政治家としての才能がある、といわれたことがある。というのも、口頭試験がはじまるとき、わたしはいつも「わたしはオバイドゥラー先生ほどすばらしい先生に会ったことがありません。化学の授業がいつも楽しみです」というからだ。

わたしが学校経営者の娘だから先生にひいきされている、と苦情をいう保護者もいるけど、わたしたち生徒はライバルどうしであると同時に、だれもが驚くくらい、仲のいい友だちどうしだ。お互いをねたむこともない。わたしたちは、一斉試験を受けることもある。地域のいくつもの私立学校全体が受けて、成績優秀者を発表するというものだ。

ある年の一斉試験で、マルカ・エ・ヌールとわたしはまったく同じ点をとった。学校でもう一度テストを受けてどちらが上か決めることになったけど、そのテストでも、また同点。そんなことがあったので、わたしが特別扱いをされているわけではないと、みんながわかってくれたようだ。父は、父の友人アーマド・シャーが経営している別の学校でも、わたしたちがテストを受けられるように手配してくれた。わたしたちはそこでもまた同じ点をとったので、優秀賞はふたりがもらえることになった。

学校では勉強以外のこともする。演劇も楽しかった。わたしは『ロミオとジュリエット』をもとに、汚職についての寸劇を書いたことがある。わたしはロミオ役。ロミオは公務員で、就職の面接官だ。まず面接にやってきたのは、美しい少女。ロミオは「自転車には車輪がいくつありますか」というような簡単な質問しかしない。少女が「ふたつです」と答えると、ロミオは「あなたは頭がいいですね」と応じる。次にやってきたのは男性だ。ロミオはどう考えてもできないことをやらせようとする。「その椅子に座ったまま、上の階の部屋にある扇風機のメーカーを答えてください」

「そんなこと、無理です」「あなたは博士号を持っているんでしょう？　なのにどうしてそんなことがわからないんですか！」そんな会話のあと、ロミオは、雇うのはさっきの少女にしようと決めてしまう。

少女役をやるのはモニバだ。ほかにも、アッティヤという子にはわたしのアシスタント役をやってもらう。アシスタントの科白《せりふ》が、演劇のスパイスになって全体を引き締めてくれるのだ。みんな、大笑いしてくれた。わたしは人のものまねが好きだ。休み時間には、よく友だちに頼まれて、先生がたのものまねをやる。オバイドゥラー先生のまねはわたしの十八番《おはこ》だ。世の中ではいやなことばかり続くので、わたしたちはちょっとしたことで大笑いするようになっていた。

二〇〇七年の終わりになっても、政府軍はタリバンを一掃しきれずにいた。軍隊がスワートに残っているので、町のいたるところに兵士の姿が目についた。ファズルラーのラジオ放送は、まだ毎日続いていた。二〇〇八年になると、事態はさらに悪化。爆破事件や殺し合いが頻発した。当時、人々の話題にのぼるのは、政府軍とタリバンのことばかり。板挟みになったわたしたちはどうしたらいいんだろう、とこぼし合うのだ。アッティヤは、よくわたしにからんできた。「タリバンはいい人たち、政府軍は悪い人たちじゃないの？」わたしはこう答える。「ヘビとライオンが同時に襲ってくるようなものよ。ヘビとライオンのどっちがいい？　選べないでしょう？」

学校のなかにいれば安全だ。外にいるのとは全然違う。わたしのクラスの女の子たちはみんな、将来は医者になりたいといっていた。わたしは発明家になりたいと思った。タリバン退治マシンを作るのだ。タリバン兵をにおいで感知して、持っている銃を破壊する。でも、学校にいても、タリバンが恐ろしいという気持ちはなくならなかった。学校をやめた子も何人かいる。女の子は家から出るなと、ファズルラーが相変わらずラジオで叫びつづけているからだ。ファズルラーの手下たちが、学校を爆破しはじめた。爆破はたいてい、戒厳令で人々の外出が禁じられている夜間におこなわれる。だから子どもは巻きこまれない。

最初にやられたのはシャワール・ザンガイ小学校。マッタにある公立の女子校だ。どうしてそんなことをするんだろう。わたしたちは信じられない思いだった。その後も毎日のように、どんどん学校が壊されていった。ミンゴラでも爆破はあった。わたしがキッチンにいたときに、爆破音が二回きこえた。すぐそばだったので、家全体ががたがた揺れて、窓の上につけてある扇風機が落ちてきた。それからわたしはキッチンに入るのが怖くなって、必要なときはいつも駆け足で、急いで出入りするようにした。

二〇〇八年二月の末日、わたしがキッチンにいたとき、ものすごい爆破音が響いた。耳がおかしくなるような音だったので、すぐ近くだ、とわかった。いつものように、わたしたちは家族の名前を呼び合って、無事を確認した。「お父さん、お母さん、マララ、クシャル、アタル！」その後、救急車のサイレンがきこえた。一台ではない。ミンゴラじゅうの救急車が次々にやってきたかのようだった。ハージ・ババ・ハイスクールのバスケットボールコートで自爆テロがあったらしい。ジャヴィド・イクバルという人々に慕われていた警官が、遠くの村でタリバンから逃げようとしていたとき、自爆テロに巻きこまれて亡くなり、その弔いの礼拝をしている最中だった。

ジャヴィドはミンゴラ出身で、お葬式のあとは、警察による追悼式がおこなわれる予定だった。タリバンは、死者を悼む人々までターゲットにしはじめたのだ。犠牲者は五五人以上。ジャヴィド・イクバルの幼い子どもも含まれていたし、わたしたちの知り合いもたくさんいた。モニバの家族も、一〇人がそこにいて、亡くなったりけがをしたりした。モニバはショックを受けて、怯《おび》えていた。町全体がショックに包まれた。すべてのモスクで、死者を悼む礼拝がおこなわれた。

「お父さん、怖くない？」わたしはきいてみた。

「夜になると怖くなる。だが、朝が来て、あたりが明るくなると、また勇気がわいてくるんだ」家族みんながそうだった。怖かったけど、勇気のほうが勝っていた。「スワートからタリバンを追い出さなければならない。そうすれば、だれもこんな怖い思いをしなくてすむ」

苦難のとき、パシュトゥン人は昔ながらの確実な方法で、それを解決しようとする。二〇〇八年、スワートの長老たちは民族評議会《カウミ・ジルガ》という組織を作って、ファズルラーに対抗することにした。ムクタール・カーン・ユスフザイ、クルシッド・カカジー、ザヒド・カーンという三人の長老が各地の集会所をまわり、そこの長老たちに、ともに解決に当たろうと呼びかけた。アブドゥル・カーン・カリクという七十四歳の長老がいた。いまはあごひげも真っ白だけど、若い頃は、スワートのワーリーに会いにきたイギリス女王のボディガードをしたこともある。

父は長老でもないしカーンでもないのに、スポークスマンに任命された。どんなときも堂々と話ができるところを買われたらしい。父は、パシュトー語のほうがいい詩が書けるけど、パキスタンの公用語であるウルドゥー語もしゃべれるし、英語も得意だ。スワートのなかだけでなく、スワートの外でも、言葉が通じる。

父は毎日、スワート長老会を代表してセミナーやマスコミ向けのスピーチをし、ファズルラーに戦いを挑んだ。「あなたはいったいなにがやりたいんですか？　わたしたちの生活や文化をこれ以上めちゃくちゃにしたいんですか?」

父は、わたしにはよくこういった。「平和のために活動する組織ならなんでもいい、お父さんは協力するよ。だれかと口論になったとき、それを解決するには、まず真実を話すことだ。頭が痛くて病院に行ったとしよう。医者に『おなかが痛いんです』といったら、医者は頭痛を治してくれるか? 本当のことを話すのが大切なんだ。真実が恐怖をぬぐいさってくれる」

父が仲間の活動家と会うとき、とくにそれが旧友のアーマド・シャーやムハンマド・ファルークやザヒド・カーンであるときは、わたしもついていった。アーマド・シャーも父のように学校を経営していて、ムハンマド・ファルークはそこで働いている。アーマド・シャーの学校の庭で集まることが多かった。ザヒド・カーンはホテルのオーナーで、広い集会場を持っている。うちで集まることもあった。そういうときは、わたしがお茶を持っていって、そのまま話し合いの場に残り、これからどうすればいいかという議論に耳を傾けた。「マララはジアウディンの娘だが、それだけじゃない。わたしたち三人の娘だよ」よくそんなふうにいってもらった。

父と仲間たちは、ペシャワールやイスラマバードに何度も足を運び、ラジオ番組のインタビューを受けた。アメリカのVOAやイギリスのBBCが多かった。みんなが順番に出かけるようにして、だれかが必ずラジオ局に行けるようにした。

インタビューで訴えたのは、こういうことだ。「スワートで起こっていることは、イスラム教とは関係ない。スワートにタリバンがいるのは、政府軍や政治家のなかに、協力者がいるからだ。国家は国民の権利を守るべきだが、いまは国家と反政府勢力のやっていることの区別をつけるのも難しい状況だ。国家が反政府勢力から国民を守ってくれるのかどうかもよくわからない」

パキスタンの政府軍も諜報《ちょうほう》機関も、絶大な権力を持っているから、たいていの人は、こんなふうに表立って批判するのを控えたがるものだ。でも、父も、父の仲間も、そんなことを恐れてはいなかった。「政府がやっていることは、国民の利益に反することであり、国家の利益に反することです。タリバンの活動を支援するのはやめてください。タリバンは非人道的な集団です。スワートはパキスタン国家の犠牲になるのだといわれています。何者も、何ごとも、国家のために犠牲になるようなことがあってはなりません。国は母です。母は子を見捨てることも、だますこともありません」

父は、ほとんどの人々が、意見があってもそれを口にしないことに、ひどく苛立《いらだ》っていた。父のポケットには、いつもマルティン・ニーメラーの詩集があった。ニーメラーは、ナチス政権下のドイツで暮らしていた人だ。

まず共産党員が狙われた。わたしは共産党員ではないから。
次に社会主義者が狙われた。わたしは社会主義者ではないから。
わたしは黙っていた。わたしは黙っていた。
次に労働組合員が狙われた。
わたしは黙っていた。わたしは労働組合員ではないから。
次にユダヤ人が狙われた。
わたしは黙っていた。わたしはユダヤ人ではないから。
次にカトリック教徒が狙われた。
わたしは黙っていた。わたしはカトリック教徒ではないから。
次にわたしが狙われた。
わたしのために声をあげてくれる人は、ひとりも残っていなかった。

そのとおりだ。黙っているだけでは、なにも変わらない。
学校で、父は平和行進隊を作り、現状への不満をみんなに話させた。モニバの言葉がとても印象に残っている。「わたしたちパシュトゥン人は、信心深い民族です。タリバンのせいで、世界はパシュトゥン人がみんなテロリストだと思っていますが、それは違います。わたしたちは心から平和を愛しています。わたしたちの山も、木も、花も、この渓谷にあるものはすべて、平和のために存在するのです」何人かで、ATVカイバルというテレビ局のインタビューに応じたこともある。民間では唯一のパシュトー語のテレビ局だ。そのときは、タリバンに脅されて学校をやめてしまった女の子たちの話をした。先生が前もって質問への答えかたをアドバイスしてくれた。わたしは何人かといっしょにインタビューに応じた。十一歳や十二歳のときは、それができる。でも、十三歳や十四歳になると、友だちの親兄弟が心配して、テレビ局に行かせてくれなくなる。プルダを守らなければならない、つまりむやみに外に出てはいけないといわれる年頃だし、タリバンが怖かったからだろう。

ある日、わたしはジオというテレビ局に行った。パキスタンでいちばん大きなニュース専門チャンネルだ。オフィスにはすごい数のスクリーンが壁いっぱいに並んでいた。テレビ局はこんなにたくさんあるんだ、とわたしはびっくりした。あとになって、わたしはこう思った。マスコミはインタビューをしたがっている。女の子の話をききたいのだろう。でも女の子はみんな、タリバンが怖くて応じられない。怖くないと思っている女の子がいても、両親が許してくれないだろう。わたしは違う。父はタリバンを恐れていないし、いつでもわたしの味方だ。「マララ、おまえはひとりの子どもとして、自分の意見をいう権利があるんだ」といってくれる。

インタビューを受ければ受けるほど、自分が強くなっていくのを感じたし、人々の支持が集まるのも実感した。わたしはまだ十一歳だったけど、もう少しおとなっぽくみえたかもしれない。マスコミは、女の子の話をききたがっていた。あるジャーナリストは、わたしのことをタクラ・ジェナイと呼んだ。〝明るい日差しのような娘〟という意味だ。あるいは、パカー・ジェナイと呼ばれたこともある。これは〝年齢以上に賢い娘〟という意味。

わたしの心のなかには、神様が守ってくれる、という信念があった。わたしは自分の権利や女の子の権利について話しているだけで、なにも悪いことはしていない。いや、そうすることがわたしの義務なのだ。神様は、こういう状況で人がどう行動するか、ちゃんとみている。コーランにも、「偽りをなくせば、真実が広まる」という一節がある。わたしはこう思う――ファズルラーのようなたったひとりの人間がすべてを破壊できるのなら、たったひとりの少女がそれを変えることもできるはずだ。わたしは毎晩神様に祈った。わたしに力を与えてください。

スワートでは、マスコミもタリバンから圧力を受けていて、タリバンを肯定するような報道をしなければならなくなっていた。タリバンのスポークスマンであるムスリム・カーンを「学校の父」と書く記者もいたくらいだ。タリバンのスポークスマンであるムスリム・カーンを「学校の父」と書く記者もいたくらいだ。実際は、あちこちの学校を壊している人物なのに。といっても、スワートのジャーナリストの多くは、現状に不満を持っていた。だから、わたしたちに発言の場を与えてくれたのだろう。彼らにいえないことも、わたしたちならいえるから。

うちには車がなかったので、テレビ局に出かけるときは三輪タクシー《リキシャ》を使った。父の友人が送ってくれることもあった。ある日、わたしは父といっしょにペシャワールのBBCウルドゥーに行った。番組の司会者は、ワサトゥラー・カーンという有名なコラムニスト。今回は、父の友人のファザル・マウラと、その娘もいっしょに行った。父親ふたりと、娘ふたりという組み合わせだ。

番組では、タリバンのムスリム・カーンと対談することになっていた。電話の対談なので、ムスリム・カーンの姿はスタジオにはなかった。わたしはちょっと緊張していたけど、しっかりやらなくては、と思った。パキスタンじゅうの人が、この放送をきいているだろうから。

「どうしてタリバンは、教育を受けるという基本的な権利を、わたしから奪おうとするのですか？」わたしはそう発言した。しかし答えはなかった。ムスリム・カーンは電話で対談に参加しているのではなく、あらかじめ録音された音声を使っているだけだったのだ。一方は録音の声、一方は生の声で、どうやって対談が成り立つというのだろう。

その後、みんながわたしをほめてくれた。父は笑いながら、「おまえは政治家になりなさい」といった。「よちよち歩きの頃から、政治家みたいな話しぶりだったからな」父はそういってからかった。でも、わたしは自分のインタビューをあとからきいたことがない。こんなのは小さなステップにすぎないとわかっていたからだ。

わたしたちの言葉は、ユーカリの花のようなものだった。強い春風が吹けば、みんな飛び散ってしまう。学校の爆破は続いていた。二〇〇八年十月七日の夜、遠くのほうから爆発音が何発もきこえた。翌朝、真相がわかった。覆面をしたタリバンが、サンゴタ修道会女子校と、エクセルシオール大学（男子校）に侵入し、即製爆発装置（ＩＥＤ）を使って校舎を爆破したとのこと。先生たちはすでに避難していた。前もって爆破予告があったのだ。これら二校、とくにサンゴタは有名校で、ワーリーの統治時代から続く伝統校でもある。レベルの高い教育をおこなっていることで知られていた。また、規模も大きい。エクセルシオールには二〇〇〇人以上、サンゴタには一〇〇〇人の生徒がいる。父が現場に行ってみたところ、校舎は完全に壊れて瓦礫になっていたそうだ。瓦礫と本の燃えかすのなかで、テレビのレポーターからインタビューを受けたあと、父はなんともいえない顔で帰ってきた。「こっぱみじんだったよ」

それでも、父は希望を失わなかった。いつか、この破壊活動も終わる日が来るはずだ。父がいちばん悲しんでいたのは、こうして壊された学校から、略奪がおこなわれていたことだ。家具や本やパソコンを、近所の人たちが持っていってしまう。それをきいて、父は泣いた。「死体にたかるハゲタカみたいじゃないか」

翌日、父はＶＯＡの生放送に出演して、ゲリラ行為を激しく非難した。タリバンのスポークスマン、ムスリム・カーンが電話で応じる。父はたずねた。「これら二校のなにが問題だというのか。どうして爆破しなければならないんだ？」

ムスリム・カーンの言い分はこうだった。サンゴタは女子修道院の付属学校であり、キリスト教を教えている。エクセルシオール大学は共学で、男子と女子をいっしょに教えている。父が答えた。「どちらもでたらめだ！　サンゴタは一九六〇年代からある学校で、生徒をキリスト教に改宗させたことなど一度もない。逆に、キリスト教だった子どもをイスラム教に改宗させたことがあるくらいだ。エクセルシオールが男女共学なのは、小学校だけだ」

ムスリム・カーンは答えない。

「あの人たちには娘はいないの？」わたしは父にきいた。「自分の娘にも、教育を受けさせたくないの？」

わたしの学校のマリヤム校長は、サンゴタ校の出身だ。妹のアエーシャもサンゴタに通っているという。爆破事件のあと、アエーシャたち何人かの生徒が、わたしたちの学校に転校してきた。毎月入る授業料よりも出費のほうが多いので、生徒が増えれば学校経営は楽になる。それでも、父は喜んでいなかった。ありとあらゆるところに足を運んで、壊された二校をなんとか再建できないかと、人々に訴えていた。

あるとき、大きな集会の場で、父は客席にいた女の赤ん坊を抱きあげた。「この子はわたしたちの未来だ。この子になにも知らない人間になってほしいですか？」聴衆はみな父に賛同した。自分はどんな犠牲を負ってでも、娘たちには教育を受けさせる、といってくれた。

転校してきた子たちは、ひどい経験をしていた。アエーシャは、サンゴタから家に帰る途中、タリバンが警官の首を手にぶらさげているのをみてしまったといっていた。ぽたぽたと血が滴っていたそうだ。サンゴタの子たちは勉強もよくできる。わたしにとってはライバルが増えたということだ。そのうちのひとり、リダはスピーチが飛び抜けてうまかった。リダはわたしやモニバと仲良くなった。ただ、三人が仲良くするのはちょっと難しい。けんかをすることもときどきあった。モニバはよく学校に食べ物を持ってくるけど、フォークを二本しか持ってこない。わたしはモニバにきいたことがある。「あなたはわたしの友だちなの？　それともリダの友だちなの？」

モニバは笑って答えた。「どっちも友だちよ。わたしたち、仲良し三人組でしょ」

二〇〇八年が終わるまでに、およそ四〇〇もの学校がタリバンによって破壊された。ベナジルの夫であるアースィフ・ザルダリ大統領をトップとした新政府が誕生していたものの、スワートの問題にはまったく目を向けてくれなかった。ザルダリの娘たちがスワートの学校に通っていたら、きっとなんとかしてくれるのに——と、わたしはみんなにいっていた。自爆テロは国のいたるところで起こるようになっていた。イスラマバードのマリオット・ホテルも爆破された。

スワートでは、田舎《いなか》より都会にいるほうが安全だった。わたしの親戚も、次々にミンゴラにやってきて、うちで暮らすようになった。でも、家はとても狭い。もともといっしょに住んでいるいとこたちもいる。外に出て遊ぶこともできない。以前は通りや屋上でクリケットをやっていたのに。いまは庭でビー玉遊びを飽きるほどするだけ。

わたしは弟のクシャルと何度もビー玉で遊んだ。クシャルは負けるたびに泣いて、母のところに行く。クシャルとは仲良く遊べたためしがない。

わたしはヘアスタイルを変えるのが趣味になった。バスルームにこもって鏡と向かい合い、映画でみた女優のヘアスタイルをまねていると、時間がどんどんすぎていった。八歳か九歳の頃までは、母がわたしの髪を弟たちと同じくらい短く切っていた。長く伸ばしているとシラミもわくし、洗ったりブラシをかけたりするのが大変だ。ショールをかぶるとぐちゃぐちゃになってしまう。でも、母を説得して、ようやく肩まで髪を伸ばすことができるようになった。モニバのまっすぐな髪と違って、わたしの髪はウエーブがかかっている。だから、それをねじってカールを作ったり、編み込みにするのが好きだった。「マララ、バスルームでなにをやってるの?」母が大声をあげる。「バスルームを使うのはあなただけじゃないのよ。みんな、あなたが出てくるのを待っているんですからね」

いちばん苦労したのは、二〇〇八年のラマダンの月だ。ラマダンの期間中は、イスラム教徒は日が沈むまで食べ物や飲み物を口にすることができない。タリバンに発電所を爆破されたので、電気が止まった。その数日後、ガス管が爆破されて、ガスも来なくなった。前に使っていたプロパンガスを市場に買いにいくと、値段が二倍になっていた。そこで、母は昔、村でやっていたように、薪《まき》を燃やして煮炊きをするようになった。それでも母は文句ひとついわなかった。料理をしなければならないから料理をする、それだけのことよ、といっていた。もっと大変な思いをしている人たちもいると思えば、我慢できる。ただ、きれいな水が手に入らないのは問題だった。コレラにかかって死ぬ人が出てきた。患者が多いので、病院もお手上げの状態だった。外に大きなテントを張って、そこで手当てをするしかなかった。

家に発電機がなかったので、父がひとつ買って学校に設置した。それを使えば、小さな井戸から水をくむことができる。町の子どもたちがこぞってやってきた。毎日、水差しや空き瓶やドラム缶を持った人たちが水くみの行列を作る。それをみた近所の人が、怖くなったらしい。「お宅はなにをやっているんだ？　ラマダンの最中に飲み水を配っているところをタリバンにみられたら、ここら一帯が爆破されてしまうじゃないか！」

父は、こう答えた。「爆弾で殺されなくても、水がなければかわきでみんな死んでしまいますよ」

学校の遠足があった頃が、まるで夢のように思えた。いまは、日が沈むとだれも外に出ようとしない。テロリストが、スキー場のリフトも、旅行客が泊まるマラム・

ジャバの大きなホテルも爆破してしまった。休暇を過ごす楽園のようだった場所が、いまは地獄のようだ。旅行客なんてだれも寄りつかない。

二〇〇八年十二月、ファズルラーの代理人シャー・ダウラン師が、ラジオで声明を発表した。「すべての女子校を閉鎖する。一月十五日以降、女子が学校に行くことを禁止する」これをきいて、わたしは冗談かと思った。「禁止なんて、どうしてできるの？　権力もなにもないくせに。山を壊すとか大きなことをいってるけど、交通整理だってできないじゃない」クラスメートにそういった。

みんなはうなずいてくれなかった。「でも、だれもタリバンを止められないわ。タリバンに何百もの学校を爆破されても、だれもなにもできないじゃない」

父は、よくこういっていた。「スワートの人々と教師たちは、教室がひとつきりになっても、教師がひとりで生徒がひとりになっても、教育をやめない」わたしの両親は、学校に行くな、とわたしにいったことは一度もない。わたしは学校が大好きだったけど、タリバンの妨害がはじまるまで、教育の大切さをちゃんと理解していなかったと思う。学校に行って、本を読み、宿題をする。それはただ時間を費やしているだけではない。未来を作っているのだ。

その冬は雪が降ったので、校庭で雪のクマを作った。でも、あまり楽しいと思えなかった。冬のあいだ、タリバンは山間部にひそんでいるけど、春になればまた戻ってくる。そのとき、わたしたちはどうなるんだろう。また学校に通えるようになってほしい。タリバンはわたしたちからペンや教科書を奪うことはできても、考える力を奪うことはできない。

12　血の広場

死体は夜のうちに広場に捨てられるので、朝になって仕事に出かける人々はいやでもそれを目にすることになる。たいてい、死体にはピンでメモがつけられている。「軍のスパイなどやるからこうなったのだ」とか「午前十一時まで、この死体に触るな。触ればその者もこれと同じようになる」とか。この時期、夜に何度か地震が起こった。わたしたちは怖くてたまらなかった。わたしたちには、天災は人間の罪が起こすものという考えがあるからだ。

二〇〇九年一月の凍えるほど寒いある夜、シャバナが殺された。シャバナの家は、バンル・バザールにあった。ミンゴラ市内の狭い路地で、ダンサーや音楽家が多いことで知られている。シャバナの父親によると、何人かの男がやってきてドアをノックし、自分たちにダンスをみせてくれないか、といったそうだ。シャバナはいったん下がって、ダンスの衣装に着替えた。そして戻ってくると、男たちが銃を構えていた。のどを切りさいてやる、といわれたらしい。夜九時すぎの出来事だった。外出が禁止されている静かな夜の町に、彼女の悲鳴が響きわたった。「やめます、踊りません！二度と歌を歌わないし、ダンスもしません。どうか許してください！　わたしは女です。イスラム教徒です。どうか殺さないで！」そして銃声がとどろいた。シャバナの死体は緑《グリーン・チョウク》の広場まで引きずられていった。多くの死体が捨てられるので、グリーン・チョウクは〝血の広場〟と呼ばれはじめた。

わたしたちがシャバナの一件をきいたのは、翌朝になってからだった。ラジオ放送でファズルラーがいった。シャバナは不道徳な女だから殺されたのだ、バンル・バザールで歌やダンスをする女はひとりずつ殺されるだろう、と。スワートの音楽や芸術はすばらしい。わたしたちの誇りだったのに、いまはほとんどのダンサーがラホールやドバイに逃げていってしまった。音楽家は「もう演奏はしません、信心深く生きていきます」という新聞広告を出して、タリバンに狙われまいとした。

シャバナはあまり評判がよくなかった。でも、町の男たちは、シャバナのダンスをみるのが好きだった。それでいて、シャバナを軽蔑していた。ダンサーだからだ。カーンの娘は理髪師の息子とは結婚できない。理髪師の娘はカーンの息子と結婚できない。パシュトゥン人は靴が好きだけど、靴職人のことは見下している。スカーフや毛布は大好きなのに、機織り工を蔑視する。職人は、わたしたちの社会になくてはならない存在なのに、人々の評価はとても低い。だから、職人の多くがタリバンに加わった。タリバンになれば、ほしくてたまらなかったステータスや権力を手に入れることができる、と思うからだ。

そんなわけで、人々はシャバナのダンスが好きなくせに、人間として見下していたので、シャバナが殺されてもなにもいわなかった。殺されてもしかたがない、という人もいた。タリバンが怖くてそういったのかもしれないし、タリバンが好きでそういったのかもしれない。「シャバナはイスラム教徒とはいえなかった。悪い女だったんだから、殺されてよかったんだ」

あれが最悪の日だったといっていいのかどうか、わたしにはわからない。シャバナの事件があった頃は、毎日が最悪だったからだ。というより、一瞬一瞬が最悪だった。いやなニュースばかりがきこえてくる。あの人の家が爆破された、あの学校が壊された、公開の鞭打ち刑がある――挙げればきりがない。気が滅入るものばかりだった。シャバナが殺されてから二週間ほどたった頃、マッタの教師が殺された。シャルワールカミズのすそを、タリバンが着ているようにくるぶしより上まであげろといわれ、それを拒んだせいだ。「イスラム圏のほかの地域で、そんな着かたを強制されることはない」その教師はそういった。タリバンは教師を絞首刑にしたあと、教師の父親を射殺した。

わけがわからない。タリバンはいったいなにがやりたいんだろう。「タリバンは、イスラム教を間違ったやりかたで利用しています」わたしはインタビューでこういった。「もしわたしがあなたの頭に銃をつきつけて、『イスラム教こそ本物の宗教だ』といったら、だれが信じるでしょう。世界じゅうのすべての人をイスラム教徒にしたいのなら、まず自分たちがよいイスラム教徒の手本をみせなければならないはずです」

父は青い顔で家に帰ってくることが多かった。恐ろしい光景をみたり、いやなニュースをきいたりするからだ。警官が首を切りおとされて、その頭が町じゅう引き回されていた、ということもある。はじめのうちファズルラーを擁護していた人たちは、タリバンこそ本物のイスラム教徒であり、イスラムの規律を守る人々なのだと信じ、金製品を差し出したりしていたのに、この頃になると、さすがについていけなくなったようだ。

父が、ある女の人の話をしてくれた。夫が海外に出稼ぎに行っているあいだに、その女の人はタリバンに多額の寄付をしたらしい。出稼ぎから帰ってきた夫は、そのことを知ってかんかんに怒った。ある夜、村で小さな爆発騒ぎがあり、女が怖がって泣いた。夫は「泣くな」といった。「いまの音は、おまえのイヤリングや鼻のピアスが爆発した音だ。次はペンダントとブレスレットが爆発するぞ。よくきいておけ」

それでも、タリバン批判の声をあげる人は、まだほんのわずかだった。父の大学時代の政治運動のライバル、イフサン・ウルハク・ハッカーニは、イスラマバードでジャーナリストになり、スワート情勢について話し合う協議会を開催した。スワートの弁護士や学者を招待したのに、ひとりもあらわれなかったという。参加したのは、父と、何人かのジャーナリストだけ。もう、人々はあきらめてしまっているのだろうか。タリバンがスワートに居座っている以上、うまく折り合っていくしかない、と思っているのかもしれない。

「タリバンの一員になってしまえば、命の保証は一〇〇パーセント得られるんだ」そんな声があちこちできかれた。息子たちをタリバンに入団させるのは、命が惜しいからなのだ。タリバンは市民の家を訪れては、カラシニコフを買うための金を出せとか、息子を差し出せとかいってくる。金持ちの多くはスワートから逃げだした。貧しい人々はスワートにとどまるしかないので、自分たちの命を守るためにできることをするだけだ。男たちの多くは炭鉱やペルシャ湾に出稼ぎに行くので、女と子どもしかいない家が多い。タリバンが男の子たちを奪っていくのはたやすいことだった。

恐怖がすぐそこまで迫ってきていた。ある日、父の友人アーマド・シャーのもとに匿名の手紙が届いた。「殺してやる」という脅迫状だ。そこで、彼はイスラマバードに行って、しばらくスワートに帰ってこなかった。イスラマバードでは、スワートで起きていることを人々に知ってもらうための活動に力を注いだ。

恐ろしいことに、この頃になると、人々が疑心暗鬼になってきた。疑いの目は父にも向けられた。「スワートの人々がどんどん殺されているのに、ジアウディンは生きている。あんなに堂々とタリバンを批判しているのに、おかしいじゃないか！　きっとタリバンのスパイに違いない！」というのだ。じつは、父にも脅迫状は届いていた。わたしたちには黙っていただけだ。父はペシャワールで記者会見を開き、タリバンを討伐するための軍事行動を起こすべきだ、タリバンの司令官たちを捕まえるべきだ、と訴えた。その後、ラジオ放送でファズルラーの代理人シャー・ダウランが父の名前を出し、殺害を予告したらしい。

父は取り合わなかったけど、わたしは心配だった。父は堂々とタリバンを批判しているし、さまざまな反タリバングループや委員会に関わっていて、真夜中まで帰ってこないこともある。そのうち、父は友人の家で寝泊まりするようになった。タリバンが父を狙って家に来たら、家族も危険な目にあうからだ。それに、わたしたち家族の目の前で自分が殺されるなんて、考えただけでも耐えられなかったんだろう。わたしは心配で眠れなかった。父が帰ってきて、わたしが門に鍵をかけると、ようやくほっとする。父が家にいるときは、母が裏庭の塀に梯子《はしご》をかけていた。塀を越えて通りに出れば、突然タリバンがやってきても逃げられる。父は笑った。「アタルならすばしっこいから塀を越えられるだろうが、わたしには無理だよ！」

母は、タリバンが来たらどうするか、ということばかり考えていたようだ。枕の下にナイフを隠しておいたらどうかしら、という。わたしもアイディアを出した。こっそりトイレに入って警察を呼べばいい。弟たちは、地下にトンネルを掘ろう、といいだした。ああ、魔法の杖《つえ》がほしい。それをひと振りしたらタリバンがいなくなるような魔法が使えたらいいのに。

ある日、弟のアタルが必死になって庭の地面を掘っていた。「なにしてるの？」わたしがきくと、弟は答えた。「お墓を作ってるんだ」たしかに、最近きこえてくるのは、だれが死んだとか殺されたとかいうニュースばかりだ。幼い弟がお墓ごっこをしようと思ったのも無理はない。普通ならかくれんぼや鬼ごっこをしているはずの子どもたちが、いまは政府軍対タリバンの戦争ごっこをしている。木の枝で携帯用ロケット発射器やカラシニコフを作っている。こうやって恐怖を発散しているのだ。

わたしたちを守ってくれる人なんかいない。政務官のサイド・ジャヴィドまでがタリバンの集会に参加するようになり、タリバンのモスクで礼拝をし、とうとう完全なタリバンになってしまった。タリバンが非難攻撃するもののひとつが、非政府組織、いわゆるNGOだ。イスラム的でないというのがその理由だ。NGOがタリバンからの脅迫状を受け取って警察に駆けこんでも、話をきいてもらえるわけがない。

父は、ある集会の席で、サイド・ジャヴィドに問いただしたことがある。「あなたはどっちの味方なんですか。ファズルラーですか、それとも政府ですか」アラビア語のことわざに、「人民は王につきしたがう」というのがある。地域のトップ権力者がタリバンの一員になれば、タリバンの思想が地域の思想になってしまう。

パキスタンの人々は、なにかあるたびに、黒幕はだれだとか、これはなにかの陰謀だとか考えたがる。このときも、いろんな説が飛びかっていた。政府は裏でタリバンを支援しているのだ、という人もいた。アメリカがスワートの空軍基地から無人攻撃機を飛ばしたがっている。スワートにタリバンがいてくれれば、アメリカに協力を求められたとき、パキスタンはタリバンの問題で手一杯なので協力できません、ということができるというのだ。政府軍はタリバンと戦うのではなくアメリカの金を使ってタリバンを支援しているのではないか、というアメリカの批判が強くなってきたけど、これに対しては、こう答えればいい。「パキスタンがテロリストを支援しているのなら、どうしてテロリストはパキスタン政府と国民を攻撃するんですか？」

父はこういう。「何者かがタリバンを支援している。その正体はわからないが、支援があることは間違いない。状況が複雑すぎて、考えれば考えるほどわけがわからなくなる」

二〇〇八年、政府はＴＮＳＭの創始者であるスーフィー・ムハンマドを釈放した。彼は義理の息子であるファズルラーに比べれば穏健なほうだという。政府とタリバンのあいだに立って和平調停をしてくれるのではないか、スワートが正しいイスラム法《シャーリア》で治められるようにして、スワートの人々をタリバンの暴力から解放してくれるのではないか、という希望が生まれた。父も喜んでいた。完全な解決にはならないだろうけれど、少なくともイスラム法が地域の暮らしに適用されれば、タリバンは文句をいえなくなる。そうなれば、タリバンは武器を捨てて、普通の市民として暮らしてくれるかもしれない。もしそうしなければ、自分たちの目的がほかのところにあると認めることになる。

政府軍は相変わらず、ミンゴラを囲む山に向けて武器を構えている。ベッドに横になっていても、「ドーン、ドーン」という音がひと晩じゅうきこえてくる。五分か一〇分か一五分くらい音がやむことはあるけど、わたしたちがうとうとしはじめた頃に、またはじまる。耳をふさいだり、枕を顔にのせたりしてみても、すぐそこで鳴っている音だし、あまりに大きいので、遮断することはできない。そうして朝になるとまた、だれだれが殺された、という知らせをきくことになる。政府軍はなにをやっているんだろう。あんなに音を立てて大砲を撃っているのに、どうしてなにもできないんだろう。せめてあのラジオ放送だけでもやめさせてほしい。

政府軍とタリバンは、どちらも強い。ときどき、同じ道路の一キロも離れていないところに、両方の路上バリケードが築かれていることがある。市民が通りかかれば足止めするくせに、すぐそばに敵軍のバリケードがあることには、まるで気づいてもいないみたいだ。信じられない。どうして市民がこれほど危険にさらされなければならないんだろう。タリバンと政府軍は一枚のコインの裏表だ、という人もいる。父は、市民は水車小屋のうすで石と石にすりつぶされる小麦みたいなものだ、といっていた。それでも恐れることなく声をあげつづけよう、と父はいっていた。

わたしはひとりの人間にすぎない。銃声をきくたびに、心臓がどきどきする。怖くてたまらないときもある。でも、泣き言はいわなかった。怖いからって、学校に行くのをやめるつもりもなかった。でも、恐怖は人を変える。恐怖のせいで、人々はシャバナの死を肯定した。恐怖は人間を残酷にする。タリバンは、パシュトゥン人の誇りも、イスラムの尊さも、踏みにじっている。

わたしは気を紛らすために、スティーヴン・ホーキングの『ホーキング、宇宙を語る』を読んだ。宇宙はどうやってできたのか、時間は巻き戻しができるのか、というようなスケールの大きな問題に答えてくれる本だ。わたしはまだ十一歳だというのに、時間を巻き戻せるなら巻き戻したいと思っていた。

わたしたちパシュトゥン人は、復讐の石が砕けてなくなることはないと知っている。悪いことをしたら報いを受ける。でも、いつまで待てばいいんだろう。その思いはわたしたちの頭から消えることがなかった。

13 グル・マカイの日記

そんな暗黒の日々を過ごしていた頃、父の友人アブドゥル・ハイ・カカルから電話がかかってきた。ペシャワールでBBCラジオの通信員をしている人だ。タリバンに支配された暮らしを送る女性教師または女子学生に、日記を書いてほしいのだという。スワートの悲惨な暮らしを、そこに住む人間の目を通して紹介したいとのこと。はじめは、マリヤム校長の妹アエーシャがやるといったけど、父親が許してくれなかった。そんなことをしたら命を狙われる、というのだ。

父がマリヤム校長とその話をしているのを耳にはさんだわたしは、「わたしじゃだめ？」ときいた。世界の人々にスワートの現状を知ってほしい。わたしたちには教育を受ける権利がある。歌を歌う権利があるのと同じだ。イスラム教はこの権利を認めているし、男の子も女の子もみんな学校に行くべきだといっている。コーランには

「知識を得よ、しっかり学んで、世の中の謎を解明せよ」とある。

日記を書いたことはそれまでに一度もなかった。どうやって書きはじめたらいいのかもわからない。パソコンはあるけど、停電がしょっちゅうあるし、インターネットにつなげる場所は限られている。でも、母の携帯電話にハイ・カカルから電話をかけてもらうことならできる。ただし安全のために、奥さんの電話からかけることになるだろう。ハイ・カカル自身の電話は、諜報《ちょうほう》機関によって盗聴されているから。

電話を使って日記を書く手伝いをしてもらうことになった。ハイ・カカルが、その日の出来事についてわたしに質問する。わたしはそれに答えるとともに、ちょっとしたエピソードとか、将来の夢について語る。一回三〇分とか四五分の電話インタビューになるだろう。言葉はすべてウルドゥー語。ふたりともパシュトゥン人だからパシュトー語が母語だけど、ウルドゥー語のブログなので、本人がウルドゥー語でしゃべったものをそのまま使ったほうがいいということになった。それからハイ・カカルが会話を文字に起こして、ＢＢＣウルドゥーのウェブサイトに週一回のペースで連載する。

ハイ・カカルは、アンネ・フランクの話をしてくれた。戦争中のアムステルダムで、家族といっしょにナチスの迫害を逃れて生きていた、十三歳の女の子。アンネも、つらい日々の暮らしや自分の思いを日記に書いていたという。悲しいことに、家族は結局、だれかの密告によってナチスに捕まり、アンネは収容所で死んでしまう。まだ十五歳だった。その後、アンネの日記が出版された。ひとりの人間の記録として、これほど力強いものはないと思う。

本名を使うのは危険だから、グル・マカイというペンネームを使いなさい、といわれた。グル・マカイとは〝ヤグルマギク〟という意味で、パシュトゥンの民話のヒロインの名前でもある。その民話はシェイクスピアの『ロミオとジュリエット』のようなストーリーだ。グル・マカイとムサ・カーンが学校で出会い、恋に落ちる。部族の違うふたりが愛し合ったことで、部族どうしが戦争をはじめてしまう。ただ、シェイクスピアの物語とは違って、この話はハッピーエンドだ。グル・マカイはコーランを引用して、戦争はいけないとおとなたちに訴える。やがて戦いは終わり、ふたりはめでたく結ばれる。

わたしの最初の日記がウェブサイトに掲載されたのは、二〇〇九年一月三日。タイトルは『不安な日々』。文章はこうだ。「ゆうべ、恐ろしい夢をみた。政府軍のヘリコプターとタリバンがたくさん出てくる夢だ。政府軍がスワートにやってきてから、そういう夢をよくみる」それから、いまは学校に行くのが怖いという話。タリバンから

「女子は学校に行くな」という命令が出たからだ。いつも周囲をうかがって、びくびくしながら登校している。学校からの帰り道に起こった出来事も話した。「『おまえを殺してやる』という声がうしろからきこえたので、早足で歩いた。しばらくしてから、男がまだついてきているか気になって振りかえると、男が電話で話しているのがみえた。さっきの言葉は電話の相手に向けたものなんだとわかって、ほっとした」

自分の言葉がBBCのウェブサイトに出ている。すごくうれしかった。はじめはちょっと遠慮していたけど、しばらくすると、ハイ・カカルがどんな話をききたがっているのかがわかってきたので、自信を持って話せるようになった。自分がどう思ったかをはっきり話すと喜ばれる。ちょっと皮肉めいた表現も、ハイ・カカルの好みだった。日々の家庭生活にタリバンへの恐怖を織りまぜて話したものも評判がよかった。

学校の話もよくした。それがわたしの生活の中心だから。ロイヤルブルーの制服が大好きだけれど、いまは私服で来るようにいわれていること。ショールで教科書を隠して歩くようにいわれていること。日記のタイトルには『カラフルな服を着てはならない』というのもあった。内容はこうだ。「ある日学校に行く準備をしていて、制服を着ようとしたけれど、校長先生の言葉を思い出して、制服ではなくお気に入りのピンクのワンピースを着ていくことにした」

ブルカのことも話した。子どもはブルカにあこがれる。おとなのよそゆきの服だと思うからだ。でも、自分がおとなになって、実際にブルカを着なければならなくなると、そんなふうには思わなくなる。ブルカはとにかく歩きにくい。母といとこといっしょにチーナ・バザールに行ったときのことを話した。「バザールできいた話。ブルカを着た女性が道で転んだので、男性が助け起こそうとしたところ、女性は『かまわないでください、わたしに手なんか貸したらファズルラーを大喜びさせてしまいますよ』といったそうだ。わたしたちがブルカを着てある店に入っていくと、そこの店主は笑ってこういった。『きみたちが入ってきたとき、逃げだそうかと思ったよ。爆弾を隠しているんじゃないかと思ってね』。たしかに、自爆テロをする人の多くはブルカを着ている」

クラスメートが日記のことを話題にしはじめた。ひとりはそれをプリントアウトして、わたしの父にみせた。

「よく書けてるなあ」父はそういって、意味ありげに微笑《ほほえ》んだ。

あれはわたしの日記よ、といいたかった。でもＢＢＣの人からは、秘密にしておくようにいわれていた。グル・マカイがだれなのかわかると危険だ、というのだ。どうしてなんだろう。わたしはまだ子どもなのに。子どもを殺しにくる人なんているわけないのに。ところが、クラスメートの何人かが、書いてある内容に心当たりがあるといいだした。わたし自身も、きわどいことを話してしまったことがある。「母はわたしのペンネームが気に入って、いっそ本名にしたらどうかといっている。……わたしもそのほうがいいと思う。わたしの本名は、『悲しみに打ちひしがれた』という意味だから」

　グル・マカイの日記は、国内外で注目されるようになった。転載する新聞もあったし、ＢＢＣは音声でも紹介するようになった。読むのはもちろん別の女の子だ。やっぱりペンの力は強い。ペンと、ペンが生みだす言葉は、マシンガンや戦車やヘリコプターなんかよりずっと強い力を持っていると思う。戦う方法がわかってきた。自分たちのあげる声にどれだけの力があるかもわかってきた。

　先生のうち何人かが、学校に来なくなった。ひとりは、イマーム・デリにあるファズルラーの本拠地の建設工事を手伝うためだという。もうひとりは、学校に来る途中で、首を切られた死体をみて、怖くなってしまったからだという。命を危険にさらしてまで教師なんかやっていられない、というわけだ。みんなが怯《おび》えていた。近所の人たちがいうには、タリバンは、独身の娘がいる家はモスクに届け出るように、という通達を出したそうだ。そうすれば結婚相手がみつかるというのだけど、おそらくタリバンと結婚させられるのだろう。

二〇〇九年一月、わたしのクラスの生徒は一〇人にまで減った。いちばん多いときは二七人もいたのに。友だちの多くはスワートを出て、ペシャワールで学校に通っている。でもわたしの父はスワートでがんばると決意していた。「いままでスワートの恵みを受けて生きてきたんだ。苦しいときこそ、スワートのためにがんばろう」

ある日、わたしたちは父の友人の家に夕食をよばれに行った。アフザル先生といって、病院を経営している医師だ。食事のあと、アフザル先生の車で家に送ってもらう途中で、覆面をしたタリバンをみた。道をはさむように立って、銃を構えている。怖かった。

アフザル先生の病院がもともとあった地域は、タリバンに占拠されていた。いつも銃声がきこえるし、戒厳令のせいで夜間の出入りもできないから、病院の経営が成り立たなくなってしまった。そこでアフザル先生は、病院をバリコットに移した。すると、抗議の声があがった。タリバンのスポークスマン、ムスリム・カーンが、いったん閉めた病院をまた開いてほしいと頼んできた。アフザル先生は父に相談した。父はこういった。「悪人がどんなにいいことをいっても、ききいれてはいけない」タリバンに守られた病院なんて、いい病院とは思えない。アフザル先生はムスリム・カーンの要求をききいれなかった。

アフザル先生の家は、うちからそう遠くないところにある。そこで、車がいったんうちに着いたあと、父がアフザル先生の車に乗っていくといいだした。先生がタリバンに狙われているのかもしれないから、心配だという。車のなかで、アフザル先生は不安そうに父にきいたそうだ。「もし車を止められたら、なんと名乗ればいい?」

「きみはドクター・アフザル、わたしはジアウディン・ユスフザイだ。あんなやつらを恐れてたまるものか。わたしたちはなにひとつ悪いことをしていないんだ。どうして名前を隠す必要がある? 犯罪者じゃないんだから」

ありがたいことに、そのときにはタリバンはいなくなっていた。父から無事に着いたとの電話をもらって、わたしたちはほっと胸をなでおろした。

わたしも父と同じ思いだ。タリバンなんかに負けたくない。でも、タリバンが通告した期限は近づいていた。そのときが来たら、女の子は学校に行くのをやめなければならない。それにしても、五万人もの女の子に「学校に行くな」だなんて、とても信じられない。いまは二十一世紀だというのに。なにかが起きて、学校に通いつづけられるようになるかもしれない、そんな希望を持ちつづけてきたけれど、そうはならかった。でも、クシャル・スクールは最後の一校になってもベルを鳴らしつづけると決めていた。マリヤム校長も、スワートに残るために結婚した。家族がタリバン紛争を嫌ってカラチに引っ越したので、独身のままだと家族といっしょにスワートを離れなければならないからだ。

一月十四日、水曜日。わたしたちの学校が閉鎖された。朝になって目が覚めると、部屋にテレビカメラがあった。イルファン・アシュラフというパキスタンのジャーナリストが、わたしの密着取材をしていた。お祈りをするときも、歯を磨くときも、カメラがついてくる。

父が不機嫌なのは、ひと目でわかった。父は、〈ニューヨーク・タイムズ〉紙のホームページに載せるドキュメンタリーに協力してくれないかと友人に熱心に頼まれて、その話を受けた。その取材のため、わたしたちは二週間ほど前にペシャワールに行き、アダム・エリックというアメリカ人ビデオジャーナリストに会った。そこでおもしろい展開があった。アダムは父に英語で長いインタビューをした。そのあいだ、わたしはひとことも話さずにいた。そのあと、アダムは父に断ったうえで、わたしにもインタビューをはじめた。イルファン・アシュラフを通訳として、英語で質問してくる。ところが、わたしの表情をみているうちに、わたしが英語の質問を完璧に理解していると気づいたらしい。「マララさんは英語が話せるんですか?」

「はい、さっきの質問には、『わたしは不安だった』と答えようと思いました」と、わたしは英語で答えた。

アダムはびっくりして、イルファンと父に「いったいどういうことですか」といった。「あなたたちより、マララさんのほうが英語がじょうずじゃありませんか。なのに通訳を入れるなんて!」みんなが声をあげて笑った。

もともと彼らは、学校最後の日の父のようすを取材するつもりだった。なのに、インタビューの終わりに、イルファンがこういった。「もし、スワートには二度と住めない、学校にも二度と行けない、というときが来たら、どうしますか」そんなことになるはずがない、とわたしは答えた。ところがイルファンがしつこくきいてくるので、わたしはとうとう泣きだしてしまった。たぶんそのとき、取材対象をわたしにしようとアダムが決めたんだと思う。

アダムはスワートには来られなかった。外国人がスワートに入ってくるのは危険だからだ。イルファンとカメラマンがミンゴラに来たとき、うちで暮らしていたおじが取材に反対した。家のなかにテレビカメラを入れるなんて危険きわまりない、というのだ。父も、カメラは人目につかないようにしてくれと、彼らに何度も注意した。それでも、わたしたちはパシュトゥン人だ。遠路はるばるやってきた客をぞんざいに扱うことはできない。それに、父にはこの取材を受けることの意味がわかっていた。メガフォンを持って全世界に向けてスピーチするのと同じことなのだ。父の友人も、父にいっていた。「おまえがあちこちでインタビューに応じる姿なんかより、ひとりの女子生徒の学校最後の一日をそのまま映してみせたほうが、ずっとインパクトのある映像になる」

わたしはテレビのインタビューには何度も応じたことがあったし、マイクに向かってしゃべるのが好きだった。そのことで友だちにからかわれることも多かったけど、こんな取材ははじめてだった。「普通にしていてくれ」イルファンにはそういわれたけど、なにからなにまでカメラに撮影されていては、普通になんかしていられない。歯磨きしている姿まで撮られるのだから。わたしは、学校に着ていけなくなった制服をみせて、話した。もし学校に行くところをタリバンにみつかったらと思うと、恐ろしい。アフガニスタンの女の子たちのように、顔に硫酸をかけられるかもしれない、と。

最終日の朝は特別集会があった。上空をヘリコプターが何機も飛んでいるので、みんなの声をききとるのが大変だった。スワートの現状を批判する意見が何人かから出た。そして最後のベルが鳴って、マリヤム校長は「これから冬休みに入ります」といった。でも、いままでと違って、新学期は何月何日から、といってくれない。それでも、宿題を出す先生が何人かいた。校庭に出ると、わたしはクラスメートたちと抱き合った。テストの順位を貼りだす掲示板をみて、ここにわたしの名前が書かれる日がまた来るんだろうか、と思ったりもした。次の試験は三月と決まっているけど、この状況ではできそうにない。勉強する場がないんだから、順位なんてもうどうでもいい。ペンを奪われてみてはじめて、人は、教育がどんなに重要だったかに気づくのだ。

ドアを閉めるとき、わたしは振りかえって教室をみた。これで最後かもしれない、という思いをこめて。これがわたしのドキュメンタリーのラストシーンだ。実際は、もう一度なかに入った。できるだけ長く学校にいたかったので、放課後に少し残っていようと友だちと決めていた。小学校の校舎は広々としているので、そっちに移動して鬼ごっこをした。それからマンゴーマンゴーという遊び。みんなで輪になって歌を歌い、歌が終わったら、だれも動いてはいけない。ちょっとでも動いたり笑ったりした人が負けで、輪から抜けなければならない。

いつもは学校を午後一時に出るのに、その日は三時まで残っていた。帰る前に、モニバと口げんかをした。原因はなんだったのか覚えていないくらい些細《ささい》なことだった。みんながあきれてわたしたちをたしなめた。「あんたたち、こんな日にもけんかしてるの？」すっきりしない終わりかただった。

わたしは撮影をしている人たちにいった。「わたしは勉強をやめません。家にいたって、学校にいたって、ほかのどこでだって、教育は受けられるはずです。世界じゅうのみなさん、わたしたちの願いをきいてください。わたしたちの学校を守ってください。わたしたちのパキスタンを、わたしたちのスワート渓谷を守ってくださ い」

家に帰ると、涙が止まらなかった。もっと勉強がしたい。まだ十一歳なのに、すべてを奪われた気分だった。学校ではクラスのみんなに訴えてきた。タリバンには絶対負けない。「タリバンなんて、パキスタンの政治家と同じよ。口先ばっかりで、なんにもできない」でも、わたしたちはいまタリバンに負けている。タリバンに学校を閉鎖された。口先だけなのはわたしのほうだ。気持ちが抑えられなくて、泣くことしかできなかった。母も泣いていた。それでも父はいいきった。「学校はきっと再開させる」

父は学校の経営者だ。学校が閉鎖されれば収入が得られなくなる。男子校は冬休みが終われば新学期がはじまるけど、女子校が閉鎖されただけでも、わが家の収入はがくんと減ってしまう。授業料も半分以上が未納状態。授業最後の日、父はお金を集めるのに奔走していた。学校の家賃や光熱費、先生たちの給料を払わなければならない。その日の夜は大砲の音が鳴りつづけていて、わたしは夜中に三回も目が覚めた。朝になると、町のようすがすっかり変わっていた。ペシャワールや外国に行ったほうがいいんじゃないか、わたしはそんなふうに考えはじめた。それが無理なら、うちのなかに秘密の学校を作って、先生に来てもらいたい。タリバン政権下のアフガニスタンには、そういう秘密の学校があったそうだ。

わたしはそれから、いろんなテレビ局やラジオ局の番組に出演した。「タリバンはわたしたちが学校に行くのをやめさせることはできたけれど、わたしたちが勉強するのをやめさせることはできません」わたしはそういったけど、心のなかには不安があった。学校に行かなくて、本当に勉強できるんだろうか。

父とふたりでペシャワールに行き、いろいろな場所に行って、スワートの現状を人々に訴えた。わたしはタリバンの主張の矛盾を指摘した。タリバンは、女の子に勉強を教えるのは女性教師、女性を診察するのは女性医師であるべきだといいながら、女の子は学校に行ってはいけないという。それでどうやって、女の子に教師や医師になれというんだろう。

タリバンのスポークスマン、ムスリム・カーンは、女の子は学校に行ってはいけない、西洋の学問を学んでもいけない、といった。アメリカに何年も住んでいた人がそんなことをいうなんて、信じられない。タリバン独自の教育システムを作るのだといっている。父はそれをきいて、こういった。「聴診器や体温計のかわりになにを使えというんだろう。西洋の道具を使わずに、病気を治せるのか？」タリバンが教育を否定するのは、子どもが本を読んだり英語や科学を学んだりすれば、考えかたが西洋化すると思っているからなのだ。

わたしはいった。「教育は教育です。いろんなことを幅広く学んで、そのなかから自分の進む道をみつけていくべきだと思う」教育に西洋も東洋もない。教育は人類みんなのものだ。

母は前から、テレビカメラの前では顔を隠しなさい、とわたしにいっていた。もうプルダを守る年頃だし、顔をさらせば身の危険があるからだ。でも、テレビに出るのをやめなさい、といったことはない。たしかにこの頃には、危険が迫ってきたと感じていた。まわりの人たちによくいわれたのは、父はタリバンに殺されるかもしれないけれど、わたしはだいじょうぶだろうということだった。「マララはまだ子どもだからね。さすがのタリバンも、子どもまでは殺さないだろう」

ただ、祖母は心配そうだった。わたしの姿がテレビに映ったときはもちろん、わたしが外出するときも、必ずお祈りをする。「神様、マララをベナジル・ブットのような立派な人にしてください。でも、あんなふうに早死にさせないでください」

学校が閉鎖されてからも、わたしのブログは続いた。女子校閉鎖の日から四日後、さらに五つの学校が爆破された。そのことも話した。「わたしはとても驚きました。もう閉鎖された学校を、どうして爆破しなければならないんでしょう。タリバンに決められた日以降、だれも学校には行っていないのに。政府軍はなにもしてくれません。山の上の避難所でじっとしているだけ。楽しそうにヤギを殺して食べているだけです」公開の鞭打ち刑についても書いた。ラジオ放送で鞭打ち刑の予定が発表されると、人々がこぞってそれをみにいく。警官の姿はどこにもない。

ある日、アメリカから電話がかかってきた。スタンフォード大学の女学生で、名前はシザ・シャヒド。イスラマバード出身だという。〈ニューヨーク・タイムズ〉紙が製作したドキュメンタリービデオ『スワート渓谷の学校閉鎖』をみて、わたしの連絡先を調べたそうだ。彼女はその後、なにかとわたしたちの力になってくれた。マスコミの力はやっぱりすごい。ビデオに出ているわたしをみて、父は得意満面でアダム・

エリックにいった。「うちの娘をみてくれ。世界に通用する立派な娘だ」親ばかとしかいいようがない。

アダムに連れられて、わたしたち家族はイスラマバードに行った。わたしにとってははじめてのイスラマバードだ。とてもきれいな街だった。白い平屋の家が立ちならび、広い道路がある。ただ、スワートのような自然の美しさはどこにもない。立てこもり事件のあった赤のモスクをみた。驚くほど幅の広いコンスティテューション・アヴェニューを進んでいくと、白い立派な柱廊のある国会議事堂がある。そして大統領府。いまはザルダリ大統領が住んでいる。ムシャラフは亡命してイギリスにいる。

いろんな店で買い物をした。書店ではわたしの教科書。アダムはアメリカのテレビドラマのDVDをいくつか買ってくれた。そのひとつが『アグリー・ベティ』。歯列矯正の器具をつけていて容姿はいまいちだけど、とてもやさしい女の子の話だ。すごくおもしろかった。わたしもいつかニューヨークに行って、あんなふうに雑誌の出版社で働いてみたい。

ロク・ヴィルサ博物館にも行った。パキスタンの国家遺産をふたたびみることができて、とてもうれしかった。スワートにも博物館があるけど、閉鎖されてしまったのだ。ロク・ヴィルサ博物館を出ると、外の階段で、おじいさんがポップコーンを売っていた。わたしたちと同じパシュトゥン人だ。ずっとイスラマバードに住んでいるんですかと父がたずねると、おじいさんはこういった。「パシュトゥン人がイスラマバードになじめると思うかね？」もとはFATAのモフマンド管区に住んでいたそうだ。武装勢力の活動がさかんになったので、しかたなくイスラマバードに移ってきたのだという。その話をきいて、両親が涙ぐんでいた。

多くの建物はコンクリートブロックで周囲を囲んである。検問所もあちこちにあって、自爆テロリストの侵入を防いでいる。帰り道、わたしたちの乗ったバスが道路のくぼみにタイヤを取られて大きく弾んだ。すると、それまで眠っていた弟のクシャルがはっと目を覚まして、「爆弾？」といった。わたしたちの生活には、そういう恐怖がいつもつきまとっている。ちょっとでも揺れたり大きな音がしたりすると、爆発音か銃声だと思ってしまう。

短い旅のあいだ、わたしたちはスワートの問題を忘れていたけど、帰ってきたわたしたちを迎えたのは、恐怖と危険だった。それでも、スワートはわたしたちの故郷だ。出ていこうとはなかなか思えない。

ミンゴラの自宅に戻ったとき、クローゼットをあけて最初に目にしたのは、制服と学校用のバッグ、それに幾何学用の定規セットだ。心が暗く沈んだ。イスラマバードへの旅行はいい気晴らしになったけど、現実は現実なのだ。

14 名ばかりの平和

冬休みがあけて、弟たちの学校の新学期がはじまったとき、クシャルが「お姉ちゃんみたいに、ぼくも家にいたいな」といった。わたしは頭にきて、いいかえした。「自分がどんなに恵まれているか、考えてみなさい！」学校がないなんて、なんだか変な感じだった。テレビもない。わたしたちがイスラマバードに行っているあいだに、だれかに盗まれてしまった。父の〝緊急脱出用〟梯子を使って入ってきたのだろう。

ある人にパウロ・コエーリョの『アルケミスト――夢を旅した少年』という本をもらった。羊飼いの少年が宝物を求めてピラミッドへ旅をするのだけれど、宝物は最初から家にあったという話だ。とてもおもしろくて、何度も繰りかえし読んだ。「人がなにかを手に入れたいと思ったら、宇宙全体が示し合わせて、その手伝いをしてくれる」というくだりがあった。著者のパウロ・コエーリョはタリバンに出会ったことがないんだと思う。パキスタンの役立たずの政治家たちとも縁がないんだろう。

当時のわたしは知らなかったけれど、ＢＢＣラジオのハイ・カカルは、ファズルラーやタリバン司令官たちと、水面下で話し合いをしていたらしい。インタビューをしたことでつながりができたのだろう。女の子の教育を禁止するのはよくない、考え直したほうがいい、と訴えかけたそうだ。

「よくきいてください」ハイ・カカルはファズルラーにいった。「あなたがたは、さまざまなやりかたで多くの人々を殺し、多くの学校を破壊してきた。それでもパキスタン国内から非難の声はあがらなかった。ところが、女の子の教育を禁止したとたん、人々が非難の声をあげはじめた。パキスタンのマスコミも、以前はタリバンに好意的だったのに、いまはこんなに怒っているではありませんか」

国じゅうの反発を受けたファズルラーは、禁止令を変更することに合意した。十歳までの女の子は教育を受けてもよい。十歳、つまり四年生までだ。わたしは五年生。わたしを含めた何人かのクラスメートは、四年生のふりをすることにした。また学校に通える。私服を着て、教科書をショールで隠して歩く。危険はあったけど、当時のわたしにとっては、学校に通うことが唯一の望みだった。ありがたいことに、マリヤム先生も周囲の反対を押し切って、また学校に来てくれた。マリヤム先生は十歳のときからわたしの父を知っていて、ふたりのあいだには揺るぎない信頼関係があったのだ。父が学校でスピーチをするとき、話が長くなってくると、マリヤム先生が「そろそろ終わりにして」と手で合図を送るくらいの間柄だ（そういうことはしょっちゅうあった）。

「秘密で学校に通うことこそ、タリバンへの無言の抵抗よ」マリヤム先生はわたしたちにそういった。

そういうことは、ブログにはいっさい書かなかった。このことがタリバンにばれたら、鞭打ちの刑が待っている。いや、もしかしたらシャバナのように処刑されるかもしれない。世の中にはいろんなものを怖がる人がいる。幽霊が怖いとか、クモが怖いとか、ヘビが怖いとか。あの頃のわたしたちは、人間が怖かった。

学校に行く途中、タリバンをみかけることがあった。帽子をかぶって、不潔そうな髪を長く伸ばしている。布で顔を隠していることが多い。みただけでいやな気分になった。ミンゴラの町は人もまばらで、がらんとしていた。スワートの人口の三分の一が、よそへ引っ越してしまっていた。スワートから出ていった人を責めることはできない、と父はいった。なにもできない政府が悪いのだ。一万二〇〇〇人もの政府軍兵士がスワートにいる。三〇〇〇人ほどと推測されるタリバンの四倍だ。戦車、ヘリコプター、その他の強力な兵器を大量に持ちこんでいる。それでも、スワートの七〇パーセントの地域は、まだタリバンに支配されていた。

学校が再開してからおよそ一週間後、二〇〇九年二月十六日の夜、わたしたちは大きな銃声で目を覚ました。パシュトゥン人は昔から、赤ちゃんの誕生や結婚といったおめでたいことがあると、ライフルで空砲を撃つ。紛争がはじまってからは、そんな伝統もとだえていたので、銃声がきこえたときは、きっと危険が迫っているのだと思った。ところが、その後、ラジオでニュースが流れた。銃声は祝砲だったのだ。タリバンと州政府のあいだに、和平の取り決めが交わされたという。このとき、州の統治者はアワーミー国民党（ANP）だった。ムッラーたちによる支配は終わっていた。政府はスワート県全体においてイスラム法《シャーリア》を実施することに合意した。そのかわり、タリバンは戦闘をやめ、一〇日間の休戦に合意するとともに、和平を進めるための第一歩として、半年前に誘拐した電話会社の中国人エンジニアを解放した。

わたしたちもうれしかった。父とわたしは前から、こういう和平協定が交わされればいいね、と話していたのだ。ところが、いざ和平協定が交わされると、本当にうまくいくのかという疑問がわいてくる。タリバンが戦闘をやめてそれぞれの故郷に帰り、普通の市民としておだやかに暮らしてくれればいい。納得ずくの和平協定なのだと思いたい。スワートでシャーリアが実施されるといっても、アフガニスタンにおけるシャーリアとは違って女の子の通う学校があり、道徳警察はない。スワートはスワートだから、アフガニスタンとは違う方法でやっていく。それでいいとタリバンが本当に判断した――そう思いたいのに、やはり信じられない。結局、うまくいくかどうかはタリバンしだいなのだ。

だいたい、信じろというほうが無理だ。一〇〇〇人以上の一般人や警官が殺された。女性はプルダに縛られている。学校や橋が爆破され、多くの店が営業をやめさせられた。野蛮な公開裁判や公開処刑がおこなわれ、いつも恐怖と隣り合わせの生活をしている。そういうことが全部終わりになるなんて、信じられない。

朝食のとき、わたしは弟たちに、戦争の話はやめて平和の話をしなさいといった。それでも弟たちは知らん顔で、戦争ごっこをやめようとしない。クシャルはおもちゃのヘリコプターを持っているし、アタルにはボール紙で作ったピストルがある。どちらかが「撃て!」と叫ぶと、もうひとりが「構え」という。もう、勝手にすればいい。わたしは部屋に戻って制服をながめた。もうすぐこれが着られるようになると思うと、うれしかった。校長先生から連絡が来た。三月の第一週はテスト週間になるとのこと。そろそろ勉強をはじめなくちゃ。

喜びは長くは続かなかった。二日後、わたしはタージマハル・ホテルの屋上で、和平協定についてどう思うかというインタビューを受けた。インタビュアーは、ハミッド・ミールという有名なレポーター。その最中にニュースが伝えられた。その人とは別の、わたしがよく知っているレポーターが殺されたという。名前はムサ・カーン・ケル。よくわたしの父にインタビューしていた人だ。スーフィー・ムハンマドが先頭に立つ平和行進を取材していたときだった。行進というより車の行列といったほうがよさそうなものだった。その後、ムサ・カーンの死体が発見された。何度も撃たれて、のどが切りさかれていた。まだ二十八歳だった。

そのことを母に伝えると、母は驚いてベッドに座りこみ、泣きだした。和平協定が結ばれた直後だというのに、またスワートに暴力が戻ってきたの？　あの協定はなんだったの？　といっていた。

数日後、二月二十二日には、ミンゴラにあるスワート記者クラブで、政務官のサイド・ジャヴィドによって〝恒久的停戦〟が発表された。スワートから出ていった人々に、もう戻ってきてもいいですよ、と呼びかけるくだりもあった。続いて、タリバンのスポークスマンであるムスリム・カーンが、タリバンは無期限停戦に合意したと述べた。ザルダリ大統領は和平協定をちゃんとした法律にするという。政府はまた、紛争犠牲者の家族に補償金を出すことに合意した。

スワートの人々みんなが大喜びしていた。でもいちばん喜んでいたのはわたしだと思う。学校が正式に再開されるのだから。タリバンは、停戦後は女の子が学校に通ってもかまわないが、頭にベールをかぶらなければならない、といった。もちろん！　自由に生きられるのなら、それくらいはなんでもない。

停戦を喜ばない人々もいた。パキスタン政府の支援をしているアメリカの人々がひどく怒っている。「パキスタン政府はタリバンや過激派ゲリラに屈伏したようなものだ」アメリカ国務長官ヒラリー・クリントンはそういった。アメリカは、和平協定は降伏と同じだとみているのだ。パキスタンの新聞〈夜明け《ドーン》〉紙の社説には、「破滅の予感――政府に不満があれば武力で戦え。政府はなんでもいうことをきいてくれる。そのうえなんの見返りも求めない」と書かれていた。

ここに住まなくてもいい人たちに、そんなことはいわれたくない。わたしたちは平和がほしい。だれがもたらした平和だろうが、かまわない。わたしたちにとっては、それがたまたまスーフィー・ムハンマドという白ひげのタリバンだっただけ。スーフィー・ムハンマドはディールにピースキャンプを作り、有名なタブリーグ・マルカズというモスクのなかに座り、まるでスワートの支配者であるかのような顔をしていた。タリバンが武器を置くことを彼が保証したから、スワートに平和が訪れるのだ。多くの人々がそこを訪れ、スーフィー・ムハンマドに敬意を表して手にキスをした。みんな、戦争や自爆テロにはうんざりしていた。

三月になると、わたしはブログをやめた。もう書くことはあまりないだろうとハイ・カカルが判断したからだ。でも、恐ろしいことに、事態は前とほとんど変わっていなかった。変わったとしたら、タリバンが前にも増して凶暴になったということくらいだ。タリバンはいまや、国家公認のテロリストになってしまった。すっかりだまされた気分だった。和平協定なんて、形だけのもの。ある日の夜、タリバンがうちの近所の道路をパトロールしていた。銃とこん棒を持って行進するところは、まるで軍隊のようだった。

タリバンによるチーナ・バザールのパトロールも続いている。ある日、母がわたしのいとこと買い物にいった。いとこがもうすぐ結婚するので、そのための買い物だった。タリバン兵がひとり近づいてきて、道をふさいだ。「スカーフだけでブルカを着用しないとはなにごとだ。次にそんな姿で歩くのをみかけたら、ただではすまないぞ」母はそんなことで怯《おび》えてしまうような人ではない。落ち着いて応じた。「わかりました。これからは気をつけます」母はいつも頭にスカーフを巻いている。ブルカはパシュトゥン人の伝統にはないものだ。

タリバンがある商店を襲撃したという話をきいた。男性の同伴者がいない女性が、その店で口紅をみていたからだという。「バザールには、血縁の男性に同伴されない女性が店に入ることを禁ずるという垂れ幕がかかげてある。この店主のしたことは、われわれへの挑戦だ」タリバンはそういって、店主をひどくぶった。だれも助けようとはしなかった。

ある日、父が友人たちと、携帯電話で動画をみていた。ひどい内容だった。昼日中、黒いブルカと赤いズボンをはいた十代の女の子が地面にうつぶせにされ、鞭打ち刑を受けている。鞭を持っているのは、黒いターバンを巻いてひげを生やした男。「お願い、やめて！」女の子はパシュトー語で叫び、ぶたれるたびに悲鳴をあげている。「死んでしまいます、本当です！」

タリバンの声がきこえる。「押さえつけろ。両手を動かせないようにしろ」途中でブルカがずれてきたので、タリバンはいったん手を止めてブルカを直してから、また続けた。鞭が振りおろされたのは三四回。そのあいだ、集まった群衆はなにもしなかった。少女の親戚たちが少女を押さえつけていた。

二、三日もたつと、その動画は世界じゅうに流れるようになっていた。イスラマバードで映画監督をしている女性がそれを手に入れたことから、パキスタン・テレビで何度も繰りかえし放送され、さらに外国でも放送されるようになったのだ。世界じゅうの人々が激怒した。でもその反応をみて、わたしたちは複雑な思いがした。これまでスワート渓谷で繰りひろげられてきた恐ろしい出来事を、世界の人々はなにも知らなかったということだからだ。タリバンが女の子の教育を禁止したことにも、怒りの目が向けられたらいいのに。ユスフ・ラザ・ギラニ首相はこの事件を調査させ、少女を鞭打ち刑にしたことはイスラムの教えに反する、という声明を出した。「イスラム教は、女性を丁重に扱うべきだと説いている」といった。

ビデオは作り物だ、と主張する人々もいた。そのほか、鞭打ち刑は和平協定前の一月におこなわれたもので、いまごろになって世間に出まわるようになったのは、協定を破棄させるためだ、という人々もいた。ところがタリバンのスポークスマン、ムスリム・カーンは、動画は本物であると認めた。「女が夫以外の男に同伴されて外出したので、罰を加えた。決して許してはならない罪なのだ」

四月のはじめの同じ頃、ザヒド・フセインという有名なジャーナリストがスワートにやってきた。行政長官の官邸を訪ねてみると、タリバンの隆盛を祝うパーティーを開いている最中だった。そこには、武装兵を従えたタリバンの偉い司令官が何人もいたという。ムスリム・カーンや、バジャウル管区の武装勢力リーダーであるファキル・ムハンマドの姿もあったという。政府軍との激しい戦闘を指揮していた人たちだ。ファキルの首には二〇万ドルの懸賞金がかかっているのに、その張本人が、政府の役人の官邸で優雅に食事をしているのだ。政府軍の司令官のなかにも、ファズルラーが指導する礼拝に出かける人がいるという。

「ひとつの鞘《さや》に剣を二本おさめることはできない」父の友人がいった。「ひとつの国に王がふたりいることなど、ありえない。本当の王はどっちなんだ。政府か？　それともファズルラーか？」

それでもわたしたちは、平和が訪れることを信じていた。だれもが、四月二十日に開かれる予定の大規模な野外集会を楽しみにしていた。スーフィー・ムハンマドがスワートの住民に向けて声明を出すことになっている。

その日の朝、父と弟たちが庭に立っていると、十代のタリバンのグループが勝利の歌を流しながら、外を通っていった。「お父さん、あれをみてよ」クシャルがいった。「ぼく、カラシニコフがほしいなあ。あいつらみんな、撃ち殺してやるんだ」

春らしい、とてもいいお天気だった。みんながわくわくしていた。スーフィー・ムハンマドが和平と勝利を宣言し、タリバンに武器を置けと命じる――そんな瞬間がもうすぐ来ると思っていた。父は集会に行かなかった。友人のアーマド・シャーが経営しているサロシュ・アカデミーという学校の屋上から、ようすを見守るという。そこは、父がほかの活動家たちと夜の会合を開く場所だ。屋上からは、ステージがよくみえる。いくつかのマスコミも、そこでカメラを構えていた。

ものすごい数のタリバンが集まっていた。おそらく三、四万人。みんな頭にターバンを巻いて、タリバンと聖戦《ジハード》の歌を歌っていた。「社会のタリバン化を象徴する合唱だった」と父はいった。父のようなリベラルで進歩的な人は、そんな合唱や、みんなで声を合わせる掛け声を嫌う。とくにこういう場面では、理性を奪う力があるからだ。

スーフィー・ムハンマドがステージに座ると、直接敬意を表したい人々の長い列ができた。集会は、コーランの「勝利章」の暗唱からはじまった。それから、スワートを構成する五つの地区——コヒスタン地区、マラカンド地区、シャングラ地区、上ディール地区、下ディール地区——それぞれの指導者によるスピーチ。どれも、熱の入ったスピーチだった。自分の地区の支配者と認められて、地区におけるシャーリアの施行者になりたいのだろう。その後、これら五人の指導者は殺されるか投獄されるかしたけど、このときはまだ権力を夢みていたのだ。みんな、これでもかというほど胸を張って、まるでメッカで説法する預言者ムハンマド《PBUH》のようにしゃべっている。しかし、ムハンマドのスピーチは、寛大な慈悲の心を示すものだったのに、この人たちのスピーチは、残虐な支配者の権威を示すものばかりだ。

いよいよスーフィー・ムハンマドが立ち上がった。スピーチのうまい人ではない。高齢だし、健康状態も悪そうだ。スピーチがぐだぐだと四五分ほど続いた。その内容は、意外としかいいようのないものだった。まるでだれかほかの人の舌を借りてしゃべっているかのようだった。パキスタンの法廷は反イスラム的だと断言したうえで、こういった。「わが国の民主主義は、異教徒たちによって押しつけられたものにすぎない。イスラムは民主主義を認めないし、選挙もおこなわない」

教育の話は出なかった。タリバンに武器を置けともいわなかったし、スワートから出ていけともいわなかった。逆に、全国民を脅しているようにみえた。「みているがいい、イスラマバードもわれわれのものとなるであろう！」

ショックだった。燃えさかる炎に水をかぶせたかのように、わたしたちの希望の灯は一瞬にして消えてしまった。町の人々は裏切られた気分で、スーフィー・ムハンマドをののしりはじめた。「悪魔め」「あいつは平和を求めていない。もっともっと人殺しがしたいんだ」いろんな声がきこえたけど、母の言葉がぴったりだった。「歴史に名を残す英雄になるチャンスだったのに、あの人はみすみすそれを逃したわね」来たときとは正反対の暗い気分で、わたしたちは家に帰った。

その日の夜、父はジオ・テレビに出演して、カムラン・カーンを相手に話した。

「われわれは大きな希望を持っていたのに、みごとに裏切られた。スーフィー・ムハンマドは期待に応えてくれなかった。和解を求め、暴力を終わらせるスピーチをしてくれなかった。和平協定を確実なものにしてくれるものと、だれもが思っていたのに」

さまざまな陰謀説がささやかれていた。スーフィー・ムハンマドの頭がおかしくなったという人もいれば、スーフィーが「いわれたとおりのスピーチをしないと、自爆テロリストを四人も五人も用意して、おまえをまわりの仲間ごと吹っ飛ばすぞ」と脅されていたんだろうという人もいた。ステージに立ったスーフィーの顔が不安そうだった、という人も多かった。きっとみえない手、みえない力に動かされていたんだろう、と。でも、どんな陰謀があったとしても、関係ない。わたしたちがタリバンに支配されているという現状が問題なのだ。

父はふたたび講演活動に奔走するようになった。あるセミナーで、スワート県の情報相がいった。「現在タリバンが勢いを得てしまったそもそもの原因は、パキスタンが武装勢力を育ててアフガニスタンに派遣するという政策をとったことにある。武装勢力は、はじめはソ連と戦っていたが、その後アメリカと戦うようになった。外国から要請されてマドラサの学生たちに武器を与えたのが間違いだった。あれがなかったら、FATAやスワートが血の海になることはなかっただろう」

まもなく、和平協定についてのアメリカの分析が正しかったということがわかった。あれはパキスタン政府の譲歩だった。タリバンはそれを見抜いて、これからは自分たちの好きなようにできると自信を持ったのだ。彼らはスワートの南東に位置するブネル地区に勢力を広げた。ブネル地区からイスラマバードまでは、一〇〇キロほどしかない。ブネル地区の人々は以前からタリバンに抵抗してきたけど、地区の役人たちから「抵抗するな」といわれたらしい。対戦車砲や銃を持ったタリバンがあらわれると、ブネルの警官たちは、自分たちの武器よりタリバンの武器のほうが強力だといって、持ち場を放棄して逃げだした。市民も逃げた。タリバンはブネル地区のあちこちにシャーリアの裁判所を作り、モスクから人々に呼びかけた。仲間になりたい若者を歓迎する、と。

スワートでやったのと同じように、タリバンはブネルでもテレビや写真やDVDやカセットテープを燃やした。巡礼地として有名なスーフィー聖者ピール・ババの聖廟《せいびょう》までも占拠した。たくさんの人々がここを訪れて、病気を治してくださいとか、子どもたちがしあわせな結婚をしますように、といった祈りを捧げていたのに、いまは入り口に鍵がかけられて、なかに入ることもできない。

パキスタンの南部州の人々は、タリバンがイスラマバードに近づいていることを本気で心配しはじめた。黒いブルカの少女が鞭打ちされているビデオを、みんながみたらしい。そして「パキスタンがそんな国になってしまっていいの?」と思いはじめたのだろう。武装勢力はベナジル・ブットを殺し、パキスタンでいちばん有名なホテルを爆破し、何千人もの人々を自爆テロや処刑で殺し、何百もの学校を破壊した。これ以上のどんな被害があれば、政府軍や政府は本気で動いてくれるのだろう。

ワシントンDCでは、アフガニスタンでタリバンと戦う米軍を二万一〇〇〇人増員すると、オバマ大統領が発表したばかりだった。でもこうなると、アフガニスタンよりパキスタンの情勢のほうが心配になってきたらしい。わたしのような女の子やわたしの学校を救おうと考えてくれたわけではない。パキスタンには二〇〇以上の核弾頭がある。アメリカが気にしているのは、それらの核兵器をだれが管理するかということなのだ。何十億ドルもの経済援助をストップして、そのかわりに軍隊を送りこもうとしている。

五月のはじめ、パキスタン政府軍は〝真実の道作戦〟に打って出た。何百人もの奇襲隊員をヘリコプターから北部の山間部に降下させているという噂だった。ミンゴラにいる兵士の数も増えた。町を無人にする作戦らしい。メガフォンで住民に避難を呼びかけている。

父は、わたしたちは町に残るべきだ、といった。けれど、銃声がすごくてほとんど眠れない夜が続いた。だれもが常に不安を抱えていた。

ある夜、甲高い声で目を覚ました。わたしたちはペットを飼いはじめたばかりだった。白いニワトリが三羽と、白いウサギが一羽。クシャルが友だちからもらったもので、うちでは家のなかで放し飼いにしている。五歳のアタルはウサギが大好きだった。ウサギは両親のベッドの下で寝ることが多かったけど、ところかまわずおしっこしてしまうので、その夜は家の外に出していた。真夜中頃、ネコが来てウサギを殺してしまったらしい。みんながきいたのは、そのときのウサギの声だったのだ。アタルはいつまでも泣いていた。「朝になったら、ネコに仕返ししてやる。殺してやる」

よくないことが起こる、そんな気がした。

15　スワート脱出

　スワートを離れるのは、いままでに経験したどんなことよりもつらかった。祖母がよく口ずさんでいた詩を思い出した。「好きこのんで故郷を離れるパシュトゥン人はいない。貧しさや愛のために遠くへ行くことはあるとしても」わたしたちがスワートを離れることになった理由は、貧しさでも愛でもない。こんなこと、詩の作者は想像もしなかっただろう。すべてはタリバンのせいだ。

　家を出るのは、心の一部をもぎとられるようなものだった。わたしは屋根の上に立って周囲の山々をながめた。アレキサンダー大王が手を伸ばして木星に触れたというイラム山は、山頂に雪をかぶっている。木々には青葉が萌えてきたところだ。庭のアンズはだれか知らない人に食べられてしまうのかもしれない。あたりはしんとしていた。針を落とせばその音が響きわたりそうな静けさに満ちていた。川の音も、風の音もしない。小鳥たちもさえずるのをやめていた。

涙がこみあげてきた。二度と家に帰ってこられないかもしれない、そんな思いをひそかに抱えていたからだ。前にドキュメンタリービデオを作った人たちは、わたしに「スワートを出て、二度と帰ってこられなくなったら？」ときいた。そのときはなんて馬鹿げた質問だろうと思ったものだけど、本当にそうなるかもしれない。前は想像もできなかったことが、次々に起こっている。学校が閉鎖になるなんてありえないと思ったのに、閉鎖された。スワートを離れることなんかありえないと思ったのに、いま、出ていこうとしている。いつかスワートからタリバンがいなくなるときが来るだろうと思っていたけど、そんなときは来ないのかもしれない。涙がこぼれた。だれかが泣きだすのをみんなが待っていたかのようだった。いとこの奥さんのホネイも泣きだして、結局全員が泣いた。それでも母はしっかり背すじを伸ばしていた。

本やノートをみんな学校用のバッグに入れて、もうひとつのバッグに衣類を入れた。頭のなかがぐちゃぐちゃだったせいか、服の上下の組み合わせがばらばらになってしまった。学校でもらった賞状やトロフィー、写真や思い出のものは、すべて置いていく。ほかの家族の車に乗せてもらうので、荷物を少なくしなければならないのだ。ノートパソコンや宝石といった高価なものは、うちにはない。あるのはテレビ、冷蔵庫、洗濯機くらいだ。うちの暮らしは質素だった。パシュトゥン人は、椅子に座るよりも、床に直接座るほうが好きだということもある。壁には穴があいていたし、お皿やカップはどれもひびが入っていた。

父は最後まで避難するのに反対だった。でも、父の友だちの親戚が銃撃戦に巻きこまれて死んだという話をきいて、父と母はお悔やみをいいにいった。だれも外に出たがらない状況のなか、その家に行ってみると、家族みんなが悲しみに打ちひしがれていた。そのようすをみて、母は避難することを決めた。そして父にいった。「あなたは残ってもいいけど、わたしは子どもたちを連れてシャングラに行くわ」

母は、父がひとりで残ることはないとわかっていたようだ。母は、やむことのない銃声や、ぴりぴりした空気にうんざりしていたので、アフザル先生に電話をかけて、父を説得するように頼んだ。アフザル先生も、家族を連れて避難するところだった。それで、わたしたちも乗せていってあげよう、といってくれたのだ。うちには車がない。近所に住むサフィーナの家族もちょうど避難するところだったので、アフザル先生の車とサフィーナの家の車に分乗して出発することができた。

二〇〇九年五月五日、わたしたちは国内避難民、ＩＤＰになった。なんだか病気の名前みたいだ。

うちは家族が多かった。両親と、わたしたちきょうだいだけなら五人だけど、そのほかに祖母、わたしのいとことその妻ホネイ、そしてその赤ちゃんがいる。弟たちはニワトリを連れていきたいといった。わたしのニワトリは、寒い日に体を洗ったせいで死んでしまった。靴箱に入れて温めてやったけど、生き返らなかった。近所の人たちがみんなで祈ってくれた。

母は弟たちに「ニワトリは連れていけないわ。車のなかが糞だらけになってしまうでしょう？」といった。アタルは「オムツをさせる！」といってがんばったけど、結局あきらめた。トウモロコシと水をたくさん置いていってやることしかできなかった。母はわたしにもいった。「学校のバッグは置いていきなさい。車はぎゅうぎゅう詰めなのよ」ショックだった。本を置いていくなんて！　本に向かってコーランの一節を語りかけた。神様が守ってくれますように。

ようやく出発の準備ができた。母、父、祖母、いとこの奥さん、赤ちゃん、弟たちはみんな、アフザル先生夫妻とその子どもたちといっしょに、先生のバンに乗りこんだ。本当にぎゅうぎゅう詰めだ。おとなの膝に子どもが座り、その膝にはもっと小さい子が座る。わたしはラッキーだった。サフィーナの家の車はまだゆとりがあった。本を全部そでもわたしは、学校のバッグを置いてきたことが悲しくてならなかった。

のバッグに入れていたので、もうひとつのバッグには一冊も入っていない。

みんなでコーランの言葉を唱えた。大切な家と学校を守ってくださいとお祈りする。いよいよサフィーナのお父さんが車のアクセルを踏んだ。慣れ親しんだ家や町や学校に別れを告げて、知らない町に行くのだ。ここにまた帰ってこられるかどうかもわからない。政府軍がバジャウル管区の武装勢力と戦ったあとの、めちゃめちゃになった町の写真をみたことがある。わたしたちの町も、あんなふうになにからなにまで壊されてしまうのかもしれない。

道路は車でいっぱいだった。こんなに混み合った道路はみたことがない。どちらをみても車がびっしり並んでいる。リキシャやラバの馬車、トラックも混じっている。どれも、人と荷物をめいっぱい積んでいる。家族全員が乗っているオートバイもある。何千人もの人々が、町を出ていこうとしている。背中にしょえる着替え程度の荷物を持って。スワート渓谷が丸ごとよそに引っ越そうとしているかのようだ。パシュトゥン人は、イスラエルの失われた部族の末裔《まつえい》だと信じている人もいる。父がこういった。「まるで、イスラエルの民がエジプトを出るときのようだ。ただ、率いてくれるモーゼがいない」行き先がわかっている人はほとんどいないだろう。とにかくスワートを出る、それだけだ。パシュトゥン人の歴史上最大の〝出国記〟だった。

普段なら、ミンゴラの外に出るルートはいくつもある。ところが、タリバンが大きなリンゴの木を何本も切りたおして、いくつかのルートをふさいだために、みんなが同じ道路を走るしかない状況だった。それも、ものすごい数の人々が。銃を持ったタリバンが道路をパトロールしている。建物の屋上から監視している者もいる。ホイッスルではなく武器を使って交通整理しているのだ。「交通タリバンだね」冗談でもいわないと、気が滅入ってしまう。一定の距離を進むごとに、政府軍の検問所とタリバンの検問所が並んで作られているのに出くわす。やはりここでも、政府軍はタリバンが目に入らないかのように行動している。

「あの人たち、目が悪いのね。タリバンがみえないんだわ」

大渋滞のせいで、車はのろのろとしか進まない。ぎゅうぎゅうの車内で、みんなが汗だくになっていた。普段なら、町の外に出ることがほとんどない子どもたちにとって、車に乗ることはわくわくする大冒険だ。でも今回ばかりはまったく違う。みんな、心が暗く沈んでいた。

アフザル先生のバンのなかで、父は電話でマスコミに話していた。スワートからの脱出を実況中継していたのだ。母が、声を小さくして、といいつづけていた。タリバンにきかれてしまうのではないかと不安だったらしい。父の声はとても大きいので、母はよく冗談をいっていた。あなたは電話なんかいらないわね、大声を出せばどこのだれとでも話せるわ、と。

ようやくマラカンド峠に着いた。スワートと呼ばれるのはここまでだ。夕方、マルダンに着いた。暑くてごみごみした町だ。

父がみんなにいいつづけた。「何日かすれば家に帰れる。だいじょうぶ、心配しなくていい」だれもが気休めだとわかっていた。

マルダンには大規模な避難民キャンプができていた。国連難民高等弁務官事務所（UNHCR）の白いテント群は、アフガニスタン難民を受け入れるペシャワールの難民キャンプのようだった。わたしたちはこのキャンプに滞在するつもりはなかった。それだけは避けたいと思っていた。二〇〇万人近くのスワート住民がみんな避難してくるのだから、全員がこのキャンプに入れるわけがない。もし入れたとしても、テントのなかはすごく暑いだろう。それに、コレラなどの病気が流行っているらしい。父がきいた噂によると、テントのなかにタリバンが隠れていて、女性を暴行することもあるらしい。

できる限り、町の人々の世話になったり、親戚や友人を頼るのが普通だった。驚いたことに、ＩＤＰの四分の三もの人々が、マルダンや、近くのスワビという町の民家で暮らせることになった。町の人たちが、家や学校やモスクにわたしたちを快く迎えいれてくれたのだ。わたしたちの文化では、女性が親戚以外の男性と同じ家で暮らすことはできない。女性のプルダを守るためには、その家の男性がよそに泊まることになる。ＩＤＰを受け入れることで、自分もＩＤＰになるわけだ。これこそ、客を大切にするパシュトゥン人の気質をよくあらわしている。こうしたことをすべて政府にまかせていたら、もっと多くの人々が飢えと病気で死んでいたことだろう。

わたしたちはマルダンに親戚がいないので、両親の実家のあるシャングラに向かっていた。シャングラは、ここまで来たのとは正反対の方角だ。でも、スワートを出る方法がほかになかったのでしかたがない。

最初の夜は、アフザル先生の実家に泊めてもらった。翌日、父が、いま起こっていることを世の中に知ってもらうために、ひとりでペシャワールに向かった。シャングラで会おうということになった。母は父に、いっしょにシャングラに行ってほしいと必死で訴えたけれど、父は耳を貸さなかった。ペシャワールやイスラマバードの人たちに、ＩＤＰになった人たちがどんな状況で暮らしているかということや、軍がなにもしてくれないということを訴えにいくのだという。父と別れるときは本当に不安だった。もう二度と会えないかもしれないと思った。

翌日、わたしたちはアボッタバードへ行く車に乗せてもらって出発した。そこにはわたしの祖母の親戚が住んでいる。アボッタバードでいとこのカンジーに会うことができた。カンジーも、わたしたちと同じように北に向かうところだった。カンジーはスワートで男の子用の寮を経営している。七、八人の少年をコヒスタンのベシャムへ馬車で連れていくという。つまりわたしたちは、ベシャムからシャングラに向かう別の車をみつけなければならない。

ベシャムに着いたときには、もう夜になっていた。多くの道路が封鎖されているせいだ。安くて汚いホテルに泊まった。そのあいだに、カンジーがシャングラへ行くバンを探そうとしてくれた。そんなとき、ある男が母に近づいてきた。母は靴を片方脱いで、男をぶった。二回ぶつと、男は逃げていった。よほど強い力でぶったのか、あとでみると、靴が壊れていた。母は強い女性だと前から思っていたけど、あらためて尊敬の念がわいてきた。

ベシャムからシャングラに行くのは大変だった。荷物を持って、二五キロもの道のりを歩かなければならなかったのだ。途中で政府軍に止められた。ここから先には行けないから来た道を戻りなさい、といわれた。でも、わたしたちは引き下がらなかった。「わたしたちの家はシャングラにあるのに、どこへ行けというんですか」祖母は泣いて、人生でこんなにつらい思いをしたのははじめてだ、と訴えた。するとなんとか通してもらうことができた。軍隊やマシンガンがそこらじゅうにあった。戒厳令や検問所のせいで、道路に民間人の車は一台も走っていない。目に入るのは軍の車だけ。怖かった。軍隊がわたしたちを敵だと思って撃ってくるかもしれない。シャングラに着いたとき、親戚はみんな、わたしたちをみて驚いた。タリバンはまたシャングラにやってくるに決まっているのだから、マルダンにとどまっていればよかったのに、というのだ。

母の生まれ育ったカルシャト村で、おじのファイズ・ムハンマドの一家と暮らすことになった。着替えを少ししか持ってこられなかったので、親戚に服を借りた。いとこのスンブルに会えてうれしかった。スンブルはわたしよりひとつ年上だ。少し落ち着くと、わたしはスンブルといっしょに学校に通いはじめた。わたしは六年生だけど、スンブルと同じ七年生のクラスに入った。七年生のクラスに女の子は三人しかいない。この村では、それくらいの年齢になると、学校に通わなくなる子がほとんどだからだ。そんなわけで、クラスは男女いっしょ。教室の数や教師の数が少ないので、たった三人の女の子をひとつのクラスにする余裕がないのだ。わたしはほかの女の子たちとは違う。顔を隠さないし、どの先生にも話しかけたり質問をしたりする。でも先生のいうことはよくきくようにしたし、礼儀にも気をつけた。いつもきちんとていねいな言葉を使った。

学校までは歩いて三〇分以上かかる。わたしは早起きが苦手なので、早くも二日目に遅刻した。先生に棒で手を打たれたときはショックだったけど、わたしを学校に受け入れてくれただけでもうれしかったし、みんなと同じように扱ってくれているのだと思うとありがたかった。おじは、わたしに学校でおやつを買うためのお小遣いまでくれた。おやつといっても、売っているのはキュウリやスイカ。ミンゴラの学校のように甘いお菓子やポテトチップは売っていない。

ある日、保護者参観があった。賞の授与式や、スピーチ大会が開かれた。男の子はみんなスピーチをする。女の子も何人か参加したけど、ステージで話すわけではない。教室でマイクを使ってしゃべり、その声が講堂に流される。でもわたしは人前で話すのに慣れていたから、ステージに立って、自分が書いた詩を暗唱した。預言者ムハンマド《PBUH》を讃える詩だ。それから先生に、もっと詩の暗唱を続けてもいいかときいてから、別の詩を暗唱した。自分の夢をかなえるためにいっしょうけんめいがんばろう、という内容の詩だ。「ダイヤモンドは、何度もカットと研磨を繰りかえして、やっと小さな宝石になる」そのあと、自分の名前の由来を話した。マイワンドのマラライが、勇敢な何百人何千人もの男たちに匹敵するほどの勇気を持っていたこと。彼女の短い言葉が戦況を一変させ、イギリス軍に勝ったということ。

客席の人々は目を丸くしてわたしをみていた。わたしが知識をひけらかしているようにみえたのだろうか。それとも、ベールをかぶっていないのが不思議だったんだろうか。

いとこたちと暮らすのは楽しかったけど、家に置いてきた本が恋しくてたまらなかった。学校のバッグには『オリバー・ツイスト』や『ロミオとジュリエット』が入っているし、棚には『アグリー・ベティ』のDVDが並んでいる。いまのわたしの生活こそドラマみたいなものだ、と思った。しあわせな暮らしのなかに、邪悪なものが入りこんできた。なんとかハッピーエンドになってほしい。わたしは本が恋しかったけど、弟たちは弟たちで、置いてきたニワトリのことが心配でならないようだった。

ミンゴラで戦闘がはじまった、というニュースがラジオで流れてきた。パラシュートを使って送りこまれた政府軍の兵士たちが、町なかでタリバンとの接近戦をはじめたらしい。タリバンはホテルや政府の建物を拠点にして戦っている。戦闘開始から四日後、政府軍は、緑の広場《グリーン・チョウク》を含む三つの広場を手に入れた。グリーン・チョウクは、タリバンが首切り死体を人々の目にさらしていた場所だ。さらに空港を占拠し、一週間たたないうちに市内全域を奪還した。

父はどうしているだろう。シャングラには携帯電話の電波が届きにくい。原っぱの大きな岩にのぼるとキャッチできることもあるけど、それでもせいぜいアンテナのマークが一本立つくらい。会話なんてほとんどできない。やがて、シャングラに来て六週間後、ペシャワールにおいで、という父の声がきこえた。父は三人の友人たちといっしょに、ある家の一室で暮らしているという。

ようやく父と再会できた。あんなにうれしいことはなかった。これで家族全員がそろった。わたしたちはそこからイスラマバードに移動して、シザ・シャヒドの家に迎えられた。シザは、スタンフォード大学から電話をくれた女子学生だ。

わたしたちがイスラマバードにいたとき、アメリカの外交官で、パキスタンおよびアフガニスタン担当特使でもあるリチャード・ホルブルックが、セレーナ・ホテルで会議を開いた。紛争について話し合うためだ。わたしも父といっしょに参加することができた。

あやうく遅れるところだった。わたしが目覚まし時計の設定を間違えたからだ。父は怒って、わたしとろくに口をきいてくれなかった。ホルブルックは大柄でぶっきらぼうな感じの、赤ら顔の人だった。ボスニア紛争を解決した人物だといわれている。

わたしが隣に座ると、ホルブルックは「きみは何歳だ?」といった。「もうすぐ十二歳です」わたしは答えながら、精一杯背すじを伸ばした。「お願いがあります。女の子が教育を受けられるようにしてください」

ホルブルックは笑った。「パキスタンには問題がたくさんあって、わたしたちはいろんな援助をしているんだ。何十億ドルもの経済援助を約束したし、電気やガスを全国に供給するための政策にも協力している。だが……パキスタンには問題がありすぎて、困っているんだ」

わたしはパワー99局というラジオ局のインタビューに応じた。ラジオ局の人たちはそれを喜んで、アボッタバードに局のゲストハウスがあるから家族全員でどうぞ、といってくれた。一週間そこで暮らしているあいだに、うれしい知らせがあった。モニバもアボッタバードに来ているという。学校の先生がひとりと、別の友だちもひとり、アボッタバードで暮らしているらしい。モニバとわたしは、わたしたちがIDPになる前の日にけんかして以来、話もしていなかった。公園で会う約束をして、ペプシとビスケットを持っていった。「あのけんかはあんたが悪いのよ」モニバがいう。わたしは謝った。そんなことはどうでもいい。とにかく仲直りしたかった。

ゲストハウスで一週間過ごしたあとは、わたしのおばが暮らしているハリプールに行った。ミンゴラを出てまだ二ヶ月だというのに、四つめの都市で暮らすことになったのだ。避難民キャンプにいる人たちと比べれば恵まれているのは、わかっている。食べ物や水をもらうのに炎天下で何時間も行列しなくてすむだけでもありがたい。でも、やっぱりスワートが恋しい。

ハリプールで、わたしは十二歳の誕生日を迎えた。だれも覚えていてくれなかった。父さえ忘れていた。忙しくあちこち飛びまわっていたからだ。悲しかった。十一歳の誕生日はこんなじゃなかった。友だちといっしょにケーキを食べた。十一歳の誕生日に願ったことと、十二歳の誕生日に願っていることは同じだけれど、いまはケーキもないし、ロウソクもない。あらためて思った。スワート渓谷での平和な暮らしが戻ってきたら、どんなにいいだろう。

第三部

三発の銃弾、三人の少女

سر د په لوړه تیګه کېده　　پردې وطن دې په کښې نشته بالختونه

Sir de pa lowara tega kegda
Praday watan de paki nishta balakhtona

旅人よ！ 固い石に頭を置いて休むがいい
ここは異国の地——おまえの王が治める町ではないのだ！

16 悲しみの渓谷

なにもかも、悪夢のようだった。スワートを出て三ヶ月足らず。「チャーチルの歩《ほ》哨《しょう》」を過ぎ、丘にある古代の廃墟や巨大な仏舎利塔《ぶっしゃりとう》を見送ったあと、雄大なスワート川の景色をみて、父は涙を流した。スワートは完全に政府軍に制圧されたようだった。わたしたちの乗った車は、爆発物を積んでいないかどうかを調べられ、それからようやくマラカンド峠に向かうことができた。峠を越えて、スワート渓谷に続く下り坂にさしかかってからは、検問所に次ぐ検問所。あの建物もこの建物も、屋根にマシンガンが据えつけてある。

破壊された建物や、黒こげになった車両があちこちにある。古い戦争映画をみているみたいだ。クシャルが好きなテレビゲームにも、こんな光景が出てくる。ミンゴラに着いたときは、胸がつぶれる思いがした。政府軍とタリバンは、道路という道路を戦場にしたらしい。ほとんどすべての建物の壁が、穴だらけになっている。爆破されて瓦礫《がれき》になってしまった建物は、タリバンが隠れ場所にしていたところなのだろう。瓦礫の山がそこらじゅうにある。ゆがんだ鉄骨や、壊れた看板が転がっている。商店の多くは分厚い金属のシャッターで守られているけど、そうでないところは略奪されている。町はしんとしている。人も車もいない。疫病に襲われたゴーストタウンみたいだ。なにより奇妙に思えるのは、バス停付近の光景だ。以前は馬車や三輪《リキ》タクシー《シャ》がいっぱいで混み合っていたのに、いまはがらんとしている。舗装された道路は、石の隙間から草が生えてきている。わたしたちの町がこんなふうになってしまうなんて。

ただ、少なくともタリバンの姿はない。

二〇〇九年七月二十四日だった。一週間前、タリバンはスワートからいなくなったと、首相が発表したばかりだ。ガスの供給も再開されたし、銀行も営業をはじめつつある。あとは人々が戻ってくるのを待つだけ。最終的に、一八〇万人の人口のうち半分が、スワート渓谷から避難したらしい。そのほとんどが、まだ戻るのは危険だと考えているのだろう。

家に近づくにつれて、みんながどんどん無口になっていった。下の弟のアタルさえ、別人のようだった。わたしたちの家は、政府軍の本部のある巡回施設の近くにあるので、爆撃を受けているかもしれなかった。略奪の被害にあった家も多いときいている。息をつめて、父が門の鍵をあけるのを待った。最初に目に入ったのは、伸び放題の雑草だった。三ヶ月のあいだに、庭がジャングルのようになってしまった。

弟たちはペットのニワトリをさがしにいって、泣きながら戻ってきた。ニワトリは羽と骨の固まりのようになっていた。二羽が身を寄せ合い、もつれあうようにして死んでいる。飢えて死んでしまったのだ。

弟たちがかわいそうだと思ったけど、わたしにも心配なことがあった。学校のバッグだ。ありがたいことに、無事だった。本が入ったままだ。わたしのお祈りに神様が応えてくれたのだ。教科書を一冊ずつ取りだして、表紙をながめた。数学、物理、ウルドゥー語、英語、パシュトー語、化学、生物、イスラム学、パキスタン事情。これでようやくびくびくしないで学校に通うことができる。

わたしはベッドに腰をおろした。胸がいっぱいだった。

家が無事だったのはラッキーだった。同じ区画でも、四、五軒の家は荒らされて、テレビや貴金属が盗まれていたという。サフィーナのお母さんは銀行の貸し金庫に貴金属を預けておいたのに、その貸し金庫が荒らされていた。

父は学校のようすをみにいった。わたしも行った。女子校の向かいの建物はミサイルにやられていたけど、学校は無事だった。どういうわけか、父の持っていた鍵では門があかなかったので、男の子をひとりさがしてきて、塀をよじのぼってなかからあけてもらった。父とわたしは階段を駆けあがった。最悪の状態を覚悟していた。

「だれかが入ったようだな」中庭に入るとすぐ、父がいった。たばこの吸殻や食べ物の包み紙が散らばっている。椅子も残らずひっくり返されて、ひどいありさまだ。学校を閉めるとき、父は〈クシャル・スクール〉の看板をおろして、校庭に置いておいた。わたしは壁に立てかけられた看板を持ち上げて、悲鳴をあげた。看板の下に、腐ったヤギの頭がいくつも転がっていた。どうやらここで食事をした者がいるようだ。

　教室に入ってみた。反タリバンのスローガンが壁いっぱいに殴り書きされている。ホワイトボードには、マジックで「政府軍万歳《アーミー・ジンダバード》」と書かれている。だれが入ってきたのか、これでわかった。わたしのクラスメートの日記に、古くさい愛の詩を書いた兵士もいる。空の薬莢《やっきょう》が床に散らばっている。壁には穴があいていた。市街地がみえるようにするためにあけたのだろう。そこから銃を撃って人を殺したのかもしれない。わたしたちの大切な学校が戦場になったのだと思うと、とても悲しかった。

　校舎をみまわっているとき、だれかが下のドアをたたく音がした。「マララ、あけるな！」と父がいった。

父のオフィスに入ると、手紙が一通置いてあった。軍が残していったものらしい。そこには、スワートをタリバンが支配するようになったのはおまえたち住民のせいだ、と書いてあった。「政府軍は多くの貴重な兵士を失った。スワートの住民がタリバンを好きなようにさせておいたから、こんなことになったのだ。パキスタン政府軍に栄光あれ」

「こんなのばかりだ」父がいった。「スワートの住民は、タリバンにだまされ、殺され、そのあげく、おまえたちが悪いと責められる。だまされ、殺され、責められる」

ある意味、政府軍も武装勢力と似たようなものだ。近所の人がいっていた。軍の兵士がタリバンの死体を道路に置いて、さらしものにしていたそうだ。空には軍のヘリコプターが二機ずつのペアになって飛んでいる。大きな黒い昆虫がブンブンいいながら飛びまわっているみたいだ。家に帰るとき、わたしたちは建物の壁に沿って歩くようにした。ヘリコプターから姿をみられたくないからだ。

何千人もの人々が逮捕されたという。そのなかには八歳の男の子もいたそうだ。男の子はタリバンに洗脳され、自爆テロの訓練を受けていた。逮捕された人々は聖戦《ジハード》特別キャンプに連れていかれ、洗脳を解かれる。わたしたちの学校の先生もそのひとりだった。ウルドゥー語を教える年配の先生で、女の子に勉強を教えることはできないといい、ファズルラーの一味といっしょにCDやDVDの店を襲撃していた。

ファズルラーはまだ捕まっていない。イマーム・デリの本拠地は政府軍が破壊したし、いまはファズルラーをペオチャールの山中で包囲していると、政府軍は発表している。ひどいけがを負っているとのことだ。スポークスマンのムスリム・カーンは、すでに拘留されている。ところが、その後、別の情報が流れてきた。ファズルラーは逃亡して、アフガニスタンのクナール州にいるというのだ。一部の人々によると、ファズルラーはいったん捕まったけれど、その身柄をどうするかについて、軍と軍統合情報局（ＩＳＩ）の意見がまとまらなかったという。軍はファズルラーを刑務所に入れるべきだと主張したけど、ＩＳＩはその意見を受け入れず、ファズルラーをバジャウル管区に連れていき、そこからアフガニスタンに逃がしてやった、とのことだ。

タリバンの指導部のうち、逮捕拘留されているのは、スポークスマンのムスリム・カーンと、メフムードという司令官だけだ。ほかのメンバーはまだ自由に動きまわっている。ファズルラーがパキスタンの近くにいる限り、タリバンがまた勢いを盛りかえすおそれがあるのではないか。わたしはそれが怖くて、ときどき悪い夢をみた。ただ、少なくともファズルラーのラジオ放送がなくなったのはありがたいと思った。

父の友人のアーマド・シャーは、この状態を〝制限つきの一時的な平和〟と呼んだ。

それでも、住民は少しずつスワートに帰ってきた。美しい故郷スワートを離れていることに、わたしたちは耐えられないのだ。

八月一日、学校のベルがふたたび鳴った。またあの音がきけて、本当にうれしかった。入り口のドアをあけて、階段を駆けあがる。前と同じだ。クラスメートたちに会えて、最高にしあわせだった。国内避難民（ＩＤＰ）としてスワートを離れているあいだ、みんなはさまざまな経験をしていた。友だちや親戚の家にいた子がほとんどだったけど、避難民キャンプで暮らした子もいた。やっぱりわたしはすごくラッキーだった。校舎がわりのテントで授業を受けた子もたくさんいた。ミンゴラ以外でも、学校がタリバンに爆破されていたからだ。スンドゥスという子はお父さんをなくした。爆発に巻きこまれたそうだ。

ＢＢＣのブログのグル・マカイはわたしだということを、なぜかみんなが知っていた。わたしの父がわたしのふりをして書いていたと思っている子もいたけど、校長のマリヤム先生がいってくれた。「マララはスピーチもじょうずだけど、作文もとてもじょうずなのよ」

その夏、わたしのクラスはひとつの話題で持ちきりだった。イスラマバードのシザ・シャヒドがスタンフォード大学を卒業し、クシャル・スクールの女の子二七人をイスラマバードに招待してくれるという。首都イスラマバードの観光をしたり、いろいろな講習会に出たりする予定だ。講習会は、タリバン支配下で受けた心の傷を克服する手助けになるだろう。わたしのクラスからは、わたしとモニバ、マルカ・エ・ヌール、リダ、カリシュマ、スンドゥスが行く。つきそいとして、わたしの母とマリヤム先生も行くことになっていた。

出発したのは八月十四日、パキスタンの独立記念日。バスに乗りこんだわたしたちは、胸の高鳴りを抑えきれなかった。ほとんどの子は、ＩＤＰになったとき以外、スワートからは一度も出たことがなかった。今回はＩＤＰになったのではなくて、バカンスに出かけるのだ。まるで小説みたいだ。

わたしたちはゲストハウスに滞在した。いろんな講習会に参加して、スワートの外の人たちに現状を理解してもらうにはどんなふうに話をすればいいかを勉強した。最初の講習会がはじまったときから、シザはびっくりしていたと思う。わたしたちがみんな、意志が強くて、しっかりした意見を持っていたからだ。「全員がマララみたいですね！」シザはわたしの父にそういったそうだ。

ほかにもいろんなことをして楽しんだ。公園に行ったり、音楽をきいたり。普通のことだけど、スワートでは反体制運動だと思われてしまう。観光もした。マルガラ丘陵のふもとにあるファイサル・モスクは、サウジアラビアからの何百万ルピーもの寄進によって建てられたものだ。大きなテントを思わせる白い屋根を取りかこむように、四本の光塔《ミナレット》が建っている。生まれてはじめて劇場にも行った。イギリスの演劇『トムとディックとハリー』をやっていた。美術の講習も受けた。レストランで食事をしたり、はじめてマクドナルドに行ったり。はじめて経験することばかりだった。残念なことに、中国料理の食事にはわたしだけが参加できなかった。『キャピタル・トーク』というテレビ番組に出演したからだ。あのとき食べそこねた北京《ペキン》ダックを、わたしはまだ食べていない。

イスラマバードはスワートとはまったく違うところだった。イスラマバードがニューヨークとはまったく違うのと同じくらい違っていた。シザはわたしたちを、いろんな職業の女性に会わせてくれた。弁護士、医師、活動家。おかげで、女性にも立派な仕事ができるし、女性がそういう仕事をしているからといって文化や伝統がそこなわれるわけがないということが、よくわかった。町を歩いていると、プルダにとらわれない女性をたくさんみかけた。頭になにもかぶっていない。わたしも、頭にショールをかけずに、いくつかの会議に出てみた。そうすることでモダンな女性になったつもりだったけど、あとになって、それは間違いだったとわかった。頭になにもかぶらないだけでモダンになれるわけではないのだ。

一週間の滞在中、予想どおり、モニバとわたしはけんかをした。わたしが一年上の子とおしゃべりしていたら、モニバが文句をつけてきた。「マララ、レシャムと仲良しでいいわね。わたしにはリダがいるからいいもん」

シザはわたしたちを、影響力のある人々に会わせたいと考えていた。パキスタンで影響力のある人といえば、いうまでもなく、軍関係者だ。軍のスポークスマンを務めるアタル・アッバス少将に会いにいくことになった。イスラマバードの双子都市といわれるラワルピンディに、アッバス少将のオフィスがあった。軍本部の一画があまりにも整然としているので、わたしたちはびっくりした。町のほかの部分とは全然違う。青々とした芝生、美しい花壇。木々もすべて同じ高さで、下半分は白いペンキで塗られている。なんのために白くしてあるのかはわからない。

建物のなかにはいくつものオフィスがあった。テレビのモニターがずらりと並び、男の人がすべての放送局の放送をチェックしている。ある将校は、分厚い新聞の切り抜きファイルを父にみせた。その日の各紙朝刊から、軍について書いてある記事をすべて切り抜いてまとめてあるのだ。父はびっくりしていた。軍の人たちは、政治家よりもずっとPR活動がうまい。

ホールに案内されて、少将が来るのを待った。壁には歴代のパキスタン陸軍参謀長の写真が並んでいる。ムシャラフやハクといった独裁者の顔もあった。白い手袋をつけた職員がお茶とビスケットと小さな肉入りのサモサを運んできた。口のなかでとろけるようなおいしさだった。アッバス少将があらわれると、わたしたち全員が立ち上がった。

アッバス少将はまず、スワートにおける軍事行動について説明しはじめ、政府軍の勝利だといった。戦闘で死んだのは、政府軍の兵士が一二八人、テロリストが一六〇〇人。

話が終わると、わたしたちの質問に答えてくれた。質問したいことをあらかじめ考えておくようにといわれていたので、わたしは質問のリストを作っておいた。七つか八つ。それをみせると、シザは笑って、そんなにたくさんは無理よ、といった。わたしは最前列に座っていたので、最初に当てられた。わたしはこの質問からはじめた。

「二ヶ月か三ヶ月前、ファズルラーとその補佐役が撃たれてけがをしたという発表がありました。そのときは、彼らはスワートにいるということだったのに、その後、アフガニスタンにいると発表されました。彼らはどうやってアフガニスタンに逃げたんですか？　こんなに情報が入ってくるのに、どうして捕まえることができないんですか？」

少将の答えは一〇分か一五分ほど続いたけど、結局なにをいいたいのかわからなかった。わたしは次に、復興についての質問をした。「スワートの将来のためになるようなことをしてください。軍事行動以外のことにも目を向けていただけませんか？」

モニバも同じようなことをいった。「スワートの建物や学校を、だれが再建してくれるんですか？」

少将の答えは、いかにも軍人らしいものだった。「軍事行動が終われば、まずは軍部が復興と修復に当たる。その後は文官たちの力にまかせることになるだろう」

タリバンを裁判にかけてほしい——わたしたち全員がそう訴えたけど、はっきりした返事は返ってこなかった。期待できそうにない。

最後に、アッバス少将はわたしたちのうちの何人かに名刺を渡して、なにかあったら連絡するように、といってくれた。

最終日、わたしたち全員がイスラマバード・クラブでスピーチをすることになっていた。テーマは、タリバン支配下のスワートでの生活について。モニバは、話しているうちに涙が止まらなくなった。たちまちみんなが泣きだした。イスラマバードで、自分たちの知らなかった生活をかいまみたせいだろうか。わたしは、劇場で演劇をみてはじめて、才能のある人たちがパキスタンにこんなにたくさんいることに気がついた、と話した。「もうインドの映画がみられなくなってもだいじょうぶです」そんな冗談もいった。

楽しいときを過ごしたあと、スワートに帰ったわたしは、将来に大きな希望を抱いていた。ラマダンの最中、庭にマンゴーの種を埋めた。ラマダン明けのごちそうのなかでも、マンゴーは格別だ。

ところが、父は大きな問題を抱えていた。IDPとしてスワートを離れているあいだ、学校は閉鎖されていたから、何ヶ月ぶんもの授業料が入ってこない。なのに、先生たちは給料を払ってもらえるものと思っている。全部で一〇〇万ルピー以上になる。ほとんどの私立学校も同じだった。ある学校では、一ヶ月ぶんの給料を支払ったらしいけど、ほとんどの学校ではまさにお手上げ状態だった。払いたくてもお金がないのだ。クシャル・スクールの先生たちからも、給料を払ってほしいという声があがった。みんなそれぞれにお金が必要なのだ。そのなかのひとり、ヘラ先生は、もうすぐ結婚することになっていて、その費用を支払うために給料をあてにしていた。

父は困りはてていた。そんなとき、アッバス少将の名刺のことを思い出した。タリバン一掃を目的とした軍事行動のために、わたしたちはスワートを離れなければならなかったのだし、その結果として、こういう事態になっている。そこで、マリヤム先生とわたしとで、現状を説明する電子メールを書いて、アッバス少将に送った。すると、ありがたいことに、一一〇万ルピーという大金が送られてきた。これですべての先生に三ヶ月ぶんの給料を支払うことができる。先生たちはすごく喜んだ。みんな、いっぺんにそんなお金を受け取ったことがなかったのだ。ヘラ先生は父に電話をかけてきて、これで予定どおり結婚式が挙げられると、涙声でお礼をいったそうだ。

といっても、わたしたちの軍をみる目が甘くなったわけではない。タリバンのリーダーを捕まえてくれなかったことは、どうしても納得がいかなかった。そこで、父とわたしは何度もインタビューを受けて、そのことを話した。父の友人のザヒド・カーンがインタビューに加わることも多かった。ザヒド・カーンは、スワート民族評議会《カウミ・ジルガ》の特別会員で、全スワートホテル協会の会長でもある。その立場上、スワートが早く正常な状態に戻ってほしいと、とくに強く願っている。観光客がふたたびスワートに来るようになってほしいからだ。父と同じように、意見をはっきりいう人で、タリバンに脅されていた。二〇〇九年十一月のある夜、ザヒド・カーンはあやうく命を落とすところだった。巡回施設で軍の将校たちと話し合いをした帰り道、待ち伏せにあったのだ。幸い、夜遅かったけれど、近くに住んでいる親戚が気づいて、襲撃者たちを追いはらってくれた。

さらに、二〇〇九年十二月一日には、自爆テロが起きた。狙われたのは、有名な地元出身のアワーミー国民党（ANP）の政治家であり、カイバル・パクトゥンクワ州（KPK）議会議員でもあるドクター・シャムシェル・アリー・カーン。友人や支持者たちとイードのお祭りを祝ったあとだった。場所は、ファズルラーの本拠地のあるイマーム・デリから一、二キロしか離れていない。ドクター・シャムシェルは、タリバンのことも遠慮なく批判していた人物だ。ドクター・シャムシェルは即死。まわりにいた九人がけがをした。自爆テロの犯人は十八歳くらいだったと、目撃者はいっている。犯人の両脚と、その他いくつか体の部分がみつかったと、警察は発表した。

それから二週間ほどたって、わたしたちの学校に、〈スワート地区子ども会議〉に加盟しないかという誘いがあった。ユニセフと、孤児支援のための〈わたしの家《クパル・コール》〉財団が創設した会議だ。スワート全体から六〇人の生徒が選ばれて会員になる。ほとんどは男子生徒だけど、わたしの学校の女の子を一一人迎えてくれるという。第一回の会合には、政治家や活動家もたくさんやってきた。議長を投票で決めることになり、わたしが選ばれた。立派なステージの上で、みんなに「議長」と呼ばれるのは奇妙な感じだった。でも、堂々と意見がいえるのは気分がいい。会期は一年間。会合はほぼ毎月開かれた。子どもの労働をやめさせること、障がいのある子どもやストリート・チルドレンと呼ばれる子どもを学校に通わせること、タリバンに破壊された学校の再建など、九項目についての提案が採択され、決議文は政府に送られた。そのうち五項目が実行に移された。

モニバとアエーシャとわたしは、〈戦争と平和・報告協会〉という名前のイギリスの組織でジャーナリズムを勉強しはじめた。この組織は、〈オープン・マインズ・パキスタン〉というプロジェクトをやっている。事件や問題を正確に伝えることを、楽しく学ぶことができた。わたしはジャーナリズムにも興味を持つようになった。自分の言葉が社会に影響を与えるのをこの目でみたからでもあるし、『アグリー・ベティ』のＤＶＤをみて、アメリカの雑誌編集者の生活ぶりを知ったからでもある。ただ、伝える内容はちょっと違う。わたしたちが訴えたいのは、過激主義やタリバンのことだけど、アグリー・ベティが作っている雑誌は、洋服やヘアスタイルのことばかりだ。

あっというまにテスト期間になった。わたしは今回もマルカ・エ・ヌールを抑えて一位をとったものの、その差はわずかだった。校長先生は、マルカ・エ・ヌールに生徒会長をやってくれないかと持ちかけたけど、マルカは、勉強の邪魔になることはやりたくない、と断った。「マララのように、勉強以外のいろんなことをやるべきだと思うわ」マリヤム先生がいった。「勉強と同じくらい大切なことなのよ。勉強だけがすべてじゃないわ」でも、マルカが勉強にこだわるのも、わたしには理解できる。両親を、とくにお母さんを喜ばせたいんだと思う。

スワートは変わってしまった。以前のスワートに戻ることは、もうないのかもしれない。でも、正常な状態に戻りつつある。バンル・バザールにもダンサーたちが戻ってきた。もっともDVDを作って売るのが主な仕事で、人前で踊ることはあまりない。ピース・フェスティバルで音楽やダンスを楽しむこともできるようになった。タリバンの支配下ではとても考えられなかったことだ。父もそういうフェスティバルをマルガザールで催して、IDPになった人たちを自宅に迎えいれてくれた南部地域の人たちを招待した。ひと晩じゅう、音楽が響いていた。

わたしの誕生日の頃には、なぜかいろんなことが起こるような気がする。二〇一〇年七月、わたしが十三歳になった頃、スワートは大雨に見舞われた。スワートは雨季でも大雨が降ることはあまりないので、はじめのうちは喜んでいた。雨のおかげで作物の実りがよくなると思ったからだ。ところが、雨はいっこうにやむ気配がない。しかも、ものすごい豪雨だった。目の前に立っている人がみえないくらいだ。環境保護活動グループから、警告は出ていた。タリバンや木材の密輸人のせいで、まわりの山々からは木がなくなっている。まもなく、土石流が谷間を襲い、なにもかも、一気に押し流していった。

洪水がはじまったとき、わたしたちは学校にいたので、家に帰された。しかし、水の量がすごくて、いつも渡っている橋が泥水に浸かってしまい、別の道をさがさなければならなかった。次の橋もやはり水に浸かっていたけど、それほど深くなかったので、足を濡らして渡った。水はひどいにおいがした。汚い水にまみれて、ようやく家にたどりついた。

翌日、学校が水に浸かったという知らせがあった。何日も待って、ようやく水が引いてから学校に行ってみると、どの壁も、胸の高さのところに泥の線ができていた。そこらじゅうが泥だらけだった。机も椅子も、泥まみれ。においもひどい。損傷も激しくて、修理するのに九万ルピーかかった。九〇人の生徒一ヶ月ぶんの授業料に相当する額だ。

パキスタンのいたるところで、同じことが起こっていた。大いなるインダス川は、ヒマラヤ山脈からカイバル・パクトゥンクワ州（KPK）とパンジャブ州を抜けて、カラチでアラビア海に注ぐ。わたしたちの誇る大河だ。その大河が怒りくるった激流となり、あちこちで土手を破った。道路も作物も流された。すっかり流されてしまった村もある。およそ二〇〇〇人の人々が溺《おぼ》れて死に、一四〇〇万人がなんらかの被害を受けた。家を失った人も多いし、七〇〇〇もの学校が破壊された。人々の記憶にある限りで最悪の洪水だった。国連事務総長のパン・ギムンは、これを「スローモーションのツナミ」と表現した。アジアで起きたツナミと、パキスタンで起きた二〇〇五年の地震と、アメリカを襲ったハリケーン・カトリーナとハイチの地震を合わせたよりも多くの人や建物が被害を受けたと、新聞に出ていた。

なかでもいちばん被害が大きかった地域のひとつが、スワートだ。四二の橋のうち三四が流され、多くの渓谷が孤立した。送電線の鉄塔が片っ端から倒れたので、電気も来なくなった。わたしの住んでいるところは高台にあるので、水に浸かることはなかったけど、ごうごうという川の音をきいているだけで恐ろしかった。ドラゴンが息を弾ませながら、通り道にあるものすべてを飲みこんでいく。観光客がマス料理を食べて景色を楽しむ川辺のホテルやレストランは、どれも大きな被害を受けた。観光エリアがいちばん深刻な打撃を受けたのだ。マラム・ジャバやマデヤンやバーレーンといった高原リゾートも例外ではない。ホテルやバザールが廃墟同然になってしまった。まもなく、シャングラの親戚からも連絡があった。想像もできないほどの被害があったという。シャングラの中心地アルプリから村へ向かう道路は流されてしまったし、全体が水浸しになってしまった村もたくさんある。カルシャトやシャープールやバルカナでは、山の斜面に家が作られているので地滑りや土砂崩れでやられてしまった。母方のおじ、ファイズ・ムハンマドの家はなんとか残ったけど、まわりの道路がなくなってしまったそうだ。

村の人々はわずかな財産を守るのに必死だった。家畜の一部はなんとか高台に移動させたものの、収穫したトウモロコシは水浸し。果樹もだめになったし、水牛もたくさん死んだ。みんなが途方に暮れているという。電気もない。水車を利用した簡素な発電機が、ばらばらになってしまったのだ。きれいな水もない。川の水は茶色く濁っているし、いろんなものの破片が流れている。水にはすごい力があって、コンクリートの建物さえ、無残な瓦礫に変えてしまう。幹線道路沿いにある学校も病院も発電所も、すべて倒壊した。

どうしてこんなことになってしまったんだろう。人類は三〇〇〇年前から、スワート川に寄り添って暮らしてきた。川は生活になくてはならないものであって、脅威ではなかった。スワート渓谷は、外部の世界から切り離された楽園だったのだ。なのにいまは、それが〝悲しみの渓谷〟になってしまった——いとこのスルタン・ロメがそういった。大地震に見舞われ、タリバンに支配され、軍事行動がおこなわれ、ようやく復興に取りかかった矢先、今度は大洪水に襲われた。水は、わたしたちが作り上げてきたものすべてを押し流していった。人々は新たな心配をしはじめた。この混乱に乗じて、タリバンがまたやってくるかもしれない。

父は、友人やスワート私立学校協会からお金を集めて、食べ物や支援物資をシャングラに送った。友だちのシザ・シャヒドや、わたしたちがイスラマバードで会った活動家たちがミンゴラに来て、多額のお金を寄付してくれた。でも、大地震のときと同じように、孤立した遠隔の被災地にやってきた最初のボランティアは、イスラムの諸グループだった。洪水は、わたしたちがこのところフェスティバルを開いては音楽やダンスを楽しんでいたことに対する神の怒りのあらわれだ——彼らの多くはこういって、人々を非難した。ただ、ありがたいことに、今回はラジオ放送がなかったので、こうしたメッセージは広まらずにすんだ。

こんな大変なことが起こって、人々が愛する家族を失い、住む家や生計を立てる手段を失って苦しんでいるときに、パキスタンのアースィフ・ザルダリ大統領はフランスのシャトーでバカンスを楽しんでいた。「お父さん、パキスタンの政治家は、どうして国民のために働いてくれないの？　国民が安全に暮らせるようになってほしい、飢えることも停電で困ることもなく暮らせるようになってほしいって、どうして思ってくれないの？」

イスラムの宗教団体に後れて、政府軍による大がかりな救援活動がはじまった。政府軍だけではない。アメリカもヘリコプターを派遣してくれた。しかし、そのことを怪しむ人もいた。洪水は、アメリカが高周波活性オーロラ調査プログラム（ＨＡＡＲＰ）の技術を利用して起こしたものだ、という説があった。海に巨大な波を起こして、パキスタンに洪水を起こしたのだろう、というのだ。そうすれば救援を名目にして合法的に軍隊をパキスタンに入国させ、機密事項を調べることができる。

ようやく雨はやんだけれど、生活は困難なままだった。相変わらずきれいな水は手に入らないし、電気も来ない。八月にはミンゴラではじめてのコレラ患者が出た。患者はみるみる増えて、病院の外にコレラ患者用テントができるまでになった。ミンゴラは救援物資の供給先に指定されていないので、食料はわずかしか手に入らないし、手に入るものも、びっくりするほど高かった。モモやタマネギがとれる季節だった。農家の人々は必死になって収穫物を守り、車のタイヤで作ったボートで川の激流に乗りだし、命がけで市場に向かった。商店にモモが並んでいるのをみたとき、わたしたちはとてもうれしかった。

外国からの支援は少なかった。時期が悪かったのだろう。欧米の豊かな国は、軒並み経済危機に見舞われていた。ザルダリ大統領が優雅にヨーロッパ旅行を楽しんでいるので、本来なら得られるはずの同情も得られない。外国の政府からは、パキスタンの政治家の多くは所得税をおさめていない、という批判が起こった。生活の苦しい自国の国民がおさめた税金を、どうしてそんな国に与えてやらなければならないのか、というのだ。外国の救済機関は、スタッフの身に危険が及ぶのではないか、という心配もしていた。タリバンのスポークスマンが、パキスタン政府はキリスト教やユダヤ教の信者からの援助を拒むべきだ、という声明を発表したからだ。逆らえば危険な目にあうことは、だれもがわかっていた。洪水の前の年の十月、イスラマバードにある世界食糧計画のオフィスが爆破され、職員五名が亡くなっていた。

スワートでは、タリバンがまだひそんでいることを示す事件が、ふたたび増えはじめていた。二ヶ所で学校が爆破され、キリスト教団体の外国人活動家三人がミンゴラの拠点に帰る途中で連れ去られて殺された。ほかにもショッキングなニュースが伝えられた。父の友人で、スワート大学の副学長をしているムハンマド・ファルーク博士が、オフィスに押し入ったふたりの男によって銃殺された。ファルーク博士はイスラム学の学者で、前はジャミアテ・イスラミ党の党員でもあった。タリバン批判の急先鋒ともいわれる人物で、自爆テロはイスラムの教義に反している、との考えを表明したこともある。

苛立《いらだ》ちと恐怖を、ふたたび味わうことになった。IDPになったとき、わたしは政治家になることを考えはじめた。やはりそうするべきだと、このとき確信した。パキスタンは問題だらけなのに、それを解決しようとする政治家がひとりもいない。

17　背が高くなりたい

わたしは十三歳で背が止まった。小さい頃からずっと、年齢より上にみられていたのに、それからは友だちのほうが大きくなっていった。三〇人のクラスで、背の低い子は三人だけ。わたしはそのひとりだった。友だちといっしょにいると、なんだか気になってしまう。毎晩寝る前に、もっと背が伸びますようにとお祈りをした。定規と鉛筆を使って、身長を測った。毎朝、壁に背中をつけて立ってみる。今日は伸びているかもしれないと思って測るのに、鉛筆の印がつくのは決まって一五〇センチのところ。ほんの少しでも伸びたら、いつもの一日五回のお祈りのほかに、ナフルの礼拝も一〇〇回やります、とアッラーに約束している。

さまざまなイベントでスピーチをしているけど、背が低いので、どうも迫力に欠ける。演台に口元が隠れてしまうこともある。ハイヒールの靴は嫌いなのに、最近はしかたなくはくようになった。

その年、クラスメートのひとりが学校に来なくなってしまった。結婚できる年齢になるとすぐに結婚した子だ。年のわりに体が大きかった。でもまだ十三歳だ。しばらくして、その子にはもう子どもがふたりいるという噂《うわさ》をきいた。授業中、炭化水素の化学式を暗唱しながら、わたしはぼんやり考えた。学校をやめて夫の世話をする毎日って、楽しいんだろうか。それともつらいんだろうか。

タリバン以外のことも考えるようになっていたけど、タリバンのことを完全に忘れることはできなかった。政府軍は、妙なサイドビジネスをいろいろとはじめていた。コーンフレークや肥料の工場を作ったり、メロドラマを制作したり。全国の人々が、ゴールデンタイムに放送される『ビヨンド・ザ・コール・オブ・デューティー』というテレビドラマに夢中になっていた。スワートでタリバンと戦う政府軍兵士の実像を描いた、という触れこみのドラマだ。

政府軍の軍事行動で、一〇〇人以上の兵士が死に、九〇〇人がけがをした。だから、政府軍は彼らを英雄として描きたいのだろう。ただ、彼らの犠牲のおかげで政府はタリバンに勝つことができたけれど、市民の生活は混乱したままだった。毎日学校から帰ってくるたび、家の前には女の人たちがいて、涙を流している。戦闘のあいだに、何百人もの男性が行方不明になった。政府軍やＩＳＩに捕まったと考えるのが自然だけど、断言はできない。なにも情報が入ってこないのだという。夫や息子が生きているのか死んでしまったのかもわからず、困りはてている人もいた。どうやって生きていったらいいか、わからないのだ。夫の死亡宣告が出ない限り、再婚することもできない。行方不明ではどうにもならないのだ。

母は、そんな女性たちにお茶と食べ物を出してあげるけれど、彼女たちがうちに来るのは、お茶が飲みたいからじゃない。父の助けを求めて来ているのだ。スワートの民族評議会《カウミ・ジルガ》のスポークスマンとして、父は、市民と政府軍の橋渡しのような役目をしている。

「夫が生きているのか死んだのか、それが知りたいだけなんです」わたしが会った女性はいった。「夫が死んだとわかれば、子どもを施設に入れることができます。でもいまのわたしは、寡婦でもないし、妻でもないんです」息子が行方不明だという女性もいた。女性たちは、夫や息子はタリバンに協力していたわけではない、と訴える。水を一杯、パンを少し、あげることはあったかもしれないけれど、それだって、命令されてしかたなくやったことだ。そんな罪もない人たちが捕まっているのに、タリバンの指導者は自由に暮らしている。

わたしたちの学校に、うちから歩いて一〇分くらいのところに住んでいる女の先生がいる。その先生のお兄さんが、軍に逮捕された。足かせをつけられ、拷問を受け、冷蔵庫に入れられて死んでしまったそうだ。タリバンとはなんの関係もない、ごく普通の商店主だったのに。あとになって、軍が謝罪にやってきた。名前のよく似た別人と間違えて逮捕した、とのことだ。

うちに来るのは貧しい女性だけではない。ある日、オマーンの首都マスカットで働いているという裕福そうなビジネスマンがやってきた。弟と甥《おい》六人がいなくなった、死んだのか捕まったのかが知りたい、とのこと。生死がわからないと、それぞれの妻に再婚相手をみつけてやることもできないというのだ。ひとりはマウラーナー、つまりイスラム学者だといっていた。父はその人を探しだして、なんとか釈放してもらうことができた。

スワート以外の場所でも、同じことが起こっていた。噂では、パキスタン全土で、何千人もの人が行方不明になっているという。多くの人々が裁判所の前で抗議活動をしたり、ポスターを貼ったりした。でもどうにもならなかった。

裁判所は、ほかの問題で大忙しだった。パキスタンには〝不敬法〟と呼ばれるものがある。神聖なコーランを冒瀆《ぼうとく》から守るための法律だ。ハク将軍が指揮したイスラム化運動のなかで、この法律は従来以上に厳しいものに改変された。〝聖なる預言者ムハン《PBUH》マドの名を汚す者〟は、それがだれであろうと、死刑または終身刑に処せられる。

二〇一〇年十一月のある日、アシア・ビビという名のキリスト教徒の女性が絞首刑をいいわたされた、というニュースをきいた。彼女は五人の子持ちの貧しい母親で、パンジャブ州のある村の果樹園で働いていた。ある暑い日、ビビはいっしょに働く人たちのために水をくんできた。ところが何人かは、その水を飲むのを拒否した。キリスト教徒がくんできた水は〝不浄〟だから飲めないというのだ。彼らは、イスラム教徒がキリスト教徒と同じ水を飲んだりしたらイスラム教徒は汚れてしまう、そう信じていた。

そのうちのひとりはビビの近所に住んでいた。その人は、ビビの飼っているヤギが、自分の家の飼い葉桶《おけ》を壊したといって怒りだし、ちょっとした事件になった。学校でのけんかと同じで、こういうことにはそれぞれの言い分があるものだ。村人たちの言い分はこうだった。村人たちがビビにイスラム教への改宗を勧めたところ、ビビは、キリストはキリスト教徒たちの罪を背負って十字架にかけられたけれど、預言者ムハンマド《PBUH》はイスラム教徒たちのためになにをしたのか、と問いかけた。ひとりがこのことを村の礼拝指導者《イマーム》に話し、イマームが警察に通報した。ビビは一年以上拘留されてから裁判にかけられ、死刑を宣告された。

ムシャラフ大統領がテレビの衛星放送を認可して以来、いろんなチャンネルをみることができるようになった。おかげでわたしたちは、この事件にまつわる騒動の目撃者になった。事件は世界じゅうの人々の怒りを買い、さまざまなトークショーでこの問題が取りあげられた。パキスタンには、アシア・ビビを表立って擁護する人は少なかったけど、パンジャブ州知事のサルマン・タシールはその少ないなかのひとりだった。ベナジル・ブットと密接な協力関係にあったとして、政治犯として投獄されたこともある人物だ。その後、マスコミの仕事で成功して金持ちになったといわれている。彼は獄中のアシア・ビビに面会して、ザルダリ大統領はビビを釈放すべきだと語った。さらに、不敬法を〝暗黒の法律〟と批判した。その言葉がテレビのニュースキャスターによって何度も繰りかえされたことで、騒ぎが大きくなっていった。その後、ラワルピンディで最大のモスクの金曜礼拝において、イマームたちがサルマン・タシール知事を非難した。

金曜礼拝の数日後、二〇一一年一月四日、サルマン・タシールは自分のボディガードに射殺された。イスラマバードの、おしゃれなカフェバーが何軒も集まっている地域での出来事だった。犯人は二六発もの銃弾を知事の体に撃ちこんだという。ラワルピンディの金曜礼拝をきいて、神のために知事を殺そうと思った――のちにそう話している。ショックだったのは、多くの人々が、その犯行を称賛したことだ。裁判では、法廷にあらわれた犯人を、法律家たちがバラの花びらのシャワーで迎えたという。さらに、亡くなった知事の通っていたモスクのイマームは、知事のために哀悼の祈りを捧《ささ》げることを拒んだ。ザルダリ大統領は葬儀に参列しなかった。

パキスタンはどんどんおかしくなっていく。殺人犯を花びらで讃えるなんて、どう考えてもおかしい。

それからまもなく、父にまた脅迫状が届いた。父は、ハージ・ババ・ハイスクールが爆破されてから三年目を記念するイベントで、スピーチをした。とても熱のこもったスピーチだった。「ファズルラーはすべての悪魔の親玉だ！　どうして政府軍はファズルラーを逃がしたのか」

気をつけたほうがいい、とまわりの人々に心配されていたところに、無記名の、父あての手紙が届けられた。「アサラーム・アライクム」とはじまっていた。「汝《なんじ》に平穏あれ」という意味だけど、続く内容は正反対のものだった。「おまえは聖職者の息子だというのに、とてもイスラム教徒とは思えない。どこにいようと、ムジャヒディン［イスラム聖戦士］はおまえをみつけるだろう」その手紙が来てから二週間くらいは、父もさすがに不安そうな顔をしていた。でも活動を控えようとはしなかった。そのうち、ほかの問題で頭がいっぱいになり、脅迫状のことなど忘れてしまったようだ。

その頃は、だれもが口を開くとアメリカ、アメリカだった。かつてはなにかというとインドが悪いインドが悪いといっていたのに、それがアメリカに変わったのだ。毎週のように、アメリカの無人機が連邦直轄部族地域（FATA）に飛んできて爆撃をする。多くの民間人が犠牲になっているらしい。そんなとき、CIAのスパイとされるレイモンド・デイヴィスという男が、ふたりのパキスタン人を殺すという事件が起きた。ラホールで車に乗っていたデイヴィスが、バイクに乗って近づいてきた男たちを撃った。ふたりは強盗だった、とデイヴィスは主張した。アメリカは、デイヴィスはCIAスパイではなく普通の外交官だと発表したけど、かえって怪しまれることになった。わたしたちのような女子学生でさえ、わかっている。普通の外交官は外交官ナンバーではない車に乗らないし、グロックのピストル［軍や警察が使用する軽量の拳銃］なんか持っているはずがない。

パキスタンのマスコミは、デイヴィスはCIAが送りこんだ秘密組織の一員だと訴えた。アメリカは、パキスタンの諜報《ちょうほう》機関を信用していないのだ。デイヴィスが調べていたのは、ラホールに拠点を置くラシュカレトイバ（LeT）という武装グループだといわれている。LeTは、大地震や洪水のとき、スワートで援助活動をしてくれたグループでもある。二〇〇八年に起きたムンバイの同時多発テロの裏にいたのはLeTだと、アメリカは考えている。この武装グループの主な活動目的は、カシミール地方のイスラム教徒をインド人による支配から解放すること。最近ではアフガニスタンでの活動も活発になっている。また、デイヴィスはパキスタンの核兵器を調べにきたんだ、という人たちもいる。

レイモンド・デイヴィスはあっというまに、パキスタンでいちばん有名なアメリカ人になった。国のいたるところで抗議活動が起こった。自分たちがいつも行くバザールにレイモンド・デイヴィスのようなスパイがいて、いろんな情報をアメリカに送っていたらどうしよう、人々はそんなふうに考えたのだろう。まもなく、デイヴィスに殺された男の妻が、殺鼠剤《さっそざい》を飲んで自殺した。夫を殺した男を処罰することができない、という現状に絶望したらしい。

何週間にも及ぶ交渉が、ワシントン［アメリカ政府］とイスラマバード［パキスタン政府］

のあいだでおこなわれた。イスラマバードというより、ラワルピンディの軍本部といったほうがいいだろう。そして事件はようやく解決をみた。パキスタン伝統の長老会議《ジルガ》のような話し合いの結果、アメリカは二三〇万ドルもの賠償金を支払った。デイヴィスはすぐにアメリカに送還された。さらにパキスタンはアメリカに対して、ＣＩＡ工作員の大半をアメリカに帰国させ、ビザ発給を停止するようにと要求した。後味の悪い事件だった。とくにそう感じたのは、デイヴィスが釈放された翌日の三月十七日だ。この日、アメリカの無人機が北ワジリスタンの部族問題評議会を攻撃し、およそ四〇人もの人を殺した。ＣＩＡはこれからもパキスタンでやりたいようにやるぞ、というメッセージのように受け取れた。

ある月曜日の朝、わたしがいつものように、今日こそは奇跡的に伸びているかも、と思いながら身長を測っていると、隣から大きな声がきこえた。父の友人が、信じられないニュースを伝えにきていた。アメリカの〝ネイビー・シールズ（ＳＥＡＬｓ）〟と呼ばれる特殊部隊が夜間にアボッタバードを急襲した。アボッタバードは、わたしたちが国内避難民（ＩＤＰ）になったとき、滞在した場所のひとつだ。特殊部隊はそこでウサマ・ビン・ラディンをみつけ、殺したという。

ビン・ラディンは、軍の士官学校からほんの一キロほどの場所にある、塀に囲まれた大邸宅に住んでいた。ビン・ラディンがそんなところにいたのに、軍はどうしていつまでも気づかなかったんだろう。新聞によると、士官学校の訓練は、ビン・ラディンの家のすぐそばでもおこなわれていたという。建物を取りかこむ塀は、高さ四メートル。上には有刺鉄線がついていた。ビン・ラディンは建物の最上階に、妻のなかでもいちばん若い、アマルというイエメン人の女性といっしょに暮らしていた。ほかの妻たちと一一人の子どもは、その下の階にいた。あるアメリカの上院議員は、「〝ビン・ラディンがここにいます〟というネオンサインこそないが、いかにもテロリストが潜伏していそうな場所だった」といっていた。

といっても、パシュトゥン人の住む地域には、塀で囲まれた建物が多い。プルダというプライバシーを大切にするからだ。だから、ビン・ラディンの住まいが特別というわけではない。奇妙なのは、彼らはまったく外に出かけないうえに、電話もインターネットのケーブルも引いていないことだった。食べるものは、同じ建物に妻と暮らすきょうだいふたりが運んでいたようだ。ふたりはビン・ラディンの連絡員として働いていた。妻のひとりはスワート出身だった。

ビン・ラディンは頭を撃たれ、死体はヘリコプターで運ばれた。特殊部隊が侵入したとき、抵抗するような物音はきこえなかったという。きょうだいふたりと、ビン・ラディンの成人した子どもも殺された。妻たちと、まだ小さい子どもたちは、手足を縛られてその場に残され、その後パキスタン軍に捕らえられた。特殊部隊は、ビン・ラディンの死体を海に捨てたという。オバマ大統領は大喜びで、ホワイトハウスの外で盛大なお祝いがあった。

パキスタン政府はビン・ラディンの居場所を知っていて、アメリカに協力したのではないか――わたしたちははじめ、そう考えた。ところが、そうではないことがすぐにわかった。これはアメリカが独断でやったらしい。となると、パキスタン人としてはいい顔をしていられない。パキスタンとアメリカは同盟国だし、対テロ戦争では、アメリカよりパキスタンのほうが多くの兵士を失っている。アメリカは夜のうちにパキスタン上空に侵入してきた。低空飛行で、しかも特殊な静音ヘリコプターを使ったうえ、電波妨害装置でパキスタンのレーダーをブロックしていたらしい。作戦の報告を受けたのは、陸軍参謀長アシュファク・カヤニ将軍とザルダリ大統領だけ、それも事後報告だったという。ほとんどの司令官は、テレビをみてこのことを知った。

アメリカの発表によると、ＩＳＩがどちらの味方かわからない以上、ビン・ラディンに内通しているだれかが襲撃計画を知らせる可能性があり、こうするしかなかったという。CIA長官は、パキスタンの態度を「テロに加担しているか、そうでなければ無能だということだ。いずれにしても喜ばしくないことである」と評した。

父は、今日は恥ずべき一日だ、といった。「悪名高いテロリストがパキスタン国内に隠れていたのに、こんなに長いことみつけられずにいたなんて、じつに情けない」同じような言葉があちこちできかれた。

パキスタンの諜報《ちょうほう》機関がビン・ラディンの居場所を知っていたのではないか、と疑う人がいても無理もない状況だった。ISIは大規模な組織で、いたるところに工作員がいる。なのに、ビン・ラディンは首都からおよそ一〇〇キロしか離れていないところで、長いこと暮らしていた。たしかに、人目を避けて暮らすには、人目につくところで暮らすのがいちばんいいのかもしれない。それにしても、二〇〇五年のパキスタン大地震のときから、ずっとそこで暮らしていたなんて！　アボッタバードの病院では、ビン・ラディンの子どもがふたり生まれている。アボッタバードを含めて、ビン・ラディンはパキスタンで九年以上暮らしていた。アボッタバードの前はハリプール、その前はスワート渓谷にいて、9・11の裏の首謀者であるハリド・シェイク・ムハンマドに会っている。

アメリカがビン・ラディンをみつけたときのやりかたは、まるで弟のクシャルが好きなスパイ映画の一場面のようだった。ビン・ラディンは足がつくのを恐れて、電話や電子メールは使わず、だれかに伝えたいことがあるときは伝令を使った。アメリカは、その伝令のひとりをみつけて、車のナンバーを確かめて、車を追ってペシャワールからアボッタバードまでやってきた。それから、大型の無人機に搭載したレントゲン写真のような機械で、建物の内部を調査した。とても背の高い、ひげをたくわえた男が、室内を歩きまわっているようすがみえた。彼らはその男を〝歩きまわる男〟と名づけた。

作戦の詳細が毎日少しずつ知らされる。人々は興味津々でニュースをみていたけど、知れば知るほど怒りがわいてくるようだった。世界最悪のテロリストがパキスタンに住んでいたことも許しがたい。でもそれ以上に、アメリカがずかずかと乗りこんできたのが許せない、と思っているのだ。一部の新聞にはこんな説が出ていた。アメリカは、じつは何年も前にビン・ラディンを殺して、死体を冷凍保存していた。その死体をアボッタバードに置いておいて、急襲して殺したようにみせかけることで、パキスタンの面目を失わせようとしたのではないか、というのだ。

父あてにメールが次々と送られてきた。軍を支持するデモをやらないか、というものだ。「一九四八年、一九六五年、一九七一年、いずれも政府軍は民衆のために戦ってきました」というメッセージがあった。インドとの三回の戦争を指している。「われわれを中傷する者もいますが、こんなときだからこそ政府軍に協力してください」軍をばかにする内容のメッセージもあった。年間六〇億ドルもの予算を軍にまわしているのはおかしい、と考える人は多い（教育関連の予算はその七分の一だ）。それだけの予算を使っているくせに、アメリカのヘリコプターが四機も入ってきたとき、レーダーで捕らえることもできなかったのだ。そんな体たらくでは、隣国のインドが攻めてきたとき、どうやって国を守るつもりなんだ、というのだ。「政府軍はお昼寝中。クラクションは控えめに」とか「パキスタンの中古レーダー特売中。アメリカのヘリコプターは認識できませんが、ケーブルテレビはよく映ります」というのもあった。

カヤニ陸軍参謀長と、ＩＳＩ長官アハメッド・シュージャ・パシャ将軍は、証人として国会に呼ばれた。以前なら絶対になかったことだ。国家が侮辱された理由を国民みんなが知りたがっていた。

アメリカの政治家も怒っていることがわかった。ビン・ラディンはどこかの洞窟に隠れているのだろうと思ったら、こんな町なかで暮らしていたのだから。ビン・ラディン発見に協力してもらうために、アメリカはパキスタンに八年間で二〇〇億ドルもの援助をしていたというのに、こうなってみると、パキスタンはいったいどちらの味方だったのかわからない、というのだ。結局はお金だけが目当てだったようにもみえる。いずれにしても、そのお金の大部分は軍のものになった。一般市民はなんの利益も得ていない。

二〇一一年十月、父は一通の電子メールを受け取った。わたしが国際子ども平和賞の候補者五人のうちのひとりになったらしい。アムステルダムを本拠地とする、子どもの権利を守るグループが創設した賞だ。わたしを推薦してくれたのは、南アフリカ共和国のデズモンド・ツツ大主教だ。アパルトヘイト［人種隔離政策］をなくすために戦った、父が心から尊敬する人物だ。結局わたしは受賞しなかったので、父はがっかりしていた。しかたないでしょう、とわたしは父にいった。わたしがしたのは、意見をはっきり口にすることだけ。組織を作って活動したわけじゃない。いままでの受賞者はみんなそういうことをやっている。

それからしばらくして、わたしはパンジャブ州の知事シャバズ・シャリフの招待を受け、ラホールで催された教育の祭典でスピーチをした。シャバズ・シャリフ知事は、ダーニッシュスクールという新しい学校のネットワークを作ろうとしている。生徒にはひとり一台のノートパソコンを支給する。もっとも、スイッチを入れると、知事の顔がスクリーンにあらわれるそうだ。全国の生徒にやる気を出させるために、テストで優秀な成績をとった生徒には賞金を出すという。わたしももらった。小切手で五〇万ルピー（およそ四五〇〇ドル）。女の子の権利を訴えてきたことへのごほうびだ。

わたしはピンクの服を着ていった。タリバンの命令を無視してこっそり学校に通っていたことを、はじめて人前で話した。「わたしは教育がいかに大切かということを知っています。ペンと教科書をむりやり奪われた経験があるからです。スワートの女の子たちは、何者も恐れず、教育を受けつづけました」

ある日、学校で、クラスメートたちにいわれた。「賞金をもらったんだって？ 五〇万ルピーも！」さらに、父が教えてくれた。政府が、パキスタンで最初の国民平和賞をわたしに授与すると決めたそうだ。信じられない。ものすごい数のジャーナリストが、その日学校に押しかけた。学校がニューススタジオになってしまったかのようだった。

二〇一一年十二月二十日、首相官邸で賞の授与式がおこなわれた。イスラマバードのコンスティテューション・アヴェニューをのぼっていったところにある白い大邸宅が、首相官邸。前にイスラマバードに来たときもみにきた建物だ。この頃には、わたしは政治家に会うことにも慣れていた。もう緊張することもない。ギラニ首相は聖人の末裔《まつえい》なんだよ、と父がいってわたしを驚かそうとしたけど、それをきいても平気だった。首相から賞と賞金の小切手を渡されたあと、わたしは政府にお願いしたいことを次々に述べたてた。破壊された学校を再建してほしい。スワートに女子の大学を作ってほしい。まともに取り合ってもらえるとは思っていなかったので、強い口調ではいわなかった。いつかわたしが政治家になったら、自分の力でやってやる、と思っていた。

国民平和賞は、これから毎年、十八歳未満の子どもに与えられることに決まった。賞の名前は、わたしの名前をとって〈マララ賞〉とする、とのこと。父が複雑な表情を浮かべたことに、わたしは気がついた。パシュトゥン人は迷信を気にする。パキスタンでは、人が生きているうちは、その人の名前をとってなにかを創設するようなことはしない。名前をもらうのは、その人が死んでから。だから父は、縁起が悪いと思ったのだ。

わたしがいろんな賞をもらうことを母が喜んでいないことも、わかっていた。有名になってタリバンに狙われたらどうするの、と母は思っていたのだ。母は絶対に人前には出ない。写真も撮らせない。伝統を大切にする人だ。これこそ、パシュトゥン人が何百年も前から受け継いできた文化なのだ。母が伝統をないがしろにするようなことがあったら、まわりの人々に悪くいわれるだろう。とくに、親戚の人たちから非難されるはずだ。母は父やわたしがやっていることに文句はいわないけど、わたしが賞をもらうたびに、こういう。「わたしは賞なんかほしくない。娘が元気でいればそれでいい。全世界をやるといわれても、娘のまつげ一本だって差し出すつもりはないわ」

父は、自分は子どもたちが勉強をする学校を作りたかっただけなんだ、と母にいった。ただ、そのためには政治と関わらずにはいられなかったし、教育のための運動もしなければならなかった。「わたしの望みは、自分の子どもたちを教育し、パキスタンの子どもたちを教育することだ。だが、国のリーダーの半分が嘘《うそ》ばかりついていて、あとの半分はタリバンとつながっている状態では、国の将来に希望なんか持てない。だれかが声をあげなければならないんだ」

イスラマバードから帰ると、うれしいニュースが待っていた。ジャーナリストの団体が、学校でわたしにインタビューをしたいといっているから、ちゃんとした服を着ていくように、といわれたのだ。きれいなドレスを着ていこうかと思ったけど、インタビューを受けるのにふさわしい、落ち着いた服を着ることにした。服ではなくて、メッセージに注目してもらいたいからだ。学校に行くと、友だちはみんなおしゃれをしてきていた。わたしが入っていった瞬間、みんなが「サプライズ！」と叫んだ。お金を出し合って、わたしのためにサプライズパーティーを開いてくれたのだ。大きな白いケーキにチョコレートの文字で〈永遠の成功を〉と書いてある。わたしの成功をみんながいっしょに喜んでくれているのが、とてもうれしかった。クラスメートのだれが、わたしと同じことをやっていてもおかしくない。わたしには両親の後押しがあったから、ここまでやれただけだ。

「じゃあ、授業をはじめるわよ」みんながケーキを食べおわると、マリヤム先生がいった。「三月にはテストがあるのよ！」

ところが、この年の終わりに悲しい出来事があった。わたしが国民平和賞をもらってから五日後、母のいちばん上の姉、バボおばさんが突然亡くなった。まだ五十歳にもなっていなかった。糖尿病をわずらっていた。ラホールに画期的な治療をしてくれる医師がいるという広告をテレビでみたので、おじを説得してラホールまで行った。その医師がどんな薬を注射したのか知らないけど、おばはショック状態になって死んでしまった。父は、あいつはニセ医者だ、こういうことがあるから、わたしたちは無知と戦わなければならないのだ、といっていた。

その年一年で、ずいぶんお金がたまった。パキスタン首相、パンジャブ州知事、カイバル・パクトゥンクワ州知事、シンド州政府から、それぞれ五〇万ルピーの賞金をもらった。スワートの軍司令官グラム・カマール少佐も、わたしたちの学校に理科室と図書館を作るためのお金を一〇万ルピー寄付してくれた。とはいえ、わたしの戦いはまだまだこれからだ。歴史の授業を思い出した。戦争があると、勝ったほうの兵士たちは、戦利品を手にしたり、報奨金をもらったりする。わたしが報奨金や賞金をもらったり、有名になったりしたのも、それと同じかもしれない、という気がしてきた。そんなものは小さな宝石と同じで、たいした意味はない。そんなものに気をとられることなく、真剣に戦っていかなければならない。

父は、そのお金の一部を使って、わたしのベッドと戸棚を買い、母に歯のインプラント治療を受けさせ、シャングラの土地の一部を買った。残ったお金は、困っている人のために使うことにした。わたしは教育基金を創設したかった。ごみの山で働いている子どもたちをみたときからずっと、心のなかで温めてきたことだ。あそこでみた黒いネズミの姿が頭から離れない。ぼさぼさの髪をしてごみをより分けていた女の子の姿も。二一人の女の子で協議会を作り、「スワートのすべての女の子が教育を受けられるようにすること」を最優先課題とすることに決めた。ストリート・チルドレンや、児童労働に従事している子どもたちには、とくに目を向ける必要がある。

マラカンド峠を越えるとき、オレンジを売っている女の子をみかけた。売ったオレンジの数を、鉛筆で紙に書き留めているのだけど、文字でも数字でもなく、チェックマークをつけているだけだった。読み書きができないのだろう。わたしはその子の写真を撮り、これからできる限りのことをして、彼女のような女の子が教育を受けられるようにしていこうと心に誓った。わたしの戦いがはじまった。

18　女と海

ナジマおばさんが泣いていた。生まれてはじめて海をみたという。わたしは家族といっしょに岩場に腰をおろし、海をみていた。アラビア海の潮風が吹いてくる。海は本当に広い。どこまで広がっているんだろう。その瞬間まで、わたしは上機嫌だった。

「いつかこの海を越えたいな」

「この子ったら、なにをいってるの？」おばがいった。そんなことできるわけないのに、とでもいいたそうだ。わたしはまだ、おばが海沿いのカラチの町に三〇年住んでいながら、いままで海を一度もみたことがなかったという事実を受け止めきれていなかった。おじがビーチに一度も連れていってくれなかったのだろう。ひとりでこっそり家を抜けだすことができたとしても、字が読めないから、海の方向を示す標識を読むこともできなかったんだと思う。

わたしは岩に腰かけたまま、考えていた。この海の向こうの国では、女性は自由だ。パキスタンには女性の首相が誕生したこともあるし、イスラマバードでは、働く女性たちの姿に目を奪われた。でもやはり、この国のほとんどの女性は、男性に頼って生きるしかない。校長のマリヤム先生はしっかりした教育を受けた女性だけど、ひとり暮らしをして職場に通うことは、わたしたちの社会では許されない。夫か兄弟か両親といっしょに暮らさなければならない。

パキスタンの女性が自立したいという思いを口にすれば、父親やきょうだいや夫に従うのがいやなんだ、と受け取られてしまう。そういう意味ではないのに。自分のことは自分で決めて生きていきたいだけなのに。自由に学校に行きたいし、自由に働きたい。コーランのどこにも、女は男に依存するべきだ、なんて書かれていない。すべての女は男のいうことをきくべきだ、なんて神様がいったこともない。

「マララ、考えごとをしているようだが、なにを考えていたんだ?」父がたずねた。

「海の向こうに行ってみたいなと思っていたの」

「そんなこと、どうでもいいよ!」弟のアタルがいった。「せっかくビーチに来たんだから、ラクダに乗りたいな!」

二〇一二年一月、わたしたちはジオ・テレビにゲストとして呼ばれて、カラチにいた。シンド州政府が、ミッション・ロードにある女子中学校にわたしの名前をつけると発表したからだ。弟のクシャルはアボッタバードの学校に行っているので、カラチに来たのは両親とわたしとアタルだけ。カラチへは飛行機で来た。家族全員、飛行機に乗るのははじめてだった。たった二時間で着いてしまうなんて、信じられない。バスだったら最低でも二日はかかるだろう。

飛行機のなかで、自分の座席がみつけられない人たちがいることに気がついた。文字も数字も読めないのだ。わたしは窓側の席だったので、パキスタンの砂漠や山脈をみることができた。南に行けば行くほど、土地が乾燥していくのがわかる。すぐにスワートの緑が恋しくなってきた。カラチへ出稼ぎに行った人は必ず、自分が死んだらスワートの涼しいところに埋めてくれという。その理由がわかったような気がする。

空港から宿泊所に向かう車のなかで、わたしは人や家や車の多さに圧倒されていた。カラチは世界で最大級の都市だ。パキスタン建国のときには人口三〇万人の港町にすぎなかったことを思うと、不思議な感じがする。かつてジンナーがここに住んでいて、ここをパキスタンの首都にした。そこへ、インドからのイスラム教徒の避難民が何百万人もやってきた。彼らはウルドゥー語を話し、モハジールと呼ばれる。〝移民〟という意味だ。今日のカラチの人口は、およそ二〇〇〇万人。パシュトゥン人の故郷からは遠く離れているけれど、パシュトゥン人の住む都市としては世界最大で、五〇〇万人から七〇〇万人のパシュトゥン人が出稼ぎに来ている。

残念なことに、カラチはとても治安の悪い町になってしまった。モハジールとパシュトゥン人のあいだの争いも絶えない。モハジールの住む地区は整然として清潔なのに、パシュトゥン人の住む地区は汚くてごみごみしている。モハジールの人々のほとんどは、統一民族運動（ＭＱＭ）［一九四七年の分離独立時、インドからパキスタンに移住したイスラム教徒によって構成される、カラチを拠点とする政党］を支持している。指導者のアルタフ・フセインは亡命してロンドンに住み、カラチの人々とはスカイプ［インターネット電話］で連絡を取り合っている。ＭＱＭの活動は統制がとれているし、モハジールのコミュニティは団結力がある。パシュトゥン人のコミュニティは、まったく対照的だ。同じパシュトゥン人だからという理由で、首長《カーン》でありクリケット選手でもあるイムラン・カーンを支持する人もいれば、イスラム神学者協会（ＪＵＩ）という政党の政策がイスラム的だという理由で、その党首ファズルール・ラーマン師を支持する人もいる。そのほか、パシュトゥン民族政党である非宗教的政党のアワーミー国民党（ＡＮＰ）を支持する人や、ベナジル・ブットのＰＰＰ［パキスタン人民党。一九六七年にズルフィカール・アリー・ブットにより設立された中道左派政党。娘のベナジルが後継し、現在はベナジルの夫のアースィフ・ザルダリと息子のビラワルが党首をつとめる〕、ナワーズ・シャリフのPML－N〔パキスタン・ムスリム連盟ナワーズ・シャリフ派。一九六二年に設立されたパキスタン・ムスリム連盟（PML）から分裂する形で、一九八八年に創設された〕の支持者もいる。

シンド州で開かれた集会に、わたしは拍手で迎えられた。それからわたしたちはいくつかの学校を訪問した。わたしの名前をつけられる予定の学校にも行った。わたしは教育の重要性を訴えるスピーチをして、ベナジル・ブットの話をした。カラチは彼女の出身地なのだ。「女の子が教育を受ける権利のために、みんなで力を合わせて戦いましょう」わたしはそういった。子どもたちが歌を歌ってくれた。わたしが空をみあげているところを描いた絵もプレゼントしてくれた。自分の名前が学校につけられるなんて、なんだか変な感じだ。でもうれしい。マイワンドのマラライの名前は、アフガニスタンの多くの学校につけられているけど、自分の名前がそれと同じように使われるなんて。学校が今度休みに入ったら、父とスワートの奥地に行って、読み書きを習うことの大切さについて、親や子どもたちに話をする予定だった。「わたしたち、教育の伝道師みたいね」わたしは父にいった。

その日、会合が終わってから、おじとおばに会った。ふたりが住んでいるのはとても小さな家だった。父が学生のとき、下宿をさせてほしいと頼んで断られたことがあるけど、父はようやく、断った気持ちが理解できたらしい。おじの家に行く途中、わたしたちはアーシカン・エ・ラスール広場を通りかかって、驚いた。パンジャブ州のサルマン・タシール知事を殺した男の写真がバラの花で縁どられ、まるで聖人の肖像画のように飾られていたのだ。父は怒ってこういった。「二〇〇〇万人もの人間が暮らす大都市に、この写真を下ろそうと思う人はひとりもいないのか?」

カラチには、みんなで絶対にみておきたい場所があった。ビーチも、母がたくさんの布を買いこんだ大きなバザールもみたかったけど、もっと楽しみにしていたところ。それは、パキスタン建国の父であり偉大なる指導者、ムハンマド・アリー・ジンナーの霊廟《れいびょう》だ。白い大理石でできた霊廟はとても静かで落ち着いた雰囲気の建物だ。ざわざわした都会のなかで、そこだけが別世界のようだった。それほど神聖な場所なのだ。亡命先から帰国したばかりのベナジル・ブットも、まっ先にここに来ようとしていた。ここで最初の演説をするつもりだったのだ。ところが、その途中で自爆テロが起こった。周囲の人もたくさん亡くなった。

守衛さんの話によると、中国製の巨大なシャンデリアがある中央の墓室には、ジンナーの遺骨はおさめられていない。本物の墓はその下の階にあり、ジンナーは、後年亡くなった妹のファティーマと並んで眠っているそうだ。その隣には、暗殺されたパキスタンの初代首相リヤーカト・アリー・カーンの遺骨がある。

霊廟をみたあと、その裏にある小さな博物館に入った。ジンナーがパリから取り寄せていたという特別な白いボウタイが陳列されている。ロンドンで作った三つぞろえのスーツや、ゴルフクラブ、靴一二足ぶんの引き出しがついた特製の旅行カバンもある。お気に入りだった二色使いのゴルフシューズもあった。壁は写真で埋めつくされている。パキスタン建国後まもない頃の写真には、ジンナーのやつれた暗い顔が写っていた。みるからに弱々しくて、もう先が長くなかったのだとはっきりわかる。当時は、病気だということは公表されていなかった。ジンナーは一日五〇本のたばこを吸っていたという。イギリス領インドの最後の総督マウントバッテン卿《きょう》がインドとパキスタンを分離独立させることに合意したとき、ジンナーの体は結核と肺ガンにおかされていたのだ。後年、マウントバッテン卿は、もしジンナーの病気のことを知っていたら、分離独立の合意を遅らせていただろう、といった。もしそうなっていたら、いまごろパキスタンという国は存在していないわけだ。ジンナーは一九四八年九月に亡くなった。独立のちょうど一年後だ。それから三年と少したって、初代首相が暗殺された。パキスタンは建国当初から不運続きだったのだ。

ジンナーの有名なスピーチ原稿も、いくつか展示されていた。新しいパキスタンでは、どんな宗教を信じるのも国民ひとりひとりの自由である、というのもあった。また、女性の役割がいかに重要か、というスピーチもあった。ジンナーのまわりには、どんな女性がいたんだろう。若くして亡くなった妻は、パールシー〔ゾロアスター〕教徒だったという。ひとり娘のディナはインドで暮らし、パールシー教徒と結婚した。イスラム教国家のパキスタンでは暮らしにくかったのだろう。いまはニューヨークにいるそうだ。そんなわけで、壁に並んだ写真の多くは、ジンナーの妹のファティーマのものだった。

あの霊廟を訪れ、スピーチの原稿を読めば、ジンナーがいまのパキスタンに幻滅しているだろうと思わずにはいられない。こんな国家を作りたかったのではない、といいそうだ。ジンナーはわたしたちに自立してほしかった。寛大な心を持って、互いを思いやる国民になってほしかったのだ。宗教に関係なく、すべての人が自由であるような国を作りたかったのだ。

「パキスタンは国家として独立しないで、インドの一部のままだったほうがよかったの？」わたしは父にきいた。パキスタン建国の前は、ヒンドゥー教徒とイスラム教徒が終わりのない戦いを繰りかえしていた。そしてパキスタンが独立しても、戦いはなくなっていない。今度はモハジール対パシュトゥン人、スンニ派対シーア派の戦いがはじまった。お互いを尊重することを知らず、四州それぞれが自分たちのことだけを考えている。シンド州はしょっちゅう独立について話し合っているし、バルチスタン州では紛争が絶えない。遠隔地なのでほとんど話題にのぼらないだけだ。国内でこんなに戦ってばかりということは、パキスタンをさらに四つの国に分けたほうがいいということなんだろうか。

わたしたちが博物館を出るとき、何人かの若者が旗を持って抗議活動をしていた。パンジャブ州南部から来たセライキ人で、セライキ州を作るために運動しているとのことだった。

人々はいろんなことを求めて戦っている。キリスト教徒やヒンドゥー教徒やユダヤ教徒がわたしたちの敵だ、という人は多い。本当にそうだとしたら、イスラム教徒どうしでこんなに戦ってばかりなのはどうしてなんだろう。パキスタンの人々は、間違った方向に進んでいる。イスラムの教えを守ることにこだわるあまり、コーランをゆがめて解釈するタリバンのようなグループに支配され、進む道を間違えてしまった。もっと現実に目を向けなければ。パキスタンには、字が読めない人がたくさんいる。多くの女性が、まったく教育を受けられずにいる。学校が爆破されている。電気は通っていても、すぐ停電する。来る日も来る日も、少なくともひとりの国民が殺される。

ある日、シェーラ・アンジュムという女性が、わたしたちの宿泊所にやってきた。アラスカ在住のパキスタン人ジャーナリストだという。〈ニューヨーク・タイムズ〉紙のホームページに出ているわたしたちのドキュメンタリーをみて、会いにきたそうだ。わたしとしばらく話したあと、父とも話した。目に涙を浮かべていた。それから彼女はわたしの父にきいた。「タリバンが、なんの罪もないこの子を殺すといっているのを知っていますか?」なんの話かわからなかった。するとシェーラがインターネットの画面をみせてくれた。その日、タリバンがふたりの女性に対して恐ろしい声明を発表した、と書かれていた。ひとりはシャー・ベグム。ディールに住む活動家だ。そしてもうひとりはわたし、マララ。「このふたりは、イスラムに反する考えを民衆に広めようとしている。生かしてはおけない」との声明が出されたという。わたしはあまり真剣には受け止めなかった。インターネットにはいろんな記事が出るものだし、もしそれが本当なら、ほかのメディアからも情報が入っているはずだと思ったからだ。

その日の夜、ここ一年半うちで暮らしていた家族から、父に電話がかかってきた。

その一家には別に家があったけれど、屋根が雨漏りするようになったので、うちで使っていなかった部屋ふたつを貸してあげていた。形ばかりの家賃を受け取り、子どもたちを無料で学校に通わせてあげた。子どもは三人。おかげで、わたしたちもとても楽しかった。屋根の上でよく鬼ごっこをしたものだ。その電話によると、警察がうちに来て、タリバンから脅迫状が来ていないかとたずねたらしい。父はこれをきいて、知り合いの警視に電話をかけた。警視も父に同じことをたずねた。父が「なにか情報があるんですか」ときくと、警視は、スワートに帰ってきたらあらためて話す、といった。この電話のことを、わたしは知らされていなかった。

父はずっと不安そうで、せっかくカラチにいるのに楽しくなさそうだった。母も動揺していた。おばが死んだばかりで、もともと気分が沈んでいたし、わたしがいろいろな賞をもらったこともあって心配そうだった。でも、動揺している理由がほかにもありそうだった。「どうしたの?」わたしはきいた。「わたしに話してないことがあるんじゃない?」

すると両親は、家から電話がかかってきたことを話してくれた。今度ばかりはきき流すわけにはいかない、と父はいう。なぜか、わたし自身は、怖いとは思わなかった。だれでもいつかは死ぬ。それはだれにもどうにもできないことだ。タリバンに殺されるのかもしれないし、ガンで死ぬのかもしれない。どちらでもかまわない。それまでに、やりたいことをやるだけだ。

「活動をやめるべきかもしれない。しばらく身をひそめていよう」父がいった。

「そんなこと、できるわけないわ。命より大切にしなきゃならないものがあるとわかったんだから。あとは声に出してそれを訴えるだけ。わたしたちが死んでも、その声はまわりに広がってくれる。そういったのはお父さんでしょう。活動をやめるなんて、できない！」

スピーチの依頼がいくつも来ている。断ることなんかできない。命の危険があるからできない、なんていえない。わたしたちは誇り高きパシュトゥン人なのだ。父が昔からいっているように、パシュトゥン人のＤＮＡには、何物をも恐れない勇気が組み込まれている。

そうはいっても、スワートに帰るときには心が沈んでいた。警察に行った父は、わたしについてのファイルをみせられ、こういわれた。わたしは国内外で有名になりすぎた。そのためにタリバンに目をつけられ、死の予告を受けるに至った。警察による護衛が必要だ。父は迷った。スワートでは、多くの長老たちが、ボディガードをつけていたにもかかわらず殺されている。それどころか、パンジャブ州の知事を殺したのは、知事のボディガードだ。それに、武器を持った護衛がわたしについていたら、ほかの生徒の保護者が神経をとがらせることになる。なにより、ほかの生徒たちを危険な目にあわせたくない。父は、自分が脅迫されたときはいつも、こういっていた。「殺すなら殺せ。そのかわり、わたしひとりを殺せ」

父はわたしに、弟のクシャルのように、アボッタバードの寄宿制学校に行ったらどうか、といった。でもわたしはいやだった。父は地元の陸軍大佐に会って相談したけど、アボッタバードに行ったところで安全だという保証はないし、あまり目立たないようにしていればスワートにいてもだいじょうぶじゃないか、といわれたそうだ。そこで、KPKがわたしを平和大使に任命したいといってきたとき、父はそれを断った。

わたしは、家の表の門の鍵を毎晩かけるようになった。「マララは危険を感じて用心しているのよ」母は父にいったが、父はそうは思わなかったようだ。夜は部屋のカーテンを閉めろ、とわたしに何度もいった。でも、わたしはきかなかった。

「お父さん、おかしいと思わない？　タリバンの活動がさかんだったときは、わたしたちは無事だった。いまはタリバンが町にいないはずなのに、命を狙われているなんて」

「そうだな。いまのタリバンは、活動の的を絞っているんだ。おまえやわたしのように、声をあげつづける人間だけを狙っている。スワートのほかの人たちは安全だ。リキシャの運転手も、商店主も、襲われることはない。いまのタリバンは特定の人間だけを狙っている。おまえもわたしも、そのひとりなんだ」

いろんな賞をもらったせいで、命を狙われることになった。でもそれだけではない。学校を休む日が増えてしまった。三月のテストが終わったあと、わたしの新しい棚に飾られたのは、二等賞のカップだった。

19　戻ってきたタリバン

「ねえ、『トワイライト』みたいね。わたしたちは森にひそむヴァンパイア」わたしはモニバにいった。わたしたちは学校の遠足でマルガザールにやってきた。美しい緑の渓谷で、空気はひんやりして気持ちいい。高い山のふもとで、川には澄んだ水が流れている。その川辺でピクニックをする予定だった。近くにはホワイトパレス・ホテルがあった。統治者《ワーリー》の夏の別荘だった建物だ。

二〇一二年四月、テストの翌月で、みんなのんびりしていた。遠足に参加した生徒は全部で七〇人くらい。先生たちやわたしの両親もいっしょだった。父がワゴンバスを三台借りてきたけど、乗りきれなかったので、わたしとモニバとほかの三人は、スクールバス——バスというよりバン——に乗った。快適なドライブとはいえなかった。バンの床には、ピクニックで使う大きな鍋がいくつも乗せられていたからだ。でも、目的地まではほんの三〇分。とても楽しい時間だった。目的地に着くまで、ずっと歌を歌っていた。モニバがやけにきれいにみえた。肌が磁器みたいに真っ白だ。「モニバ、どんなクリームを使ってるの？」

「マララのと同じよ」

そんなはずはないと思った。「嘘。わたしの肌はこんなに黒いのに、モニバは真っ白じゃない！」

ホワイトパレス・ホテルに行って、イギリス女王が眠った部屋を見学したり、きれいなお花の咲く庭園をながめたりした。残念ながらワーリーの部屋はみられなかった。洪水で破損してしまったらしい。

緑の森のなかをしばらく走りまわってから写真を撮り、川の水に足をつけて、水をかけ合ったりした。水しぶきが日差しを受けてきらきらしていた。滝があったので、岩に座って水の流れおちる音をきいた。モニバがまた水をかけてきた。

「ちょっと、やめてよ！　服が濡れちゃう！」わたしは、モニバと仲がよくない女子ふたりといっしょにそこを離れた。このふたりが問題をややこしくしてくれた。〝傷に辛いマサラ［粉末スパイス］をふりかける〟というやつだ。おかげでモニバとわたしはまたけんかをすることになった。いやな気分だったけど、崖の上までのぼっていくと、気が晴れた。ランチがもうすぐできあがる。運転手のウスマン・バーイ・ジャンが、いつものようにわたしたちを笑わせてくれた。マリヤム先生は男の赤ちゃんと、二歳の娘ハンナを連れてきていた。ハンナはかわいいお人形のような子だけど、いたずらが大好きだ。

ランチは大失敗。学校の事務の人たちがチキンカレーの鍋を火にかけるまではよかったけど、量が足りないことに気がついて、川の水を鍋に足したのが間違いだった。〝史上最悪のランチ〟ができあがってしまった。薄くて薄くて、「カレーに空が映ってる」という子もいたくらいだ。

それまでの遠足と同じように、最後はひとりずつ岩の上に立って、一日の感想を発表することになった。全員が口をそろえて「ランチのカレーが最悪だった」といったので、父は困ってしまって、めずらしく言葉が少なかった。

次の朝、学校の職員のひとりが、うちに朝食用の牛乳とパンと玉子を持ってきてくれた。女性は出られないので、いつものように父が玄関に出ると、職員は食料品の店主に渡されたという手紙のコピーを持ってきた。

父はそれを読んで青ざめた。「うちの学校に対するひどい中傷だ」母にそういってから、文面を読みあげた。

イスラム教徒の仲間たちへ

この町には、ＮＧＯによって運営されるクシャル・スクールという学校があります（ＮＧＯは、わが国の信心深い人々のあいだでは評判が悪い。ＮＧＯによる運営と書けば人々を怒らせることができるので、そう書いたのだろう）。俗悪で下品な人間の巣です。預言者ムハンマド《PBUH》の言葉にもあるように、悪いものや邪《よこしま》なものをみつけた者は、みずからの手でそれをやめさせなければなりません。それができないのなら、ほかの人にそれを伝えなければなりません。それもできないのなら、その邪悪さについて、心のなかでよく考えなければなりません。わたしはその学校の校長と個人的な諍《いさか》いをするつもりはありませんが、イスラムの教えをみなさんに伝えておきます。この学校は、俗悪で下品な人間の巣です。女の子たちを、さまざまな行楽地へ連れていき、ピクニックをしています。これをやめさせなければ、最後の審判の日、神の叱責は逃れられません。ホワイトパレス・ホテルに行って、支配人にきいてみてください。女の子たちがどんなことをしていたのか……

父はその紙を置いた。「署名がない。だれが書いたんだろう」

わたしたちは愕然《がくぜん》としていた。

「ホテルの支配人に問い合わせる人なんかいないからな。それがわかっていて、こんなことを書いているんだ。これを読めば、想像だけがふくらむ。よほどひどいことをしていたと思われるだろう」

「でも、わたしたちはわかっているでしょう。悪いことなんかなにもしていないって」母がいった。

父はいとこのカンジーに電話して、この手紙がどれくらいばらまかれているのか、確かめてほしいと頼んだ。カンジーはすぐに折りかえし電話をくれた。残念な知らせだった。手紙は町じゅうに配られているという。ほとんどの商店主は、それを無視して投げすてたけれど、モスクの前には、同じ文章が書かれた大きなポスターが貼られているらしい。

学校に行くと、クラスメートたちが不安そうな顔をしていた。「この学校はひどい学校だといわれています。お父さんやお母さんがなんていうか、心配です」みんなが父に訴える。

父は生徒全員を校庭に集めた。「みんな、いったいなにを怖がっている？　遠足はイスラムの教えにそむくことだろうか？　道徳に反することだろうか？　そんなことはない。水をかけ合ったり、写真を撮ったりしただけじゃないか。怖がらなくていい。これはムッラー・ファズルラーの仲間のしわざだ。あの連中こそいなくなればいいんだ！　みんなには、緑や滝や景色を楽しむ権利があるんだ。男の子と同じなんだから」

父はライオンのように堂々としていたけど、内心は不安でしょうがないんだろうと、わたしは思った。男の人がひとりやってきて、妹を学校から連れ帰った。ひとりだけですんだけれど、それで終わりではないのはわかっていた。

それからまもなく、デラ・イスマイル・カーンからの平和歩行《ピース・ウォーク》を終えた男性がミンゴラにやってくるときいたので、家族で出迎えることになった。三人で通りを歩いていたら、背の低い男の人が近づいてきた。両手に電話をひとつずつ持って、必死の形相で話している。「あっちに行くな！　自爆テロリストがいる！」でも、会う約束を破るわけにはいかない。わたしたちは別の道を通っていって、ピースウォークをした人に花輪をかけてあげると、急いで家に帰った。

二〇一二年は、春も夏もおかしなことばかりが続いた。知らない人たちがやってきて、わたしたち家族について質問をした。父は、諜報《ちょうほう》機関の調査員だといっていた。父がスワートの民族評議会《カウミ・ジルガ》の会合を学校で開いてから、頻繁にやってくるようになった。会合は、ミンゴラの市民とコミュニティの防衛委員会に夜間パトロールをさせようという軍のプランに反対するためのものだった。「政府軍は、いまは平和だといっているじゃありませんか。なのにどうして軍隊や夜間パトロールが必要なんですか」父はそういった。

その後、わたしたちの学校で、ミンゴラの子どもたちを対象にした絵画コンクールを催した。父の友人で、女性の人権のためのNGOを運営している人がスポンサーになってくれた。絵のテーマは、男女の平等。女性差別の現状を描いたものでもいい。コンクールの朝、諜報機関の人がふたり、学校にやってきた。「この学校ではなにをやっているんだ?」と父にきいた。

「ここは学校です。絵画コンクールを開きます。弁論大会や料理コンテストや作文コンクールを開くのと同じです」男たちはかんかんに怒っていたけど、それは父も同じだった。「わたしが何者で、なにをやっているかくらい、わかっているくせに。あなたたちのやるべき仕事はほかにあるはずだ。さっさとファズルラーたちを捕まえたらどうです？　スワートの血で手が汚れた人間たちを」

ラマダンの月、カラチにいる父の友人でワキール・カーンという人が、貧しい人たちのための衣類を送ってきた。分配の仕事を父にやってほしいという。わたしたちは大きなホールに行って、衣類をみんなに配ろうとした。ところが、まだ配りはじめてもいないうちから、諜報機関の人たちがやってきた。「なにをやっている？　この服はどこで手に入れた？」


七月十二日、わたしは十四歳になった。イスラムの世界では、おとなになったということだ。誕生日だというのに、いやなニュースが飛びこんできた。タリバンが、平和委員会に出席していたスワート・コンチネンタル・ホテルのオーナーを殺害したという。オーナーは家からホテルに行く途中、ミンゴラのバザールで待ち伏せしていたタリバンに襲われた。

まわりに不安が広がりはじめた。タリバンがひそかに戻ってきているのではないか。ただ、二〇〇八年から二〇〇九年にかけては、いろんな人に次々に脅迫状が送りつけられていたけれど、今回は違う。武装勢力をおおっぴらに非難したり、軍の傲慢なやりかたに反対したりする人たちだけが狙われている。

「タリバンは、わたしたちが思っているほど、きちんとした組織じゃないんだ」父の友人のヒダヤトゥラーがいった。「ただ、タリバンのような考えかたをする人は、国じゅうにたくさんいる。アメリカのやりかたに反対だったり、パキスタンの現体制に不満があったり、イギリスの法律はよくないと思っていたり。タリバンに感化されて、そうなっているんだ」

八月三日の夜、ジオ・テレビのメフブーブという人から父に電話がかかってきた。ミンゴラ在住の通信員で、父の友人ザヒド・カーンの甥でもある。ザヒド・カーンは、二〇〇九年に襲撃されたホテルのオーナーだ。ザヒド・カーンとわたしの父は、前々から人々の噂にのぼっていた。ふたりはタリバンに目をつけられて、いつも見張られている、そのうち殺されてしまうだろう、どちらが先に狙われるかはわからないが、という噂だ。メフブーブが電話でいうには、彼のおじ、ザヒド・カーンが一日の終わりの礼拝をしようと近所のモスクに行こうとしたとき、顔を撃たれたとのことだった。

父はこれをきいて、ふっと気が遠くなったそうだ。「自分が撃たれたような気がした。次は自分が狙われると確信した」

わたしたち家族は、病院に行かないで、と父に頼みこんだ。時間も遅いし、ザヒド・カーンを撃った連中はきっと父が来ると思って待ち伏せているからだ。けれど父は、自分はそんな臆病者じゃないといった。政治活動をしている仲間たちが、いっしょに行くと申し出てくれたけど、父は、仲間を待っていたら遅くなってしまうと考えて、いとこを呼んでいっしょに出かけた。母は神様に祈りはじめた。

父が病院に着いたとき、カウミ・ジルガのメンバーは父のほかにひとりしかお見舞いに来ていなかった。それでも、ザヒド・カーンは出血がひどく、真っ白だったひげが真っ赤になっていた。それでも、ザヒドは幸運だった。至近距離から三発撃たれたのに、犯人の手をつかんで抵抗したので、一発目が当たっただけだった。弾丸は首から鼻に抜けていた。あとでザヒドはこう話してくれた。ひげをつるつるに剃《そ》って、覆面もしていない小柄な男が、にこにこしながら立っていたのは覚えているんだが、次の瞬間、まるでブラックホールに吸いこまれたかのように、まわりが真っ暗になった。皮肉なことに、ザヒドはつい最近、モスクにふたたび徒歩で通うようになったばかりだという。もう安全だと判断したのが間違いだった。

父はザヒドのために祈りを捧げてから、マスコミにこう語った。「どうしてザヒドが撃たれねばならなかったのか、理解に苦しむ。スワートは平和になったと、軍は発表しているのに。軍や政府のいうことがまったく信用できない」

父は、早く病院から帰れとみんなにいわれた。「ジアウディン、もう真夜中だ。こんなところにいたら狙われるぞ！　撃ってくださいといっているようなものだ。もっと気をつけなきゃだめじゃないか！」

ザヒド・カーンはペシャワールの病院に移送されることになった。そこで手術を受けるという。父は家に帰ってきた。わたしは心配でたまらず、起きて待っていた。そのあとわたしは、家じゅうの戸締まりを二回確かめるようになった。

家の電話が鳴りやまない。どれも、次に狙われるのは父だから気をつけるように、という忠告だった。ヒダヤトゥラーもかけてきた。「頼むから、気をつけてくれ。おまえが先にやられていたかもしれなかったんだ。やつらはカウミ・ジルガのメンバーをひとりずつ狙っている。おまえはスポークスマンだ。やつらが見逃すはずがない」

父は、自分がタリバンに狙われていることを否定しなかったけど、警察の護衛はつけたくないといった。わたしのときと同じだ。「護衛を引き連れて動きまわっていたら、タリバンは自動小銃《カラシニコフ》や自爆テロで狙ってくる。そうしたら、たくさんの人が犠牲になる。殺されるのはわたしひとりでじゅうぶんだ」スワートを離れろ、との声にも応じなかった。「スワートを出て、どこに行けというんだ？」父は母にいった。「ここを離れるわけにはいかない。わたしは世界平和評議会の会長だ。カウミ・ジルガのスポークスマンだ。スワート私立学校協会の会長だ。わたしの学校と家族のためにも、ここにいる」

父のとった予防策はひとつだけ、行動パターンを毎日変えることだった。朝から小学校に行く日もあれば、女子校に行く日もある。男子校の仕事を先にすませる日もある。どこへ行くときも、道に怪しい人物がいないか、何度も左右をみて確かめるようになった。

どんなに危険だといわれても、父も仲間もさかんに活動を続けた。抗議活動をおこない、記者会見を開く。「現状が平和だというなら、どうしてザヒド・カーンは撃たれたのか。わたしたちが国内避難民（ＩＤＰ）としての生活からスワートに戻ってきて以来、軍や警察はタリバンの攻撃を受けなくなった。いま狙われているのは、平和を求める活動家や民間人だけだ」

地元の軍司令官は、不愉快そうにいった。「ミンゴラにテロリストはいないといっているだろう。調査がそれを証明しているんだ」ザヒド・カーンが撃たれたのも、財産がらみのもめごとのせいだと決めつけた。

ザヒド・カーンは一二日間の入院後、自宅で一ヶ月静養した。鼻の再建手術をしたので、治るまでに時間がかかったようだ。でも、そのあいだも黙ってはいなかった。

むしろ、撃たれる前より大胆に意見をいうようになった。とくに、諜報機関ＩＳＩを激しく非難する。タリバンの裏にはＩＳＩがいると確信していたのだ。新聞にも意見広告を出した。スワートの紛争は作られたものだ、という内容だ。「だれがわたしを狙ったのか、わかっている。われわれが知る必要があるのは、あの武装勢力をわれわれにけしかけてきた黒幕がだれかということだ」裁判所が司法委員会を作り、タリバンをスワートに引き入れた黒幕を暴くべきだ、とも主張した。

自分を襲った男の似顔絵を描いて公表し、これ以上だれかを襲う前に捕まえろ、と訴えた。それでも、警察は犯人を探そうという態度さえみせなかった。

わたしが脅迫されてから、母は、わたしが歩いてどこかへ行くのをいやがるようになった。そこで、朝はリキシャで学校に行き、帰りはスクールバスで帰ってくることにした。歩いてたった五分の距離なのに。バスは、階段の前でわたしをおろしてくれる。その階段をのぼると、うちの前の道に出る。道では、近所の男の子たちがよく遊んでいる。

ときどき、ハルーンという名前の男の子がそのなかにいる。わたしよりひとつ年上で、以前、近所に住んでいた子だ。小さい頃はいっしょに遊んだものだ。わたしのことを好きだといっていた。でもそのあと、近所に住むサフィーナの家にいとこがやってきていっしょに住むようになった。そのいとこがかわいい子で、ハルーンはその子に心変わりした。ところが、「あなたには興味はないわ」とその子にいわれて、またわたしが好きになったらしい。そのあと、ハルーンは家族といっしょに別の町に引っ越していった。そして、ハルーンの一家が住んでいた家に、わたしたち一家が住むようになった。

そのハルーンが、休暇で帰ってきていた。ある日、わたしが学校から帰ってくると、家の前の道路にハルーンがいた。ハルーンはわたしのあとをついてきて、門に手紙をはさんでいった。わたしは小さな女の子に頼んで、それを取ってきてもらった。手紙にはこう書いてあった。「きみはすごい人気者になったんだね。ぼくはいまでもきみが好きだ。きみもぼくが好きだろう？　電話番号を書くから、かけてきて」

わたしは手紙を父にみせた。父は怒ってハルーンに電話をかけ、「このことをきみのお父さんに話すからな」といった。それ以来、ハルーンの姿は二度とみていない。ほかの男の子たちも、うちの前では遊ばなくなった。小さい子は別だ。アタルの友だちのひとりが、わたしが通りかかるたびに、にやにやしながら「ハルーンは元気？」というようになった。わたしはうんざりしてきて、ある日、アタルにその子を呼んでこさせてどなりつけた。それきり、そういうことはなくなった。

わたしはモニバと仲直りするとすぐ、その出来事を話した。モニバは男の子とのつきあいにはすごく気をつけている。お兄さんがいつも目を光らせているからだ。「ときどき思うんだけど、『トワイライト』のヴァンパイアのほうが、スワートの女の子より気楽に生きてるかもね」わたしはそういってため息をついた。でも、本心はそうじゃない。男の子にいやな思いをさせられることが人生最大の悩みだったら、どんなにいいだろう。

20 どの子がマララだ？

夏も終わりに近づいたある日の朝、学校に出かける準備をしていた父は、わたしの肖像画が傾いていることに気がついた。カラチの学校でプレゼントされた、空をみあげている絵だ。父はそれをとても気に入って、ベッドのそばの壁にかけていた。それが傾いているのをみて、父はいやな予感がしたそうだ。「直しておいてくれ」いつになく強い口調で、母にいった。

同じ週、数学のシャツィア先生が顔面蒼白《そうはく》になって学校にやってきた。いやな夢をみた、と父にいった。わたしが片足にひどい火傷《やけど》をして学校に来た夢だ。先生が守ろうとしたけれど守りきれなくて、火傷をしたらしい。先生は父に、炊いたごはんを貧しい人たちに分けてあげてください、といった。そうすれば、ごはんをもらった人だけでなく、こぼれたごはんを食べたアリや小鳥も、わたしたちのために祈ってくれるからだ。父はごはんではなくてお金をあげた。先生は、それでは意味が違う、といってがっかりしていた。

わたしたちは先生の話を笑い飛ばしたけど、それから、わたしも悪夢をみるようになった。両親には黙っていたけど、外に出るときは不安だった。銃を持ったタリバンが目の前に飛びだしてくるかもしれない。顔に硫酸をかけるかもしれない。アフガニスタンの女性たちが硫酸の被害にあっている。とくに、バスをおりてから、家の前までの階段が怖かった。以前は男の子たちが遊んでいたのに、いまはいない。うしろで足音がしたような気がしたこともある。人の気配を感じて振りかえったら、だれかがさっと物陰に隠れたような気がしたこともある。

父と違って、わたしは用心深く行動した。夜は、家のみんなが——両親も弟たちも、いっしょに住んでいる人たちも、村から親戚が来ているときはその人たちも——寝るまで待って、ドアや窓が全部閉まっていることを確認する。外に出て、表の門の鍵がかかっていることも確かめる。それから、部屋をひとつずつみてまわる。わたしの部屋は家の表側にあって、窓がたくさんある。でもカーテンはあけておく。近づいてくる人がいたら、みえるほうがいい。父は閉めておけというけれど。「タリバンがわたしを殺すつもりなら、二〇〇九年に殺してるはずよ」わたしはそういったけれど、本当は不安だった。だれかが梯子《はしご》を使って壁をよじのぼり、窓から入ってくるかもしれない。

戸締まりが終わると、お祈りをする。夜はたくさんお祈りをした。タリバンは、わたしたちがイスラム教徒ではないと思っているようだけど、そんなことはない。わたしたちはタリバン以上に神様を信じているし、神様がわたしたちを守ってくれると信じている。コーランの第二章、雌牛章にある「玉座の詩《アヤット・アル・クルシ》」をよく暗唱していた。この詩は特別なもので、夜に三回暗唱すれば、悪魔から身を守ることができると信じられている。五回暗唱すれば町全体が守られるし、七回暗唱すれば地域全体が守られる。だからわたしは、七回かそれ以上、毎晩暗唱した。それから神に祈った。「神様、わたしたちをお守りください。父と家族を、この町を、この地域を、そしてスワートを」それからつけ加える。「いいえ、イスラム教徒全員をお守りください。いいえ、イスラム教徒だけでなく、人類すべてをお守りください」

わたしがいちばんよくお祈りするのは、テスト期間だ。わたしも、わたしの友だちも、一日五回のお祈りを全部するのは、テストのときだけ。ほかのときもお祈りをするようにと、母には口うるさくいわれているけれど。夕方のお祈りはとくに苦手だ。テレビをみているのに、中断しなければならない。テストの期間中は、いい成績がとれるように、神に祈る。すると先生に注意される。「しっかり勉強しない子に、神様はいい成績をくださいませんよ。神様は多くの恵みを与えてくださるけど、とても正直なかたなんだから」

勉強もいっしょうけんめいやった。いつもは、わたしはテストが好きだ。がんばった成果を発揮できるときだから。でも、二〇一二年十月のテストのときは、プレッシャーに負けそうだった。三月のテストのように、マルカ・エ・ヌールに一番をとられるのはいやだ。あのときは、一点や二点の差ではなかった。いつものわたしたちはそれくらいの差で争っている。ところが、三月は五点も差をつけられてしまった。あれからわたしは、男子校で教えているアムジャド先生の特別授業を受けている。テストの前の晩は午前三時まで、教科書をはじめから読み直した。

十月八日月曜日、テストがはじまった。最初は物理。わたしは物理が好きだ。真実を追究する学問だし、原則や法則によってものごとがきちんと決められる世界だから。政治の世界みたいに——とくにパキスタンの政治の世界みたいに——混乱することもないし、真実がゆがめられることもない。テスト開始のベルが鳴るのを待つあいだ、わたしはコーランの詩を暗唱した。テストは全部できたつもりだったけど、あとになって、穴埋めの問題をひとつ間違えたことに気がついた。自分に腹が立って、泣きそうだった。たった一問、たった一点のことだけど、なにかよくないことが起こる前触れのような気がしてならなかった。

その日の午後、家に帰ってから眠くてたまらなかった。でも、翌日はパキスタンの歴史のテストがある。わたしの苦手な科目だ。これ以上減点されるのはいやなので、コーヒーをいれて、ミルクを混ぜた。これで眠気を吹きとばしてやる。ところが、母がキッチンに来てそのコーヒーをひと口飲み、おいしいと思ったらしく、残りを全部飲んでしまった。「お母さん、それはわたしのだから飲まないで」とはいえなかった。戸棚にはもうコーヒーが残っていなかった。わたしはその日も夜更かしして、パキスタンの独立の歴史を必死で頭に詰めこんだ。

朝になると、いつものように両親が部屋に来て、わたしを起こしてくれた。わたしは学校に入ってからずっと、自分ひとりで早起きできたことがない。母はいつもと同じ朝食を作ってくれた。砂糖入りのお茶〔チャイ〕、チャパティ〔小麦粉と水だけで作る薄くて丸いパン〕、目玉焼き。うちでは、朝食は全員いっしょに食べる。その日は、母にとって大切な日だった。わたしが幼稚園のときからお世話になっているウルファト先生から読み書きを習うことになり、その日の午後が最初のレッスンと決まっていたのだ。

父がアタルをからかいはじめた。アタルは八歳になって、ますます生意気になる一方だった。「アタル、マララがパキスタンの首相になったら、おまえは秘書になるか?」

アタルは怒った。「いやだよ! ぼくはお姉ちゃんより偉くなるんだ。ぼくが首相で、お姉ちゃんを秘書にしてあげる」そんなおしゃべりをしていたら、時間がなくなってしまった。わたしは目玉焼きを半分残して、後片づけもしないで出かけることになった。

パキスタンの歴史のテストは、思ったよりうまくいった。ジンナーがどのようにして、現代における世界最初のイスラム教国としてのパキスタン国家を作ったかという問題や、バングラデシュが建国されたときの国家的悲劇についての問題が出た。バングラデシュがかつてはパキスタンの一部だったなんて、なんだかおかしな感じだ。二〇〇〇キロくらい離れたところにあるのに。わたしは全部の問題に答えることができた。自信もあった。テストが終わるとほっとして、友だちとおしゃべりをしながらスクールバスを待った。バスが来たら、事務員のシェール・ムハンマド・ババが教えてくれる。

帰りのバスは二回出る。その日、わたしたちは二回目のほうに乗った。放課後の学校に残っているのは楽しいし、モニバからも「テストで疲れたから、ちょっとおしゃべりしてからゆっくり帰らない？」と誘われたからだ。テストがうまくいってほっとしていたので、わたしはそうすることにした。その日は、なんの心配もしていなかった。おなかがすいたけど、わたしたちはもう十五歳で、町を歩くことができない。そこで、下級生の女の子たちに頼んで、焼きトウモロコシを買ってきてもらった。わたしはちょっとだけ食べて、残りをほかの子にあげた。

十二時ちょうど、ババが拡声器で、バスが来たことを教えてくれた。わたしたちは階段を駆けおりた。ほかの子はみんな、スカーフで顔を隠してからドアをあけ、バスに乗りこむ。わたしは頭にスカーフをかけていたけど、顔は隠していなかった。

先生ふたりを待つあいだ、運転手のウスマン・バーイ・ジャンに、おもしろい話をきかせてよ、とせがんだ。バーイ・ジャンはおもしろい話をいくらでも知っている。その日は、話をするかわりに手品をみせてくれた。手の中にあったはずの小石がなくなってしまう。「種明かしをして！」わたしたちがいくら頼んでも、バーイ・ジャンは教えてくれなかった。

みんながバスに乗りこむと、バーイ・ジャンはルビ先生と小さい女の子をふたり、運転席の横に乗せた。別の子が泣いて、自分も前に座りたいといった。バーイ・ジャンは、スペースがないから無理だ、うしろに乗りなさい、という。わたしは女の子がかわいそうになって、なんとかしてあげて、とバーイ・ジャンに頼んだ。

アタルは、わたしといっしょにバスで帰るようにと母からいわれているので、小学校から女子校まで歩いてきた。バスのいちばんうしろに行って、ルーフの端にぶらさがるのが好きだった。それをやっては、バーイ・ジャンに、こら、危ないぞ、と叱られる。その日、バーイ・ジャンはもうたくさんだと思ったのか、厳しい口調でいった。「アタル・カーン、なかにちゃんと座りなさい。でないと放り出すぞ!」アタルはへそを曲げて、自分の友だちといっしょに歩いて帰ることになった。

スクールバス――わたしたちが〝ダイナ〟と呼ぶトヨタの幌つきトラック――が出発した。わたしはモニバとおしゃべりしていた。モニバはやさしくて賢い、大切な友だちだ。歌を歌う子もいた。わたしは指で座席をたたき、リズムをとっていた。

モニバとわたしは、うしろのほうに乗るのが好きだ。後部ドアを取り外してあるので、外がよくみえる。お昼頃のハージ・ババ通りは、いつもごちゃごちゃ混んでいる。色とりどりのリキシャ、歩いている人、スクーターに乗った人――みんながジグザグ進んでいる。クラクションの音もすごい。赤いオート三輪のアイスクリーム売りが近づいてきた。赤と白で核兵器のイラストが描かれている。売り子の少年がわたしたちに手を振ってきたけど、先生のひとりに追いはらわれてしまった。ニワトリの頭を次々にはねている男がいる。血が道路に滴っている。包丁を振りおろす音と、血の滴る音。トン、トン、トン、ぽた、ぽた、ぽた。わたしはそれに合わせて指でリズムをとった。おかしなものだ。わたしの小さい頃は、スワートには平和を愛する人しか住んでいないから、ニワトリを殺す人なんかいないといわれていたのに。

ディーゼルオイルのにおい。パンとケバブのにおい。川からは、ごみの悪臭が漂ってくる。父がいくらキャンペーンをしても、人々は川にごみを捨てるのをやめようとしない。でもわたしたちは、そのにおいにも慣れてしまっている。それに、もうすぐ冬だ。雪が降れば、すべてを清めて、騒音を包みこんでくれる。

バスが表通りから右に曲がった。軍の検問所だ。近くの広告塔には、あごひげを生やしてターバンを巻いた、ぎらぎらした目つきの男たちのポスター。〈指名手配中のテロリスト〉と大きな文字が躍っている。いちばん上には、黒いターバンを巻いてひげを長く伸ばしたファズルラーのポスターがある。タリバンをスワートから追い出すための軍事行動がはじまってから、もう三年以上になる。

軍がやってくれたことには感謝している。でも、仕事がすんだはずの軍隊がまだあちこちにいるのは、どうしてなんだろう。建物の屋根にマシンガンが据えつけてあったり、検問所で兵士が目を光らせていたりするのも、おかしいと思う。スワートに入ってくるのにも、役所の許可証が必要だなんて。

小さな丘をのぼっていく道は、近道なのでいつも混んでいる。でも、今日はやけに寂しい感じだ。「どうしてだれもいないのかな」わたしはモニバにいった。ほかの子たちはみんな、歌を歌ったりおしゃべりしたり。バスのなかには、みんなの声がごちゃごちゃに響きわたっていた。

ちょうど、母が学校の敷地に入った頃だと思う。母はその日、六歳で学校をやめて以来、はじめての授業を受けることになっていた。

いつのまにか、若い男がふたり、道路に飛びだしてきていたらしい。急ブレーキでバスが止まる。「どの子がマララだ?」男の声がした。答えるチャンスは与えてもらえなかった。答えることができたとしたら、女の子が学校に行くのを認めるべきだ、あなたたちの娘や妹も学校に行かせるべきだ、といってやれたのに。

覚えているのは、明日のテストの準備をしなくちゃ、と思っていたことだけ。三発の銃声が響いた。でもそれは「パン、パン、パン」ではなくて、「トン、トン、トン、ぽた、ぽた、ぽた」とわたしの頭に響いていた。ニワトリの頭が切りおとされて、ひとつずつ汚い道路に転がっていく。

第四部

生と死のはざまで

ښېرې به ولې درته نه کړم　توره ټوپکه ورانه وې ودان کورونه

Khairey ba waley darta na kram
Toora topaka woranawey wadan korona

銃よ、おまえを恨まずにはいられない
愛に満ちた家庭を粉々にしたおまえを

21 「神様、マララをお願いします」

なにが起こったのかに気づくとすぐ、ウスマン・バーイ・ジャンは猛スピードでスクールバスを飛ばした。行き先はスワート中央病院。乗っていた女の子たちはみんな、悲鳴をあげたり泣いたりしていた。わたしはモニバの膝に倒れこみ、頭と左耳から血を流していた。少し走ったところで、車は警官に止められた。警官があれこれ質問する。急がなきゃならないのに。ひとりの女の子がわたしの首に指を当てて脈をとった。

「生きてる！　急いで病院に行かなきゃ。おまわりさん、もういいでしょ。それより犯人を捕まえて！」

ミンゴラは、わたしたちにとっては大きな町だったけど、実際はとても小さな町だ。ニュースはあっというまに広まった。父は、スワート・プレスクラブで開かれていた私立学校協会の会合に出席していた。ステージに立ってこれからスピーチをするというとき、携帯電話が鳴った。クシャル・スクールの番号が表示されたので、父は電話を友人のアーマド・シャーに渡した。電話に出たアーマド・シャーが小声で父にいった。「スクールバスで発砲事件があった」

父の顔から血の気が引いた。すぐに思ったのは、マララが乗っているかもしれない、ということだった。それから思い直そうとした。嫉妬にかられた若者が恋人に思い知らせてやろうと空に向かって発砲したのかもしれない。その日の会合は、とてもだいじなもので、スワート全体から、四〇〇人を超える校長が集まっていた。学校の規制を強化する機関を作ろうという政府の立案に反対するための集会だ。父は私立学校協会の会長だ。その父がスピーチをやめたら、集まった人たちの士気が下がってしまう。そこで、父は予定どおりにスピーチをした。しかし額には汗がにじんでいた。〝そろそろ終わりに〟という合図をだれかからもらう前に父がスピーチを終えたのは、このときがはじめてだったと思う。

ステージからおりた父は、質疑応答は省略して、病院に急いだ。アーマド・シャーと、車を持っていた別の友人リアズがつきそってくれた。ものの数分で病院に着いたけれど、そのときには、病院の外には人だかりができていた。新聞のカメラマンやテレビカメラも来ている。そのとき、やはり撃たれたのはわたしだと、父は確信したそうだ。父は暗い気持ちで人ごみをかきわけ、カメラのフラッシュを浴びながら病院に駆けこんだ。ストレッチャーに乗せられたわたしがいた。頭に包帯を巻かれ、目を閉じて、髪がほどけて広がっていた。

「マララ、わたしの勇敢な娘。わたしの美しい娘」

父は何度も何度も英語でそういって、わたしの額や頬《ほお》や鼻にキスした。どうして英語で話しかけたのか、自分でもわからないそうだ。わたしは目を閉じていたけれど、父が来てくれたことに気づいていたようだ。あとで父はこういっていた。「うまく説明できないが、マララが反応したように思えたんだ」だれかが、わたしが微笑《ほほえ》んだといっていた。でも、父にとってうれしかったのは、わたしが微笑んだことではなく、わたしが死んでいないとわかったことだった。でも、わたしの痛ましい姿をみるのは、父にとってなによりつらいことだっただろう。

どの子どもも、親にとってはかけがえのない特別な存在だけど、わたしは父の宇宙そのものなのだ。わたしは父といっしょに戦ってきた。はじめはグル・マカイとして。その後は偽名など使わず、マララとして。タリバンが襲ってくるとしたらマララではなく自分だと、父は前からいっていた。知らせをきいたとき、雷に撃たれたような気分だった、と父はいった。「タリバンは、ひとつの石で二羽の鳥を落とそうとした。

マララを殺して、わたしを永遠に黙らせたかったんだ」

父はわたしのことが心配でたまらなかった。でも、泣かなかった。まわりに人がたくさんいたからだろう。会合に出席していた校長たちも駆けつけていたし、マスコミや活動家もたくさん集まっていた。町全体が病院に集まっているかのようだった。「みなさん、マララのために祈ってください」医師がCTスキャンの結果を父に伝えた。弾丸は脳に当たっていなかったという。医師はわたしの傷口を消毒して、包帯を巻いてくれた。

「ジアウディン、なにがあったの！」マリヤム先生が駆けこんできた。その日、マリヤム先生は学校を休んで赤ちゃんの世話をしていた。そこへ義理の弟から電話がかかってきた。バスにマリヤム先生が乗っていたのではないかと心配して電話をしてきたのだ。先生がびっくりしてテレビをつけると、クシャル・スクールのバスで発砲事件があったというニュースをやっていた。わたしが撃たれたことを知ると、夫に電話して、バイクで病院に連れてきてもらったのだという。マリヤム先生はきちんとしたパシュトゥン人の女性だ。バイクのうしろに乗るなんて、普段ならとても考えられない。「マララ、マララ、わたしの声がきこえる？」

わたしはうめいた。

マリヤム先生が状況をたずねると、先生の知り合いの医師が説明した。弾丸はわたしの額に当たったけど、脳には当たらなかったので、命は助かったこと。ほかに学校の生徒がふたりけがをしたこと。シャツィアは二発撃たれた。一発は左の鎖骨、もう一発はてのひらに当たり、わたしといっしょに病院に運ばれた。カイナートは自分がけがをしたことに気づかず、いったん家に帰ったものの、右腕の上のほうを弾がかすめていたことに気がついて、家族に連れられて病院に来た。

父はそのふたりのようすもみにいかなければならないのに、わたしのそばを片時も離れられなかった。父の電話は鳴りつづけていた。最初にかけてきたのは、カイバル・パクトゥンクワ州（ＫＰＫ）の知事。「すべて手配するから心配しないように。ペシャワールのレディ・レディング病院に移ってくれ。いつでも受け入れられるよう手配してある」

移送を主導したのは軍だった。午後三時、地元の司令官がやってきて、軍のヘリコプターでわたしと父をペシャワールに移送すると申し出てくれた。母を呼んでくる時間がなかったので、マリヤム先生がいっしょに行くといってくれた。女性がついていたほうがなにかと便利だろう、との配慮だった。マリヤム先生の家族はちょっと困ったそうだ。先生には、小さな手術を受けたばかりの赤ん坊がいたからだ。でも、先生はわたしのもうひとりの母親みたいな人だった。

わたしが救急車に乗せられたとき、父は、タリバンがまた攻撃してくるのではないかと心配になった。だれが乗っているのか、考えなくてもわかる状況だったからだ。ヘリポートまでは一・五キロ。五分もあれば着くのに、そのあいだ、父はずっと不安でたまらなかったという。ヘリポートに着いたとき、ヘリコプターはまだ到着していなかった。救急車のなかで待つ時間が、何時間にも感じられた、といっていた。

ようやくヘリコプターが来た。わたしと父、いとこのカンジー、アーマド・シャー、マリヤム先生が乗りこんだ。みんな、ヘリコプターに乗るのははじめてだった。離陸したヘリコプターは、軍が主催するスポーツフェスティバルの会場の上を通った。スピーカーから国をほめたたえる歌が大音量で流れていた。そんな歌をきいて、父はいやな気分になったそうだ。いつもならいっしょに歌を歌うのが好きだけど、こんなときに愛国の歌なんて、と思ったのだ。十五歳の女の子が頭を撃たれて、死にかかっているときに。


そのヘリコプターを、母は家の屋根からみあげていた。わたしがけがをしたという一報が入ったとき、母はウルファト先生から「本」「リンゴ」といった単語の読みかたを教わっているところだった。はじめは情報が混乱していたので、母は、わたしが事故に巻きこまれて、足をけがしたと思ったらしい。母は急いで家に帰り、わたしの祖母に事情を話した。当時、祖母はうちに同居していた。母は祖母に、いますぐいっしょにお祈りをしてください、といった。アッラーは髪が白くなった人の願いをよくきいてくれる、といわれているからだ。

母はそのとき、わたしの朝食の目玉焼きが食べかけのままになっていることに気がついた。部屋にはわたしの写真がたくさん。受賞式の写真だ。賞なんかもらわないほうがいいのにと、母は前からいっていた。母はそんな部屋をみて泣いた。わたしの写真に囲まれて、泣いた。

まもなく、わたしの家にはたくさんの女の人がつめかけてきた。パシュトゥン人の文化では、だれかが死ぬと、女はその人の家に、男は集会所に集まる。家族や親しい友人だけでなく、近所の人みんながそうすることになっている。

母は、あまりにもたくさんの人がやってきたので、驚いた。礼拝用の敷物に座って、コーランを唱えた。「みんな、泣かないで。祈ってください!」といった。そのうち、弟たちが部屋に駆けこんできた。学校から歩いて帰ってきたアタルは、テレビをつけて、ニュースでわたしが撃たれたことを知り、クシャルを呼んできて、みんなといっしょに泣きはじめた。電話が鳴りつづけていた。母へのなぐさめの電話だった。頭を撃たれたというけれど、弾は額をかすっただけだからだいじょうぶですよ、という人もいた。みんなのいうことが違うので、母は混乱していた。はじめは足をけがしたという話だったのに、今度は頭を撃たれたときかされたのだから、無理もない。

母は病院に行きたがった。行かないと、わたしが「どうしてお母さんは来てくれないの」と思うだろうから。でもまわりの人たちに、わたしはもう死んでしまったか、生きているとしたらすぐほかの病院に移送されるだろうからと、止められた。

父の友人のひとりが母に電話をかけて、わたしがヘリコプターでペシャワールに運ばれるから、陸路でペシャワールに向かうように、と連絡してくれた。母がいちばんつらい思いをしたのは、だれかがわたしが持っていた家の鍵を届けにきたときだった。銃撃の現場に落ちていたのをみつけて、持ってきてくれたとのこと。「鍵なんかいらない。娘に帰ってきてほしい!」母はそういって泣いた。「マララがいないのに、鍵なんかあってもしかたないじゃない!」そのとき、ヘリコプターの音がきこえた。

ヘリポートはうちから一キロちょっとしか離れていなかったので、女の人たちはみんな屋根にのぼって空をみあげた。「マララが乗っているのね!」ヘリコプターが飛んでいくのをみながら、母は頭のスカーフを取った。パシュトゥン人の女性がスカーフを取るなんて、めったにない。母はそれを両手に持って、捧《ささ》げ物のように空にかざした。「神様、マララをお願いします。わたしたちは護衛をつけませんでした。神様が守ってくださると思ったからです。だから、神様、マララを守って、マララをわたしたちに返してください」

ヘリコプターのなかで、わたしは血を吐いた。父はパニック状態だった。内臓に出血があるとしたら、望みはないかもしれないと思ったらしい。ところが、マリヤム先生が、わたしの手が動いたことに気がついた。わたしはスカーフで口元を拭こうとしていたようだ。「みて、マララが動いているわ！　きっとだいじょうぶ」

ヘリコプターがペシャワールに着いた。父は、レディ・レディング病院に行くものと思っていた。ドクター・ムンタズという、とても優秀な脳神経外科の医師がいるので、その医師にみてもらうのがいいだろうといわれていたからだ。ところが驚いたことに、ヘリコプターが向かったのは、ＣＭＨ、統合軍病院だった。

ＣＭＨはレンガ造りの大きな病院で、ベッド数は六〇〇。イギリスの統治時代に作られたものだ。高層の病棟を新しく作るために、大規模な工事がおこなわれていた。ペシャワールは連邦直轄部族地域（ＦＡＴＡ）の玄関口なので、二〇〇四年に政府軍が武装勢力と戦いはじめて以来、この病院では、市内や周辺地域から運ばれてくる多くの傷病兵や自爆テロの犠牲者の治療に当たっている。パキスタンでよくみられるように、ここCMHの周辺にはコンクリートブロックの塀や検問所がたくさんあって、自爆テロリストの侵入を防いでいる。

わたしは集中治療室（ICU）に運ばれた。ICUは、主病棟とは別の建物にある。ナースステーションの時計が五時すぎを指していた。わたしを乗せたストレッチャーは、ガラスの壁で仕切られた隔離室に入れられた。ナースがわたしに点滴をする。隣の部屋には兵士が横たわっていた。即製爆発装置（IED）にやられて、ひどい火傷《やけど》を負うとともに、片脚を失ったのだ。

若い男性がわたしの部屋に入ってきて、脳神経外科医のジュナイド大佐ですと自己紹介した。父はまた動揺した。その人は、とても医者にはみえなかったのだ。若すぎると思ったそうだ。「患者のお父さんですね」と医師はいった。マリヤム先生は母親のふりをして、病室に入っていた。

ジュナイド先生がわたしを診察した。わたしは意識があって、体は動いていたけれど、話はできなかったし、なにもわからない状態だった。まぶたが勝手にぱちぱち動いていた。医師は弾丸が当たった額の傷を縫ったけど、CTスキャンに弾丸が映っていないことに驚いた。「ここから弾が入って、どこからも出ていないはずだが」そういってわたしの背骨を触診し、弾丸をみつけた。左の肩甲骨のすぐそばにとどまっていた。「撃たれたとき、前かがみになっていたのでしょう。首が前傾していたので、こうなったのです」

ＣＴスキャンをやり直してから、医師は父を呼んで、画像をみせた。スワートの病院ではＣＴスキャンは一方向からしか撮らなかったけれど、この病院で新たに撮った画像から、傷の状態が思ったより深刻だとわかった。「ここをみてください。弾丸が、脳のすぐ近くを通ったのがわかります」骨のかけらが脳膜を傷つけているらしい。「神に祈りましょう。あとはようすをみるだけです。この段階では手術はおこないません」

父はますます動揺した。スワートの病院ではたいしたことはないといわれたのに、今度は深刻な事態だといわれたのだ。深刻なのに手術をしないなんて、と思ったらしい。軍の病院というだけで、父は落ち着かない気分だった。パキスタンでは、軍が政権を握ったことが何度もあるせいか、軍を信用できないと思う人が多い。軍とタリバンとの戦いが長く続いたスワートの人々は、とくにそうだ。父の友人が電話をかけてきた。「マララをほかの病院に移したほうがいい。マララをリヤーカト・アリー・

カーンのような殉教者にはしたくないだろう」父はどうしていいかわからなかった。

父はジュナイド先生にいった。「わけがわかりません。民間の病院に行くものと思っていたのに、どうしてわたしたちはこの病院に連れてこられたんでしょう。ここにレディ・レディング病院のムンタズ先生を呼んでくれませんか」

「どういうことですか」ジュナイド先生はいった。気を悪くするのも当然だった。

あとでわかったことだけど、ジュナイド先生は見た目が若いだけで、脳神経外科医としてのキャリアが一三年もあり、パキスタン軍医のなかではもっとも経験と能力のある医師だった。軍の病院で働くようになったのは、設備がしっかりしているし、同じく軍の脳神経外科医をしていたおじさんがいたからだという。ペシャワールのCMHは、タリバンとの戦闘で、なくてはならない重要な役割を果たした。銃で撃たれたり爆弾にやられたりした重傷者が毎日何人も運びこまれたのだ。「わたしは、マララのようなけが人を何千人もみてきました」と、ジュナイド先生はあとでいっていた。

当時の父は、そんなことを知るはずもなかった。がっくり肩を落として、「とにかく全力を尽くしてください。あなたは医者なんですから」といった。

それからの数時間は、ただようすをみるだけだった。ナースが脈拍や体温、血圧などをチェックする。わたしはときどきうめき声をあげて、手を動かしたり、まばたきをしたりした。マリヤム先生が声をかけてくる。「マララ、マララ」一度だけ、わたしの目がぱっちり開いた。「マララは、こんなにきれいな目をしていたのね」と先生はいった。わたしの手は何度も動いて、指につけられたコードを外そうとしていた。「だめよ、やめなさい」マリヤム先生がいう。「先生、そんなに叱らないで」わたしは力のない声でいった。学校にいるときのようだった。マリヤム先生は厳しい先生だった。

夜になって、母がアタルを連れてやってきた。父の友人ムハンマド・ファルークの車に乗せてもらって、四時間かけて来たそうだ。到着の前に、マリヤム先生が電話をして、忠告しておいてくれた。「マララの姿をみても、泣いたり叫んだりしないでくださいね。耳がきこえていないようにみえても、ちゃんときこえているんです」父も母に電話をかけて、最悪の事態を覚悟してくるように、といっていた。父は母のことも心配だったのだ。

やってきた母は、父と抱き合った。ふたりとも、涙をこらえていた。「アタルを連れてきたわよ」母はわたしにいった。「お姉ちゃんに会いにきたのよ」アタルはひどく怖がって、泣いてばかりだった。「ママ、お姉ちゃんがかわいそう」母もショックを受けていた。どうして早く手術をして弾丸を取りだしてくれないのか、と思ったそうだ。「マララ、わたしの大切な娘、勇敢で美しい娘」といって泣いた。アタルも大声で泣くので、しまいに病室から追い出されてしまった。病院の宿泊施設に泊まることになった。

父はどうしていいかわからなくなっていた。病院の外におおぜいの人が集まってきたのだ。政治家、政府高官、州政府の役人。州知事も来て、治療費にといって一〇万ルピーを父に渡した。わたしたちの文化では、だれかが死んだとき、偉い立場の人がお悔やみに来てくれると、遺族はそれを誇りに思う。だからこそ、父は怒っていた。集まった人たちはみんな、わたしが死ぬのを待っているのではないか、と思えたからだ。いままでなにもしてくれなかったくせに。

その後、食事のときに、アタルがテレビをつけた。すると父がすぐにスイッチを切った。わたしの事件を報じるニュースを、そのときはまだ、みる気になれなかったのだ。父が部屋を出ると、マリヤム先生がスイッチをつけた。どのチャンネルでも、わたしの映像を流していた。祈りの言葉や、感動的な詩を添えて、まるでわたしが死んでしまったかのような扱いだった。「マララ、わたしのマララ」母が泣くと、マリヤム先生も泣いた。

真夜中近くになって、ジュナイド先生が父をＩＣＵの外に呼びだした。「ジアウディン、マララの脳が腫れています」父は、それがどういうことかわからなかった。医師がいうには、わたしの容体は悪化しているとのことだった。意識レベルも下がっている。それに、また血を吐いた。ジュナイド先生は三度目のCTスキャンをした。それで、脳が腫れて危険な状態になっているのがわかったのだ。

「弾丸は脳に当たっていないんじゃないんですか」父がいった。

ジュナイド先生の説明によると、骨の一部が砕けて、そのかけらが脳にめりこみ、それが刺激になって、脳が腫れているのだという。頭蓋骨を一部切りとって、腫れた脳を楽にしてやらないと、いまのままでは脳が圧力に耐えきれなくなってしまう。

「すぐに手術をする必要があります。いまならまだ助かる見込みがあります。手術をしないと取りかえしのつかないことになるかもしれません。なにもしなかったことで後悔してほしくありません」

それにしても頭蓋骨を切りとるなんて、と父は思った。「助かるんですか？」すがる思いできいたものの、その時点ではなんともいえない、といわれた。

ジュナイド先生の英断だった。上司や先輩医師は賛成しかねていたし、まわりの人々からは、わたしを海外に移送すべきだといわれたらしい。でも、ジュナイド先生の決断こそが、わたしの命を救ってくれたのだ。父は手術に同意した。ジュナイド先生は、手術助手としてムンタズ先生を呼んでくれるといった。手術同意書にサインするとき、父の手は震えていたそうだ。モノクロの書類には「死亡のおそれもあります」という一文があった。

手術は午前一時半にはじまった。父と母は手術室の外で待っていた。「神様、どうかマララを元気にしてやってください」父は祈った。神と取引もした。「わたしはサハラ砂漠で暮らすことになってもかまいません。マララの目をあけてやってください。マララがいなくなったら、わたしは生きていられません。神様、わたしの残りの寿命を娘にやってください。わたしはもうじゅうぶん生きました。傷が残ってもかまいません。命だけは助けてやってください」

とうとう母が口をはさんだ。「神様は心が広いおかたよ。マララをもとのようにして、わたしたちに返してくださるわ」母はコーランを手に持って、神に祈りはじめた。壁に向かって、何時間も、何度も何度も繰りかえした。

「あんなに熱心にお祈りをする人は、ほかにみたことがないわ」マリヤム先生が、あとでこういっていた。「神様はきっと願いをきいれてくださる、そう確信したもの」

父は、これまでのことを考えまいとしていた。わたしに発言をさせたりキャンペーンをさせたりしたのは間違いだったのだろうか、と考えてしまうのがつらかったからだ。

手術室では、ジュナイド先生がのこぎりのような器具を使って、わたしの頭蓋骨の左上の部分を切りとっていた。大きさは八センチ×一〇センチくらい。これで、脳が腫れてもだいじょうぶだ。それから、おなかの左側の皮下組織に切れ目を入れて、切除した頭蓋骨を埋めこんだ。そうやって保存しておくのだ。続いて気管切開。脳の腫れのせいで気管が狭くなっている可能性があるからだ。脳にできていた血塊を除去し、肩甲骨近くにあった弾丸も摘出した。すべての処置が終わったあと、人工呼吸器を取りつけた。終わったときには五時間近くたっていた。

母の祈りをよそに、外にいる人たちの九〇パーセントは、マララの死の知らせを待っているんじゃないか——父はそう思っていた。友人や仲間たちは本当に心配してくれている。でも残りの人たちは、わたしたちが有名になったことを嫉妬していたり、わたしの身に起きたことを自業自得だと思ったりしているんじゃないか、と。

父は手術室の前の緊迫した雰囲気から少し逃れたくて、外に出た。すると、ナースが近づいてきた。「マララさんのお父さんですか?」父はまた暗い気持ちになった。ナースに連れられて、ある部屋に入った。

父は「残念ですが、お嬢さんは亡くなりました」といわれるのだろうと覚悟を決めていた。ところが、そうではなかった。「どなたかに、血液バンクに輸血用の血液を取りにいっていただきたいのです」父はほっとしたが、同時にむっとした。血液を取りにいく人がいないって、どういうことだ？　父は思ったけど、しかたがない。友人のひとりに行ってもらった。

午前五時半頃、ジュナイド先生が手術室から出てきた。頭蓋骨の一部を切りとって腹部に埋めこんだことも含めて、詳しい説明をしてくれた。パキスタンでは、医師が患者や家族にそういう説明をしてくれることはない。父は謙虚な態度でたずねた。「ばかな質問かもしれませんが、よかったら教えてください。娘は――助かるんでしょうか」

「医療の世界では、二たす二は必ずしも四にならないんです」ジュナイド先生はいった。「できる限りのことはしました。頭蓋骨を一部取りのぞいて、あとはようすをみるだけです」

「もうひとつ、教えてください。その骨はどうするんですか？」

「三ヶ月後、頭に戻します」ムンタズ先生が答えた。「簡単ですよ」ぱんと手をたたく。

朝になると、状況は快方に向かった。わたしは腕を動かせるようになった。それから、州の外科医のなかでもトップスリーといわれる人たちがやってきた。わたしの状態をみて、三人は、ジュナイド先生とムンタズ先生はすばらしい仕事をした、といった。手術は大成功だった。ただし、いまは薬を使ってわたしを昏睡《こんすい》状態にしておいたほうがいい、とのことだった。意識を取り戻してしまうと、脳にストレスがかかるからだ。

わたしが生と死のはざまをさまよっているあいだに、タリバンは犯行声明を出した。わたしを撃ったことを認めたのだ。ただし、わたしが教育を求めるキャンペーンをやっていたからではない、と断っている。「マララを襲撃したのはわれわれである。われわれを非難する者は、だれであろうと、同様の襲撃を受けるであろう」

パキスタン・タリバン運動（ＴＴＰ）のスポークスマン、イーサヌラー・イーサンはこういっている。「マララが襲撃を受けたのは、教育を宗教から分離させる考えを民衆に広めようとしたからだ。マララは若いが、パシュトゥン人の世界に西洋文化を持ちこみ、広めようとしたことは許されない。西洋かぶれの女がタリバンを非難し、オバマ大統領を崇拝したのだ」

父には心当たりがあった。一年前にパキスタン国民平和賞を受賞したあと、わたしはテレビのインタビューをたくさん受けた。そのうちのひとつで、好きな政治家の名前を教えてくださいといわれて、三人の名前をあげた。カーン・アブドゥル・ガッファール・カーン［ガンディーに呼応して北西辺境州で非暴力運動を指導したパシュトゥン人］、ベナジル・ブット、バラク・オバマ大統領。オバマ大統領について書かれた本を読み、尊敬していた。若くて、黒人で、貧しい家の出なのに、希望を持ってがんばり、夢を実現させた人物だ。ただ、パキスタンの人々にとって、アメリカといえば、無人機、奇襲、ＣＩＡスパイのレイモンド・デイヴィスなのだ。

タリバンのスポークスマンは、二ヶ月前にある会合が襲撃を受けた件も、ファズルラーの指示によるものだと認めた。「われわれにそむいて政府に味方する者は、だれであろうと、われわれの手で殺されるであろう。みているがいい。ほかの重要な人物も、まもなく犠牲となるであろう」最後に、こんなこともつけ加えた。わたしを襲撃するにあたっては、スワートの住民ふたりを雇って情報を集めさせ、わたしの通学ルートも調べあげたうえで、わざと軍の検問所の近くで襲撃を実行した。どこでだって行動はできることを世の中に示すためだという。

その朝――手術からわずか二、三時間後――病院のなかが騒がしくなった。医師やナースが制服を整え、病院内を掃除している。まもなく、カヤニ将軍があらわれた。

「国家全体がきみときみの娘のために祈っている」カヤニ将軍は父にいった。わたしは将軍に会ったことがある。二〇〇九年の年末、反タリバンの大きな会合が開かれたとき、将軍がスワートにやってきた。

「軍がすばらしい仕事をしてくれて、うれしいです」と、そのときわたしは将軍にいったのを覚えている。「あとはファズルラーを捕まえるだけですね」会場全体から拍手がわいた。カヤニ将軍はわたしのところへ来て、まるで父親みたいに、わたしの頭に手を置いてくれたものだ。

ジュナイド先生は手術の内容と、今後の治療計画を簡単に説明した。カヤニ将軍は、CTスキャンの画像を海外の専門家に送って助言を求めたらどうか、といった。将軍が帰ったあと、わたしは面会謝絶になった。感染を予防するためだ。それでも、次々に人がやってきた。クリケット選手から政治家に転身したイムラン・カーン。州の情報相で、タリバン批判の急先鋒でもあるミアン・イフティカル・フセイン。イフティカル・フセインは、ひとり息子をタリバンに殺されている。カイバル・パクトゥンクワ州の知事、ハイダル・ホティも来てくれた。この州知事とは、テレビのトークショーでディスカッションしたことがある。そうした人々も、病室に入ることはできなかった。

「マララはもうだいじょうぶなので安心してください」ホティ知事は人々にいった。「ただ、これからもいろいろな治療が必要らしい」

午後三時頃、イギリス人の医師ふたりが、ラワルピンディからヘリコプターでやってきた。ドクター・ジャヴィド・カヤニと、ドクター・フィオーナ・レイノルズ。バーミンガムの病院に勤務している医師で、たまたまパキスタンに来ていたのだ。国内はじめての肝移植プログラムについて助言をするためだった。パキスタンには、教育問題のほかにも、恐ろしい統計の出ている問題がいくつかある。そのひとつが、七人の子どものうちひとりが肝炎にかかっているということだ。主な原因は、不潔な注射針を使っていること。患者の多くは肝臓の病気で亡くなる。カヤニ将軍は、この現状を改善することを決意した。民間ができなかったことを、また軍がやろうとしているのだ。将軍は、このふたりのイギリス人医師に、イギリス医療が肝移植分野でどの程度進んでいるかを説明してもらっていた。ちょうどそのとき、わたしの襲撃事件が起きたのだ。ふたりの医師が将軍の部屋に入ると、テレビがふたつついていた。ひとつは地元局のウルドゥー語放送、もうひとつはイギリスのスカイニュース。どちらもわたしが撃たれたニュースを流していた。

将軍と医師は同じ名前だけど、血のつながりはない。それでも、親しい間柄だった。

そこで、カヤニ将軍はジャヴィド・カヤニ先生に相談した。情報が錯綜《さくそう》していて気になるから、イギリスに帰る前に、マララの容体をみてやってくれないか、と。クイーン・エリザベス病院で救急治療医局長を務めているジャヴィド先生は、これを引き受けてくれた。ただし、フィオーナ・レイノルズ先生も連れていきたいと条件をつけた。フィオーナ先生はバーミンガム小児病院に勤務する女医で、小児救急治療のスペシャリストだ。はじめはペシャワールに行くのは怖いといったらしい。外国人は行かないほうがいいといわれる場所だからだ。でも、わたしが女の子の教育のために活動していることを知ると、喜んで行きます、といってくれた。自分はいい学校に通って医師になることができた、そのことをラッキーだと思っているから、といっていた。

ジュナイド先生と病院の責任者は、イギリス人医師が来るのを喜ばなかった。押し問答のあげく、ジャヴィド先生がだれに依頼されたかを告げると、話はまとまった。ジャヴィド先生たちは、わたしが置かれた環境をみて、これはよくないと思った。まず、手を洗おうと水道の蛇口をひねっても、水が出てこない。断水しているのだ。それから、フィオーナ先生が検査機器やその表示をみて、ジャヴィド先生になにかささやいた。そしてナースに「血圧を最後に測ったのはいつですか」とたずねた。ナースが「二時間前です」と答えると、フィオーナ先生は、それではだめです、血圧は常時測っていなければなりません、といった。さらに、「どうして留置針をつけていないのか」「二酸化炭素レベルが低すぎる」との指摘もあった。

そのときフィオーナ先生がジャヴィド先生にいった言葉をきいていなくてよかった、と父はいっていた。フィオーナ先生は「まだぎりぎりだいじょうぶ」といったそうだ。つまり、わたしは適切なタイミングで適切な手術を受けたけれど、アフターケアに問題があって、無事に回復できるかどうかが微妙な状態だったのだ。脳外科手術のあとは、呼吸とガス交換の状態をモニタリングすることが不可欠だ。二酸化炭素レベルを、常に正常範囲に維持しなければならない。いろんなチューブで体と機械をつないで、そういうことをチェックするのだ。ジャヴィド先生はそのことを「飛行機の操縦みたいなもので、正確な計器がないと不可能だ」といった。もし病院にちゃんとした機械があったとしても、正しく使わなければ意味がない。ふたりの医師はそれからヘリコプターで帰っていった。暗くなってからペシャワールにいるのは危険だからだ。

訪ねてきたのに面会を許されなかった人のなかに、パキスタン内務大臣のラーマン・マリクがいる。わたしのパスポートを持ってきてくれた。父はなんとかお礼をいったものの、ひどく取り乱していた。その日の夜、軍の宿泊施設に戻った父は、ポケットからパスポートを取りだして母にみせた。「マララのパスポートだ。だが、外国へのパスポートなのか、天国へのパスポートなのか、わからない」両親は病院という狭い世界にこもっていて知らなかったけれど、わたしが撃たれた話は世界じゅうに広まっていて、海外で治療を受けるべきだという声があちこちであがっていた。

容体は悪化していった。父はかかってくる電話をほとんど取らなくなった。数少ない例外は、アルファ・カリムの両親からの電話だった。カリムはパンジャブ州に住むコンピュータの天才少女で、いろいろなフォーラムでわたしと話したことがある。九歳のとき、最年少のマイクロソフト社認定プロフェッショナル・プログラマーになった。ビル・ゲイツに招待されてシリコンバレーに行ったこともある。ところが残念なことに、この年の一月、てんかんによる心臓発作を起こして亡くなった。わたしよりひとつ年上で、まだ十六歳だった。彼女のお父さんに電話をもらって、父は泣いた。

「教えてください。娘をなくしたあと、どうやって生きていったらいいんですか」

22　未知の世界へ

わたしが撃たれたのは、火曜日のお昼頃。木曜日の朝が来るまでに、父はわたしが死ぬものとあきらめて、おじのファイズ・ムハンマドに連絡し、村で葬儀の準備をしてほしいと頼んでいた。わたしは薬で昏睡状態のままだった。体の状態を示す数値は悪化する一方。顔も体もむくんで、腎臓も肺も機能が低下していた。父があとでいっていたが、わたしがいろんなチューブを体につけられて、ガラスで囲まれた小さな空間にいるのをみるのは、とてもつらかったそうだ。見た目には、死体のようなものだったからだ。父は絶望していた。「マララはまだ十五歳じゃないか。死ぬなんて早すぎる」そんな思いが頭から離れなかったという。

母はお祈りを続けていた。ほとんど眠っていなかった。ファイズ・ムハンマドに、ハッジの章――コーランの巡礼の章――を唱えるといいといわれたので、神の力強さを説いたその部分（五八節から七〇節まで）ばかりを何度も繰りかえしていた。「マラは助かるわ、そう感じるの」と父にいったそうだ。でも父は、そんなふうに思うことができなかった。

ジュナイド先生がわたしのようすをみにくると、父はまたきいた。「娘は助かりますか」

「神を信じますか？」

「はい」父は答えた。

ジュナイド先生は、とても信心深い人らしかった。神に祈れば、神は答えてくださるはずですよ、と父にいった。

水曜日の夜遅く、集中治療のスペシャリストの軍の医師ふたりが、イスラマバードから陸路でやってきた。カヤニ将軍に指示されてやってきたとのこと。カヤニ将軍は、昼間来たイギリス人医師たちから報告を受けていた。わたしがこのままペシャワールの病院にいたら、術後のケアがじゅうぶんでないため、感染症を起こすリスクが高く、脳にダメージを受けるか、悪くすると死んでしまうだろう、というものだった。転院を勧めるが、その前に、トップクラスの医師にみてもらってはどうか、とのアドバイスもあった。ただ、そんなことをしてももう遅いのではないかと思われるほど、わたしの容体は悪くなっていた。

病院のスタッフは、フィオーナ先生に指示されたことをひとつも守っていなかった。それもあって、わたしの容体は時間を追うごとに悪化した。感染症も起きた。水曜の夜に来た医師のひとり、アスラム准将（軍医）が、木曜の朝にフィオーナ先生に電話をかけて「マララが重体だ」といった。わたしは播種性血管内凝固症候群（ＤＩＣ）という症状を起こしていた。血液が凝固せず、血圧が下がって、血液が酸性に傾く。とても危険な病態だ。尿も出なくなった。腎臓が働いていないので、乳酸レベルも上がる。悪化のおそれのあった数値はすべて悪化した、そんな状態だった。フィオーナ先生は、バーミンガムに帰るために空港に向かうところだった。荷物はすでに空港に送ってあった。それなのに、わたしが重体だときくと、協力を申し出てくれた。同じくバーミンガムに帰る予定だったナースもふたり、パキスタンに残ってくれた。

フィオーナ先生は、木曜日のお昼頃にペシャワールにまた来てくれた。父に、わたしをもう一度ヘリコプターに乗せて、ラワルピンディの軍の病院に転院させるべきだ、といった。そこなら、もっとも進んだ集中治療を受けられる。でも父は、そんな状態のわたしをヘリコプターで移動させることに不安を感じていた。フィオーナ先生は、そんなことは当たり前にやっていることだから問題ない、といって父を安心させた。

父は、まだ望みがあるんですかときいた。「望みがなかったら、わたしはいまここに来ていませんよ」とフィオーナ先生はいった。父はそのとき、涙をこらえきれなかったそうだ。

その日の夕方、ナースが病室にやってきて、わたしの目に目薬をさした。「あなた、みて」母がいった。「フィオーナ先生のいうとおりだわ。ナースがマラテに目薬をさしてくれた。望みがなかったら、目薬なんかさすもんですか」わたしといっしょにいて撃たれたシャツィアも、同じ病院に運ばれてきていた。フィオーナ先生はシャツィアのようすもみにいってくれた。そして父に、シャツィアはだいじょうぶですよ、と報告した。シャツィアは、「お願い、マララを治してあげて！」とフィオーナ先生にいったそうだ。

救急車でヘリポートまで行った。警官のオートバイが、青いライトを点滅させて先導してくれる。ラワルピンディまで、ヘリコプターで一時間一五分。そのあいだ、フィオーナ先生はほとんど立ちっぱなしだった。さまざまな機器の調整に追われて、休む暇もなかったのだ。父の目には、先生が戦っているようにみえたという。でも先生にしてみれば、長年やってきたことなのだ。イギリスでの仕事の半分は、危篤状態の子どもたちを搬送すること。もう半分は、その子どもたちを集中治療室で治療すること。

そんなフィオーナ先生にとっても、わたしのケースは特殊だった。欧米人にとってペシャワールは危険な町だから、というだけではない。先生はグーグルでわたしの名前を検索して、これはただのけが人ではない、と思ったそうだ。「マララになにかあったら、白人の女医師のせいだといわれかねない。マララが死んだら、わたしはパキスタンのマザー・テレサを殺したことになってしまう」あとで、そんなふうに話してくれた。

ヘリコプターがラワルピンディに着くとすぐ、救急車に乗り換えた。ここでもまた軍に先導されて、国軍循環器学病院という病院に行った。父は不安を感じていた。頭のけがを治すのに、どうして循環器の病院なんだろう、と思ったからだ。するとフィオーナ先生が説明してくれた。ここの集中治療はパキスタンで最高レベルなんです、設備も最新で、イギリスで研修を積んだ医師が何人もいます、とのこと。さらに、自分が連れてきたバーミンガムの病院のナースたちが、循環器科のナースたちに、頭のけがをした患者のケアについて具体的に指示してくれたとのこと。それからしばらく、ナースたちはわたしにつきっきりだった。抗生物質の点滴を取り替えたり、薬液がスムーズに入っていかないので留置針をつけ直したり。三時間たって、ようやくわたしの状態は安定した。

病院のセキュリティは万全だった。兵士の一団が入り口を守っているし、屋上には狙撃手《スナイパー》もいる。だれひとり、勝手に入ることは許されない。医師は制服着用。患者の見舞いが許されるのは家族だけで、しかも厳しいボディチェックを受けなければならない。わたしの両親には、陸軍少佐が常につきそうことになった。どこに行くのにもついてくる。

父は不安がっていたし、おじは「気をつけろよ。ＩＳＩのスパイが混じってるかもしれないぞ」といっていた。わたしの家族は、将校用宿泊施設の三部屋を割り当てられた。携帯電話はすべて没収。セキュリティの理由があってのことかもしれないが、父がマスコミにしゃべるのを警戒したのかもしれない。宿泊施設から病院まで移動するときも、トランシーバーを持った軍人たちが、通り道に怪しい人物がいないかどうかを確認してからでないと、歩かせてもらえない。そのせいで、ほんのちょっとの距離を移動するのに三〇分もかかってしまう。宿泊施設の中庭を通ってダイニングホールに行くときも同様だった。外部の人間は立入禁止。首相が来たときも、病院のなかには入れなかった。驚くべき徹底ぶりだ。でも、この三年間のうちに、タリバンはもっともセキュリティレベルの高い軍施設に入りこんで、襲撃をおこなっている。

メーランの海軍基地でも、カムラの空軍基地でも、この病院のすぐ近くの軍本部でも。だれがタリバンの標的になってもおかしくない。わたしの弟たちだって例外じゃないと、父はいわれたそうだ。その頃、クシャルはまだミンゴラに残っていたので、父は気が気ではなかった。のちに、クシャルはラワルピンディに呼ばれて、家族と合流した。宿泊施設にはパソコンもないし、インターネットもできない。でも、気さくなコックさんがいた。ヤセーム・ママという名前で、新聞や、そのほかなんでも必要なものを、わたしたち家族に持ってきてくれた。ヤセームは、わたしたち家族の手伝いができるなんて光栄だ、といってくれた。とても親切な人なので、両親はいろんな話を包み隠さず話すことができたそうだ。ヤセームは、もっとしっかり食べてほしい、元気になってほしい、と家族にいってくれた。父と母が食欲をなくしているのをみて、ヤセームは、とびきりおいしい料理やデザートを作ろうとがんばってくれた。食事中、クシャルがこんなことをいったそうだ。「家族がひとりでもいないと、食事がつまらない。うちの家族はお姉ちゃんがいないとだめなんだなあ」

ヤセームが新聞を持ってきてくれたので、父ははじめて世界の反応を知った。わたしが撃たれたことで、世界じゅうが激怒しているようだった。襲撃を、国連事務総長のパン・ギムンは「憎むべき卑怯《ひきょう》な行為」と評し、オバマ大統領は「非難されるべき最悪の行為であり、これほどの悲劇はない」といった。

ところが、パキスタン国内の反応は、そういうものばかりではなかった。わたしのことを〝平和の象徴〟と表現する新聞もあれば、例によって、陰謀説を唱える新聞もあった。わたしが本当に撃たれたのかどうか怪しい、とブログに書く人もいたほどだ。ありとあらゆる説がでっちあげられていた。とくに、ウルドゥー語の新聞はひどかった。男性があごひげを伸ばすのはよくないと、わたしがいったことになっていたりする。

わたしを批判する人たちのなかでいちばん過激なのは、宗教色の強いジャミアテ・イスラミ党の女性議員、ドクター・ラヒーラ・カジだ。わたしをアメリカの手先といい、その証拠として、わたしがアメリカの外交官リチャード・ホルブルックと並んでいる写真を持ち出してきた。それを「米軍の権力者と仲良く会食している写真だ」というのだから、あきれてしまう。

フィオーナ先生がいてくれたことで、わたしたちはどんなに救われたかわからない。母はパシュトー語しか話せないので、先生はジェスチャーを使う。わたしの病室から出てきたときに、親指を立てて「グッド」といってくれたりする。医師というだけでなく、両親のためのメッセンジャーでもあった。辛抱強く両親のそばにいて、父がパシュトー語で母にすべて説明するまで待っていてくれる。父はそのことに驚き、喜んだ。パキスタンの医師のほとんどは、字の読めない女性にはなにひとつ説明してくれないものだ。

わたしの治療をまかせてほしいという申し出が、海外の病院から殺到しているらしかった。そのなかのひとつが、アメリカで最高の病院といわれる、ジョンズ・ホプキンズ病院。しかも治療費はいらないという。アメリカからは、個人的な援助の申し出も多かった。たとえばジョン・ケリー上院議員。パキスタンを何度も訪れたことのある裕福な人だ。ゲイブリエル・ギフォーズもそのひとり。女性下院議員で、アリゾナの支持者たちとの会合中に頭を銃で撃たれたことがある。ドイツやシンガポール、アラブ首長国連邦やイギリスからも、申し出があった。

これからどうしたいのか、だれも両親にきいてくれない。なにからなにまで、軍が決めてしまう。カヤニ将軍はジャヴィド先生に、わたしを国外の病院に移すべきかどうかきいたそうだ。将軍はわたしの問題に驚くほど多くの時間を割いてくれている。ジャヴィド先生によると、六時間もかけて、わたしのことを話し合ったそうだ。たぶん、カヤニ将軍はほかのどの政治家よりもよくわかっていたんだと思う。わたしが死んだらパキスタンが国際社会のなかでどのような立場に立たされるか、ということを。

将軍は、タリバンを全力で掃討するための政治的コンセンサスを作りたかったのだろう。それに、将軍と親しい人たちの話によると、将軍はとても思いやりのある人物だったようだ。将軍の父親はごく普通の兵士で、若いうちに亡くなった。そのため、将軍は八人きょうだいの長男として、家族を支えていかなければならなくなった。軍の司令官になって最初にしたのは、軍の将校ではなく、一般兵の住まいや食糧や教育を改善することだったという。

フィオーナ先生が、わたしには言語障害が残るかもしれないといった。右腕と右脚にも後遺症が出るおそれがある。幅広い症状に対応できるリハビリ施設が必要だけれど、パキスタンにはそういう施設はない。「最善の結果を本気で求めるなら、マララを国外に移すべきです」とフィオーナ先生はいった。

カヤニ将軍は、アメリカにだけは頼らない、との姿勢を崩さなかった。レイモンド・デイヴィスの事件やビン・ラディンの身柄確保のための秘密作戦によって、パキスタンとアメリカの関係は悪化し、いまだ改善していない。国境付近でアメリカのヘリコプターが何人かのパキスタン兵を殺したことも、関係悪化の原因になっている。ジャヴィド先生は、ロンドンのグレイト・オーモンド・ストリート病院はどうか、といった。エディンバラとグラスゴーにある専門病院もいいそうだ。「きみの病院はどうなんだ？」カヤニ将軍はたずねた。

ジャヴィド先生は、こうきかれるだろうと思っていた。バーミンガムにあるクイーン・エリザベス病院は、アフガニスタンやイラクで負傷したイギリス人兵士を治療していることで知られている。市の中心部から離れていて、プライバシーを守れるという利点もある。ジャヴィド先生は上司であり病院の経営者でもあるケヴィン・ボルガーに連絡した。ボルガーはすぐに、そうしてくれ、といってくれた。ただ、あとでこういっていた。「はじめは夢にも思わなかったよ。病院全体が巻きこまれることになるとは」たしかにそうだ。外国人であり、まだ十代のわたしを、クイーン・エリザベス病院に転院させるとなると、単に搬送をどうするとかいう問題だけではすまない。ボルガーはまもなく、イギリスとパキスタン両国の政治の板挟みになって苦しむことになる。そのあいだにも、時間はどんどん経過していた。わたしの容体は安定してはいたものの、搬送するなら四八時間以内、遅くとも七二時間以内におこなうのが望ましい、と思われる状態だった。

ようやくゴーサインが出た。まず考えなければならないのは、移動手段をどうするかということと、だれがその費用を出すかということだ。ジャヴィド先生は、イギリス空軍からの申し出を受けたらどうかといった。アフガニスタンの負傷兵を運ぶことにも慣れているからだ。ところが、カヤニ将軍がだめだといった。夜遅くにジャヴィド先生を自宅に呼びだして——将軍は夜型人間だ——いつものように次々にたばこをふかしながら説明した。どの国であろうと、外国の軍の関与は認められない、というのだ。ただでさえ、わたしの襲撃に関してはさまざまな陰謀説が飛びかっている。わたしのことをＣＩＡのスパイだという人までいるくらいだ。そんなときに外国の軍の関与を許したら、火に油を注ぐことになる。

ジャヴィド先生は困ってしまった。イギリス政府は、パキスタン政府からの公式な依頼を求めているのだ。でもパキスタン政府は、面目を失うようなことはやりたがらない。幸運なことに、この段階で、アラブ首長国連邦の首長家が手を差しのべてくれた。プライベートジェットを飛ばしてくれるという。機内に治療設備のついた飛行機だ。わたしは生まれてはじめてパキスタン国外に出ることになった。出発は十月十五日月曜日の早朝と決まった。

両親はなにも知らされていなかった。わたしを国外に移すための相談が水面下でおこなわれているのを知っていただけだ。当然、わたしの行くところには自分たちも行くものと思っていたようだ。でも母も弟たちも、パスポートを持っていない。そのかわりになる書類もない。日曜日の午後、ジュナイド先生が父に説明した。わたしが次の朝イギリスに行くこと。父は同行できるけれど、母と弟たちは行けないこと。パスポートはそう簡単には作れないらしい。また、セキュリティのため、このことは家族にも話してはいけない、といわれたそうだ。

父は母になんでも話す。隠しごとなんかしたことがない。このことも、秘密にしておけるはずがなかった。暗い気分で、母とおじのファイズ・ムハンマドに打ち明けた。おじは怒るとともに、母や弟たちのことを心配した。「母親と子どもたちだけでミンゴラに戻ったら、なにがあるかわからないじゃないか！」

父はジュナイド先生に電話をかけた。「家族に話したら、反対されて大変でした。わたしは家族を置いてイギリスには行けません」このことで、大きな問題が持ちあがった。わたしは未成年だ。ひとりで国外に行かせることなどできない。いろんな人たちが、父を説得しようとした。ジュナイド先生も、ジャヴィド先生も、フィオーナ先生も、父がいっしょに行くべきだという。でも父は無理強いされるのが嫌いな人だ。かえって頑固になって自分が大問題の中心にあるとわかっていても、首を縦に振ろうとはしなかった。父はジャヴィド先生にいった。「娘は、安全な人たちに囲まれて、安全な国に行くんです。わたしは妻や息子たちをこの国に残していくわけにはいきません。危険にさらすことになります。娘に起こったことはどうしようもないことで、神の御手にまかせるしかありません。わたしは父親です。娘が大切なのと同じように、息子たちのことも大切なのです」

ジャヴィド先生は直接父に会って、確認した。「イギリスに行かない理由は、それだけですか？」だれかに圧力をかけられているのではないかと思ったようだ。

「妻にいわれたんですよ。家族を置いていかないでと」父がいうと、ジャヴィド先生は父の肩に手を置いて、マララさんのことは安心してわたしたちにまかせてください、といった。

「まるで奇跡のようですね。マララが撃たれたとき、あなたがたがみんな、ちょうどパキスタンにいたなんて」父がいった。

「神はまず解決策を示してくださる。問題はあとから、です」ジャヴィド先生がいった。

父は「保護者同意書」という書類にサインした。イギリス行きにあたってフィオーナ先生をわたしの後見人とする、というものだ。父は涙を流しながら、わたしのパスポートを差し出して、フィオーナ先生の手を握った。

「フィオーナ先生、信じています。娘をどうぞよろしくお願いします」

父と母がわたしのベッドのそばにやってきて、お別れの挨拶をした。午後十一時頃だった。パキスタンで両親がわたしをみたのは、それが最後だった。わたしはしゃべることも目をあけることもできなかった。父と母にとって、わたしが呼吸をしていることだけが、生きている印だった。母は泣いていた。父は「だいじょうぶだ」といった。わたしは危険を脱したのだと、父はそのとき感じていたそうだ。

わたしは最初、こういわれていた。命の危険の度合いは、撃たれてから二四時間、それから四八時間、それから七二時間と、時間を追うごとに高くなるだろう、と。わたしはそれらをすべて、無事に越えてきたのだ。脳の腫れはおさまり、血液の状態も改善した。フィオーナ先生とジャヴィド先生が手を尽くして治療に当たってくれる、両親はそう信じて、わたしを託した。

両親は、部屋に戻ってもなかなか眠れなかったという。真夜中すぎ、ノックの音がした。訪ねてきたのは、ある大佐だった。母をパキスタンに置いて娘といっしょにイギリスに行くべきだ、と父を説得しようとしていた人物だ。その人がまた、同じことをいいだした。父親がイギリスに同行しなければならない、そうしないと娘本人もイギリスに受け入れられない、という。

「その問題は、さっき解決したじゃありませんか。どうしていまごろ訪ねてくるんですか。わたしは家族を置いてはいけません」

また別の将校が来て、父にいった。「あなたも行くべきだ。父親がいっしょに行かないと、娘はイギリスの病院に受け入れてもらえないかもしれない」

「もう決めたことだ」父はゆずらなかった。「なんといわれようと、決めたことは変更しません。書類が全部そろったら、わたしたちみんなでイギリスに行きます」

すると、大佐はこういった。「では、これから病院に行こう。サインが必要な書類がある」

父は、怪しいと思った。真夜中すぎなのだ。不安だったので、母をいっしょに連れていくといった。そして、コーランのある部分を繰りかえし唱えつづけた。預言者ユヌスが、クジラのおなかのなかで唱えたという一節だ。聖書にも同じ話がある。ヨナが魚にのまれる話だ。それを唱えていると、困ったことがあってもきっと出口がみつかる、信じていれば危険を脱することができる、と思うことができる。

病院に着くと、父は、娘を出国させてイギリスに行かせるためにはほかにもいろいろと書類が必要だから、サインをするように、といわれた。ただそれだけのことで、不安がる必要はまったくなかったのだ。父は、いろんなことが水面下で進められていくことに、不満と不安を覚えていた。軍服姿の軍人たちの威圧感にも、恐怖を覚えていただろう。だから過敏に反応してしまったのだ。それもこれも、ろくでもない官僚主義が招いたことだった。

両親はぐったり疲れて宿泊施設に戻ってきた。父は、本当は、わたしを行かせたくなかったに違いない。家族と離れて、ひとりで知らない国に連れていかれたら、目覚めたときにどんな思いがするだろう――そう考えて心配してくれていたのだ。わたしの最後の記憶は、スクールバスで撃たれた瞬間で途切れている。目覚めてひとりぼっちだったら、家族に見捨てられたと思うかもしれない、と。

十月十五日月曜日、午前五時。わたしは軍隊に先導されて空港に向かった。道路は封鎖され、道路沿いの建物の屋根にはスナイパーが配置された。アラブ首長国連邦の飛行機が待っていた。とびきりぜいたくな飛行機だったそうだ。上等なシーツを敷いたダブルベッドと一六席のファーストクラス・シートがあり、後部には簡易医療設備が据えつけられていて、欧州人のナースとドイツ人の医師が待機している。せっかくのチャンスだったのに、意識がなくて楽しめなかったのが残念でならない。飛行機はアブダビに寄って給油してから、バーミンガムに向かった。着陸したのは、夕方遅い時刻だった。

両親は、宿泊施設でいつまでも待っていた。家族のぶんのパスポートやビザさえできれば、数日中に自分たちもイギリスに行ける。ところが、なんの知らせも入ってこなかった。電話もないし、パソコンもないから、わたしがいまどこにいるのかもわからない。待っている時間が永遠に続くように思われたという。

第五部

第二の人生

وطن زما زه د وطن يم ـ كه د وطن د پاره مرم خوشحاله يمه

Watan zama za da watan yam
Ka da watan da para mram khushala yama!

わたしは祖国を愛する
祖国のためなら、喜んですべてを投げだそう

23 「バーミンガムにいる、あたまをうたれた女の子へ」

わたしは十月十六日に目を覚ました。撃たれてからちょうど一週間。家から何千キロも離れたところにいることも知らず、のどにあけた穴にチューブをつけられて、呼吸はできるけど、話すことはできない状態だった。またＣＴスキャンをして、ＩＣＵに戻る途中だった。まばたきをしながら、夢と現実のあいだをしばらくさまよったあと、ようやくぱっちり目があいた。

最初に思ったのは、「よかった、生きている」ということだった。そして、ここはどこだろう、と思った。パキスタンではないと、すぐにわかった。ナースも医師も、英語を話してはいるけど、いろんな国から来た人たちという感じだ。わたしも話しかけてみた。でものどのチューブのせいで声にならない。はじめは左目がはっきりみえなくて、まわりの人がみんな、鼻がふたつと目が四つあるようにみえた。目覚めた脳のなかを、いろんな疑問が駆けめぐる。ここはどこ？　だれに連れてこられたの？　お父さんとお母さんは？　お父さんは生きてるの？　すごく不安だった。

そのときそばにいたジャヴィド先生は、不安ととまどいに満ちたわたしの表情が忘れられないという。先生はわたしにウルドゥー語で話しかけてくれた。そしてわたしがわかったことはただひとつ。神様がわたしに新しい命をくれたということ。頭にスカーフを巻いたやさしそうな女の人が、わたしの手を取って「汝に平穏あれ《アサラーム・アライクム》」といった。イスラムの挨拶の言葉だ。それからウルドゥー語でお祈りをして、コーランを唱えてくれた。ナースの名前はリハンナ。イスラム教の聖職者だという。そのやさしい声をきいているうちに気持ちが落ち着いてきた。わたしはまた眠りに落ちた。

夢のなかのわたしは病院にはいなかった。

次に目を覚ましたときは、翌日になっていた。わたしは、みたことのない緑色の部屋にいた。窓がないのに、とても明るい。そこは、クイーン・エリザベス病院のＩＣＵだった。なにもかも清潔でぴかぴかだった。ミンゴラの病院とは全然違う。

ナースが紙と鉛筆をくれた。わたしは鉛筆を持ったけれど、うまく書けなかった。

思った文字が書けない。父の電話番号が書きたかったのに、書けない。文字と文字が重なってしまう。ジャヴィド先生がアルファベットのボードを持ってきてくれた。これなら指でさすだけでいい。最初に綴《つづ》った言葉は「お父さん」と「国」だった。ナースが、ここはバーミンガムよと教えてくれた。でも、バーミンガムがどこなのかわからない。あとで地図を持ってきてもらって、イギリスの都市だとわかった。なにがどうなっているのかわからなかった。ナースはそれ以上のことをなにも教えてくれない。わたしの名前も教えてくれない。わたしはまだマララなの？

頭がずきずきした。注射をしてもらったけれど、痛みはおさまらない。左耳からの出血が止まらない。左手の感覚がおかしい。ナースや医師が頻繁に出入りする。ナースがわたしにいろいろ質問した。〝イエス〟のときは二回まばたきして答える。なにがどうなっているのか、だれがわたしをこの病院に連れてきたのか、だれも教えてくれない。この人たちも知らないんだろう、と思った。顔の左半分がちゃんと動いていない気がする。ナースや医師をみつめていると、左目に涙がたまってくる。左耳がきこえていない。あごもちゃんと動かない。そばに来る人には、右側に立ってほしいとジェスチャーで頼んだ。

それから、フィオーナ先生というやさしい女の人が来て、白いテディベアをプレゼントしてくれた。ジュナイドと名前をつけなさい、理由はあとで教えてあげるから、という。わたしはジュナイドというのがだれだかわからないので、リリーと名づけた。フィオーナ先生はピンク色のノートをくれた。好きなことを書いていいといわれたので、まず、質問をふたつ書いた。「どうしてお父さんがいないの？」「お父さんはお金がないのに、だれがここのお金を払うの？」

「お父さんは元気よ」フィオーナ先生はいった。「いまはパキスタンにいるわ。お金のことは心配しなくてもだいじょうぶ」

同じ質問を、病室に来る人すべてにぶつけてみた。みんなが同じように答える。それでもわたしは信じられなかった。自分がどうしてここにいるかがわからないので、だれも信用できない。父が元気なら、どうしてここにいないんだろう。もしかしたら、わたしがここにいることを両親は知らないのかもしれない。いまごろ、ミンゴラの広場やバザールを探しまわっているかもしれない。両親が元気でいるなんて、信じられない。

はじめの何日かは、意識が戻ったり遠のいたりして、夢と現実を行ったり来たりしていた。記憶が突然戻ってくることもあった。ベッドに寝ていて、たくさんの人に囲まれている。数えきれないいくらいたくさんの人がいる。わたしは「お父さんはどこ？」とききつづける。わたしは銃で撃たれたような気がするけれど、よくわからない。あれも夢だったんだろうか。

お金のことも気になってしかたがなかった。いろんな賞といっしょにもらったお金は、学校のために使ったり、シャングラに土地を買うために使ったりして、ほとんどなくなってしまった。医師がだれかとしゃべっているのをみるたびに、「マララはお金を持っていないらしいぞ。ここの治療費は払えないようだ」といっているような気がした。

医師のひとりはポーランド人で、いつも憂鬱そうな顔をしている。きっとあの人がこの病院のオーナーで、わたしがお金を払えないから困っているんだ。わたしはそう思ったので、ナースに紙と鉛筆をもらって、「どうして悲しそうな顔をしているの？」とその医師にきいた。医師は「悲しくなんかないよ」といった。わたしが「だれがお金を払うの？　うちにはお金がないの」と書くと、医師は「心配いらない。パキスタン政府が払ってくれるから」と答えた。それ以来、その医師はわたしをみるとにっこり笑うようになった。

わたしはいつも、なにか問題があると、どうやって解決したらいいかを考える。このときは、病院の受付に行って電話を借りて、両親に電話してみようと思った。でも、それはだめだと自分の頭が教えてくれる。電話代を払えない。パキスタンの国番号だって知らない。そしてこうも考える。外に出て働けば、もらったお金で携帯電話が買える。お父さんに電話をかければ、また家族で暮らせるはず。

頭のなかがごちゃごちゃして、まともにものを考えることができなかった。フィオーナ先生がくれたテディベアは緑色だったのに、いつのまにか白いのと取り替えられてしまった、と思ったりもした。「緑のテディは？」何度もきいた。そして、緑のテディなんかいなかったわよと、何度も教えられた。たぶん、緑色はＩＣＵの壁の色からきたイメージだろう。なのにわたしはいまでも、あれは緑のテディだったと信じている。

英語の単語をどんどん忘れていく。ナースに渡したメモのひとつに「歯磨き用の〝ワイヤー〟」と書いてしまった。歯のあいだになにかはさまっている感じがしたので、フロス［歯間清掃用の細い糸］が欲しいと書きたかったのに。実際は、舌がしびれているだけで、歯はきれいだった。わたしが落ち着いていられるのは、リハンナが来たときだけだった。リハンナのお祈りをきいていると、なんだかほっとする。わたしも唇を動かしてみた。お祈りの最後は、口の形だけで「アミン［〝アーメン〟にあたる言葉］」といった。テレビはほぼいつも消したまま。みせてもらえるのは『マスターシェフ』だけ。ミンゴラにいたときによくみていた番組だ。でも、画面はぼやけてみえる。あとになってわかったことだけど、病室には新聞の持ちこみが禁止されていたし、わたしに状況を教えることも禁じられていたらしい。わたしにトラウマを植えつけないようにという配慮らしい。

父は死んでしまったのかもしれない。わたしが心配していると、フィオーナ先生がパキスタンの新聞を持ってきてくれた。一週間前のもので、父がカヤニ将軍と話している写真が載っていた。父のうしろには弟がいて、その隣に、ショールをかぶった人が座っている。みえるのは足だけだ。「お母さん!」とわたしは書いた。

その日、ジャヴィド先生が携帯電話を持って入ってきた。「きみの両親に電話をかけるからね」わたしは目を輝かせた。「泣いちゃだめだ。涙を出さないように」ジャヴィド先生は、ぶっきらぼうだけどやさしい先生だ。ずっと前からの知り合いみたいに思える。「じゃあ、電話を渡すよ。しっかりね」わたしがうなずくと、先生は番号を押して、ひとこと話し、わたしに電話をくれた。

父の声がきこえた。わたしはのどのチューブのせいで話せない。でも、父の声をきけただけでうれしかった。顔も自由に動かないから、笑うこともできない。心のなかで笑っていた。「もうすぐそっちに行くから、ゆっくり休んでいなさい。あさってには着くはずだ」あとで父が教えてくれた。ジャヴィド先生は、父にも泣くなといったそうだ。父が泣けば、みんなが泣いてしまうからだ。先生は、みんなにしっかりしていてほしかったんだろう。電話はすぐに終わった。両親が、わたしを疲れさせたくないと思ったからだ。母はお祈りをしてくれた。

わたしはそのときもまだ、父がなかなか病院に来られないのはお金がないせいだろうと思っていた。わたしの治療費を作るために、パキスタンに残って、村の土地や学校も売っているんだろう、と。でも、土地は狭いし、校舎や家は借り物だ。売れるものなんてあるんだろうか。お金持ちの人にお金を貸してほしいと頼んでいるのかもしれない。

電話のあとも、両親はまだ安心できなかったそうだ。わたしの声がきけなかったし、まだ軍の宿泊施設に隔離されていたからだ。訪ねてくる人たちがいうこともいろいろと違っていた。面会者のなかに、スワートの軍司令官グラム・カマル少将がいた。「イギリスからいいニュースが入ってきた。わたしたちの娘は助かったそうだ」少将はわたしのことを〝わたしたちの娘〟といった。わたしはパキスタン国家の娘とみられるようになっていた。

少将は父に、スワートでは家を一軒一軒まわって犯人をさがしている、といった。国境の出入りもチェックしているとのこと。わたしを襲った犯人が、二二人のメンバーからなるタリバンの一派に属していることや、ザヒド・カーンを襲ったのと同じグループだということはわかっている、ともいった。ザヒド・カーンは、二ヶ月前に撃たれた父の友だちだ。

父はなにもいわなかったけど、腹が立ってしょうがなかったという。軍は前から、ミンゴラにはタリバンはいない、すっかり追いはらったのだ、といっていたのに、この軍人は、二二人ものタリバンが、少なくとも二ヶ月前からミンゴラにいたといっているのだ。それに、軍は、ザヒド・カーンはタリバンに撃たれたのではなくて、家どうしのもめごとで撃たれたのだ、ともいっていたのではないか。なのにいまは、わたしを撃ったのとザヒド・カーンを撃ったのは同一犯人だといっている。父はこういいたかった。「二ヶ月前からタリバンがいたことを知っていたんですか？　やつらがうちの娘を狙っていることも知っていたのに、どうして止められなかったんです？」でも、きいたところでどうにもならないと思い、黙っていたそうだ。

少将の話はまだあった。わたしが意識を取り戻したのはいい知らせだが、視力に問題があるようだ、ともいった。父はびっくりした。どうしてこの男は、父親である自分さえ知らないことを知っているんだ？　マララは目がみえなくなってしまうのか？　愛する美しい娘が、一生光のない世界を生きることになるのか？　「お父さん、ここはどこ？」ときながら歩きまわるのか？　むごい。そう思った父は、そのことだけは母にはいえなかった。いつもなら隠しごとはできない人なのに。そのかわり、父は神様に祈った。「神様、ひどすぎます。娘にわたしの目を片方やってください」でも、父はもう四十三歳で、目はあまりよくない。その夜、父は眠れなかった。次の朝、父は護衛の軍人に電話を借りて、ジュナイド先生にかけた。「マララの目がみえなくなったときいたんですが」沈んだ声できいた。

「とんでもない」ジュナイド先生は答えた。「読んだり書いたりできています。目がみえないわけがないでしょう？　マララのようすは、フィオーナ先生からこまめに連絡をもらってきいています。マララがはじめに書いたメッセージは、お父さんのことだったそうですよ」

目はみえていた。遠く離れたバーミンガムで、わたしは鏡をみたがっていた。「鏡」とピンクのノートに書いた。自分の顔や髪がどうなっているのか、みたかった。ナースが小さな白い鏡を持ってきてくれた。その鏡はいまも持っている。自分の顔をみた

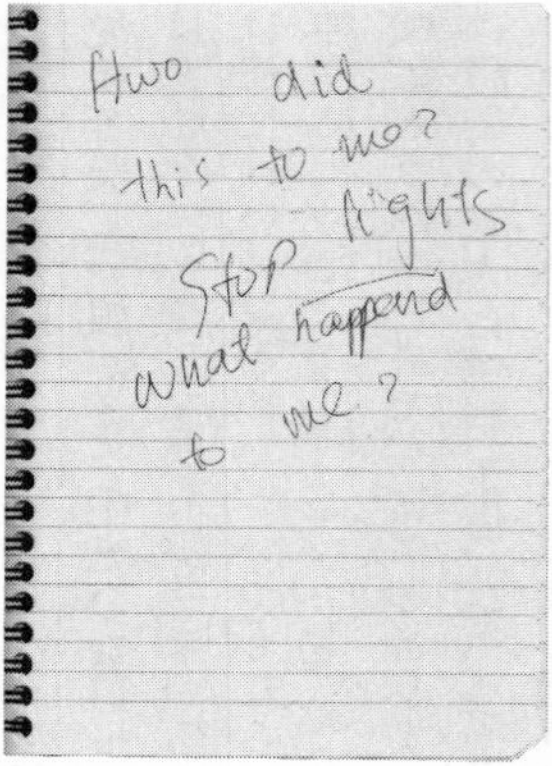

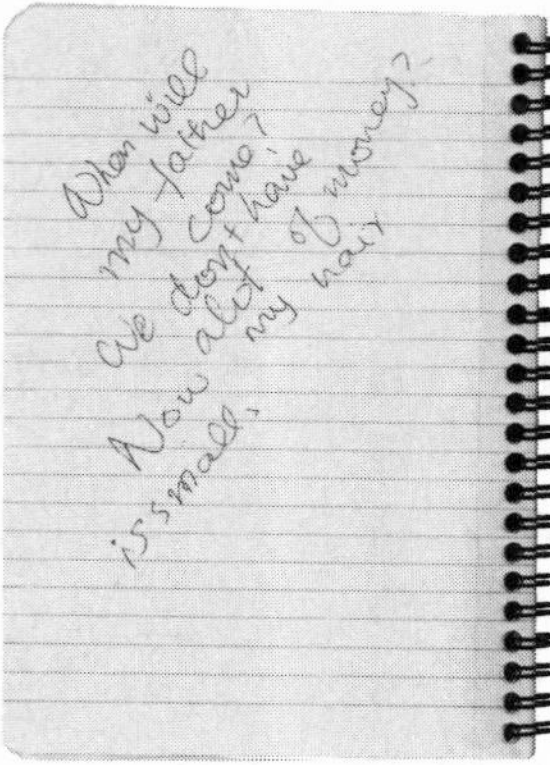

ときはショックだった。長かった髪が短くなっている。あんなに時間をかけてスタイリングしていた髪なのに。頭の左側は、すっかり剃《そ》られている。「髪が小さくなった」と、ノートに書いた。タリバンに切られたのかと思ったけど、そうではなかった。パキスタンの医師たちが、情け容赦なく剃ったのだ。顔はゆがんでいる。だれかに左側をつかまれて下に引っぱられているみたいだ。左目のわきには傷がある。

「だれがやったの?」頭が混乱していて、Who(だれが)をHwoと書いてしまった。「わたしになにがあったの?」

「光を止めて」とも書いた。まぶしくて頭が痛くなったからだ。

「ひどいことが起きたのよ」フィオーナ先

生がいった。

「わたしが撃たれたの？　お父さんが撃たれたの？」

フィオーナ先生は、わたしがスクールバスで撃たれたのだと教えてくれた。バスに乗っていた友だちもふたり撃たれたという。でも、名前をきいてもだれのことだか思い出せなかった。わたしは左目のわきを撃たれたので、そこに傷がある。弾はそこから五〇センチ近く進んで、左の肩で止まった。目に当たってもおかしくなかったし、脳を貫通してもおかしくなかった。こうして生きているのは奇跡なのよ、といわれた。

わたしはなにも感じなかった。ようやく教えてもらえた、くらいにしか思わなかった。「やっぱりタリバンにやられたのね」残念なのは、撃たれる前に、犯人と話ができなかったことだ。わたしのいいたいことを犯人の耳に入れるチャンスは、もう二度とないだろう。犯人のことを恨む気持ちは、これっぽっちもなかった。もちろん、復《ふく》讐《しゅう》しようとも思っていない。わたしはただスワートに帰りたかった。家に帰りたかった。

それから、いろんな光景が頭のなかをぐるぐるまわるようになった。でも、それが夢なのか現実なのか、はっきりしない。撃たれたときの記憶も、実際の状況とはかなり違うものになっていた。わたしは、いつも乗っているのとは違うスクールバスに、父や友だちと乗っていた。グルという名前の子もいた。家に向かっていると、突然、黒ずくめのタリバンがふたりあらわれた。ひとりがわたしの頭に銃を押し当てた。小さな弾丸がわたしの体を突き抜ける。夢のなかでは、父も撃たれた。それから目の前が真っ暗になって、気がついたときにはストレッチャーに乗せられている。まわりには人だかり。たくさんの男たちのなかに、わたしは父の姿を探す。やっと父をみつけて話しかけようとするのに、言葉が出てこない。また別の夢もあった。わたしはイスラマバードのジンナー・マーケットかチーナ・バザールにいて、撃たれる。医師がタリバンだった、という夢もあった。

頭のなかがすっきりしてくると、もっと詳しいことが知りたくなった。病室に入ってくる人たちは、携帯電話を持っていない。禁止されているからだ。でもフィオーナ先生は、救急の医師なので、いつもｉＰｈｏｎｅを持っている。先生がそれを置いた隙に、手に取ってみた。わたしの名前をグーグルに入れて検索しようとしたけど、難しかった。目がぼやけて、文字が二重にみえるし、文字を入力するときも、つい綴りを間違えてしまう。わたしあてのメールもチェックしたかったけど、パスワードが思い出せなかった。

イギリスに来て五日目、声が出せるようになった。でも、自分の声じゃないみたいだった。リハンナが来たとき、銃で人を撃つことはイスラム教の観点からみてどういうことなのか、という話をした。「わたしを撃った人たちも、イスラム教徒なんでしょう」

「そうね。でも、イスラムの世界でも、多くの人は、イスラム教徒があんなことをするわけがない、と思っているわ。わたしの母もそう。あんなのはイスラム教徒じゃないっていってる。自分はイスラム教徒だといっていても、やってることはそれに反することなんだもの」ものごとが起こるにはいろんな理由がある、という話もした。わたしに起こったことも、いろんな理由があるのだ。そして、イスラムの世界においても、男性だけでなく女性も教育を受ける権利があるという話をした。わたしはイスラムの女性として、学校に行く権利を求めて戦っていた。

声が出せるようになったので、ジャヴィド先生の電話を借りて両親と話をした。声が変わったのではないかと心配だった。「わたしの声、前と違う?」

「いや、前と同じ声だ。前よりよくなるかもしれないぞ。元気か?」

「うん。でも頭痛がひどいの。我慢できないくらい」

父はひどく心配していた。わたしよりひどい頭痛になってしまったかもしれない。

それからというもの、電話で話をするたびに、父は同じことをきくようになった。「頭痛はどうだ？　よくなったか？　ひどくなってないか？」

わたしはいつも同じように答えた。「だいじょうぶよ」父に心配をかけたくなかったから、文句をいうのはやめた。頭のステープラー［縫合用の金属針］を取ったときも、首に太い注射を打ったときも、痛いといわなかった。「お父さん、いつ来られる？」それればかりきいていた。

両親がラワルピンディの宿泊施設に入れられて、もう一週間になる。なのに、いつバーミンガムに来られるのか、まったくわからない状況だった。母は我慢できなくなって、父にこういった。「明日までになんの知らせもなかったら、わたしはハンガーストライキをするわ」その日、父は護衛の少佐に会って相談した。少佐は困った顔をした。一〇分後、父に連絡が入った。その日じゅうにイスラマバードに移動できるよう取りはからう、とのことだった。イスラマバードにさえ行けば、あとはなんとかしてもらえるに違いない。

父は、母のところに戻るとこういった。「おまえはすごいなあ。マララとわたしは活動家だとずっと思っていたが、抗議のやりかたはおまえがいちばんよく知ってるじゃないか」

わたしの家族は、イスラマバードのカシミール・ハウスに移動した。国会議員用の宿舎だ。セキュリティはここもきわめて厳しいので、父が理髪師にひげを剃ってもらうときも、警官がそばにいてずっとみていた。いきなりのどをかき切ったりしないように、という用心だ。

両親は電話を返してもらえたので、わたしとも前より気軽に話せるようになった。毎回、ジャヴィド先生が前もって父に電話をかけ、わたしと話す時間を決める。その時間には必ず電話に出られるようにしておいてくださいと頼んでおくのに、父の電話はいつも話し中だ。父は電話ばかりしている。わたしはジャヴィド先生に、母の電話番号を教えた。一一桁の番号をすらすらいうと、先生はびっくりした。わたしの記憶力が戻ってきたのがわかったらしい。でも、両親の問題は相変わらずだった。どういうわけか、イギリスに来ることができないらしい。ジャヴィド先生も不思議がっていた。当の両親にも理由がわからないのだからしかたがない。そこで、先生はあるところに電話をかけた。それから父にいった。軍が妨害しているわけではないから安心してください、問題は政府のほうにあるようです、と。

あとでわかったことだけど、わたしの両親を少しでも早くバーミンガムに送りだす努力をするはずだった内務省のラーマン・マリクが原因だった。彼は、自分もいっしょにバーミンガムに来て、病院で合同記者会見を開こうと考え、そのスケジュール調整に手間取っていたのだ。それだけではない。ラーマン・マリクは、わたしの両親がイギリスで亡命を希望するんじゃないかと心配していた。そんなことになれば、パキスタン政府の面目がつぶれてしまう。結局、彼は両親にそのことをはっきりたずねた。ばからしいとしかいいようがない。わたしの母は亡命という言葉の意味さえ知らなかったし、父は亡命なんて考えたこともなかった。そんなことを考える余裕があるはずがない。

カシミール・ハウスに移動した両親のところに、ソニア・シャヒドが訪ねてきた。クシャル・スクールの女の子たちをイスラマバードに招いてくれたわたしの友人シザの母親だ。ソニアは、わたしの両親がもうとっくにイギリスに行ったものとばかり思っていたので、まだパキスタンにいることを知って、びっくりしたという。両親は、バーミンガムへ行く飛行機のチケットがないんだと答えた。

ソニアは服を持ってきてくれた。両親は着替えも持たずにスワートから出てきてしまったからだ。ソニアはまた、ザルダリ大統領のオフィスの電話番号も手に入れてきてくれた。父は電話をかけて、メッセージを残した。その夜、大統領から電話がかかってきた。すべて整えるから安心するように、とのことだった。「子どもと離ればなれになるのがどんなにつらいことか、わたしにもよくわかります」大統領はいった。自分が刑務所に入っていたときのことをいっていたのだ。

両親が二日後にバーミンガムに来るときいて、わたしは父にひとつ頼みごとをした。「学校のバッグを持ってきてほしいの。スワートに取りにいけないなら、新しい教科書を買ってきて。三月にはテストがあるんだもの」もちろん、一番になりたい。物理の教科書がとくに欲しかった。苦手だからこそ、勉強したい。計算の練習問題もやりたい。数学も得意ではないけど、だからこそやりたい。

十一月には家に帰れるだろう、わたしはそう思っていた。

結局、両親が来るまでに一〇日かかった。離ればなれで過ごした一〇日間は、わたしにとっては一〇〇日にも感じられた。退屈だったし、夜もよく眠れなかった。病室で時計をにらみつけて、時間が進んでいくのをみては、自分は生きているんだと実感する。生まれてはじめて、早起きができるようになった。毎朝、七時になるのが待ち遠しい。七時になるとナースが来てくれる。ナースとフィオーナ先生は、ゲームの相手をしてくれる。クイーン・エリザベス病院は小児科の病院ではないので、ゲームを持ってくるだけでなく、遊び専門の保育士さんも連れてきてくれた。わたしが好きなゲームは四目並べだ。フィオーナ先生とは引き分けになることが多かったけど、ほかの人には勝った。ナースも病院のスタッフもみんな、家族と離れてひとりで外国の病院にいるわたしに同情してくれていた。なかでも、手術部長のイーマ・チョードリーはいつも明るくわたしを励ましてくれたし、チーフナースのジュリー・トレイシーは、わたしのそばに座っては、手を握ってくれた。

わたしがパキスタンから持ってくることができたのは、ジュナイド先生がわたしへのプレゼントだといってフィオーナ先生に託してくれたベージュのショール一枚きりだった。そこで、ナースたちがわたしの服を買いにいってくれた。でも、わたしがどれくらい保守的か、スワートのティーンエイジャーがどんなものを着るか、だれも知らない。〈ネクスト〉や〈ブリティッシュ・ホーム・ストアーズ〉に行って、Tシャツやパジャマやソックスやブラジャーまで、たくさん買ってきてくれた。イーマに、シャルワールカミズが着たいのかときかれたので、うなずいた。何色がいいかときかれて、迷わずピンクと答えた。

わたしがちゃんと食べていないといって、みんなが心配しはじめた。わたしは病院の食事がおいしいと思えなかったし、ハラール［イスラム教の戒律に従って処理された食品］でないと食べてはならないと思っていた。食べられるのは、栄養を補強したミルクシェイクだけ。ジュリーというナースが、わたしがチーズのスナック菓子を食べているのをみて、同じものを買ってきてくれた。「どんな食べ物が好きなの?」ときかれて、わたしは「フライドチキン」と答えた。イーマがハラールのケンタッキー・フライドチキンの店をみつけて、チキンとフライドポテトを毎日買いにいってくれた。一度、わたしのためにカレーを作ってくれたこともある。

わたしが退屈しているかもしれないと思って、病院の人たちはDVDプレイヤーを持ってきてくれた。最初にみせてくれた映画は『ベッカムに恋して』。シーク教徒の女の子が文化的なタブーを破ってサッカーをするというストーリーに、わたしが共感すると思ったのだろう。わたしはそれをみてびっくりした。女の子がシャツを脱いでスポーツブラ姿でサッカーの練習をするなんて! ナースにスイッチを切ってもらった。そのあとは、ディズニーなど、アニメ映画をいろいろとみせてくれた。『シュレック』のシリーズは全部。それから『シャーク・テイル』も。左目はまだぼやけているので、映画をみるときは左目を覆って右目だけでみた。左耳の出血もまだ止まっていない。ずっとコットンのボールを耳に当てていた。ある日、わたしはナースにきいた。「これ、なあに?」ナースの手を持って、わたしのおなかに当てた。胃袋のあたりがふくらんで、固くなっている。どうしちゃったんだろう。

「頭蓋骨の一部が入っているの」そうきかされて、びっくりした。

しゃべれるようになったわたしは、事件後はじめて歩いてみた。ベッドに寝ているときは、左手がちょっとおかしいだけで、腕も足も問題なく動いていた。左手がこわばっているのは、弾丸が肩甲骨まで達していたのだからしかたがない。だから、普通に歩けるものとばかり思っていたのに、そうではなかった。二、三歩進むだけで、すごく大変だった。一〇〇キロくらい走ったような感じだ。先生たちは、そのうちちゃんと歩けるようになるよ、といってくれる。理学療法でリハビリを続ければ、筋肉が動くようになるそうだ。

ある日、フィオーナ先生とは違うフィオーナが来た。フィオーナ・アレグザンダー、病院の広報部長らしい。病院に広報部があるなんて、なんだか変な感じだ。スワート中央病院にはそんなものはないと思う。彼女が来てはじめて、自分がいまも世界から注目されているんだと気がついた。わたしがパキスタンから出国して以降、わたしの足どりは秘密のはずだったのに、パキスタンからイギリスに向かうわたしの写真がどこからかリークされたのだろう、マスコミはわたしがバーミンガムにいることを嗅《か》ぎつけてしまった。そのうち、スカイニュースのヘリコプターが上空を旋回しはじめた。二五〇人ものジャーナリストが病院につめかけた。はるばるオーストラリアや日本からも来ているという。フィオーナ・アレグザンダーも、二〇年間ジャーナリストとして活動していたそうだ。〈バーミンガム・ポスト〉紙の編集者もやっていた。だから、集まったジャーナリストたちにどの程度の情報を与えればそれ以上踏みこまれずにすむのか、わかっている。病院は、わたしの容体についての簡潔なコメントを毎日発表していくことになった。

ジャーナリスト以外の人たちも、わたしに会いにくる。大臣、外交官、政治家。カンタベリー大主教の特使もやってきた。たいていは花束を持ってきてくれる。なかにはとてもきれいな花束もあった。

ある日、フィオーナ・アレグザンダーが、袋いっぱいのカードとおもちゃと写真を持ってきてくれた。その日はイード・アル・アドハー、〝大イード〟とも呼ばれる日だった。イスラムの大切なお祭りの日だ。だから、イスラム教徒たちが送ってくれたものだと思った。ところが、消印をみて驚いた。十月十日とか十月十一日のものがある。何日も前に投函されたものだ。つまり、イードとは関係のないメッセージだった。

世界じゅうの人々が、わたしの快復を祈ってくれている。その多くは子どもたちだった。わたしがぽかんとしていると、フィオーナが笑った。「これだけで驚いてちゃだめよ」カードはまだまだ何袋もあるという。全部で八〇〇〇通のカードが届いている。そのほとんどは、宛先に「バーミンガム病院のマララへ」と書いてあるだけ。なかには「バーミンガムにいる、あたまをうたれた女の子へ」というのもあった。それでもちゃんと届いたのがすごい。わたしを養子にしたいという申し出もあった。わたしには家族がいるのに。なんと、結婚してほしいと書いてあるものまであった。

リハンナがいうには、世界じゅうの何千人、いや、何百万人ものおとなや子どもがわたしを応援し、わたしのために祈っているそうだ。そのとき、わたしは気がついた。世界じゅうのみんなが、わたしの命を救ってくれた。わたしがいまも生きていられるのには、理由があったのだ。カード以外にもいろんなプレゼントが届いていた。チョコレートがどっさり。いろんな形や大きさのテディベアも。なかでもいちばん大切にしたいと思ったのは、ベナジル・ブットの子ども、ビラワルとバクタワールが送ってくれた小包だ。入っていたのは、亡くなったお母さんが使っていたショール。わたしはショールを顔に押し当てた。香水の香りがした。何日かして、長い黒髪が一本からまっているのをみつけた。ショールはますます大切なものになった。

タリバンがわたしを撃ったことは、結果的にわたしのメッセージを世界に広めることになった。わたしがまだベッドに横になり、新しい世界へ足を踏み出す日が来るのを待っていたとき、国連の教育特使であり、イギリスの前首相でもあるゴードン・ブラウンが、「わたしはマララ」のスローガンのもとに、嘆願書の署名運動をはじめてくれた。二〇一五年までに、学校に通う権利を奪われる子どもが世界じゅうにひとりもいなくなるように、との嘆願だ。各国の元首や大臣や映画スターからも、メッセージが届いた。北西辺境州の最後のイギリス人知事だったオラフ・カローの孫娘からのメッセージもあった。自分がパシュトー語を読み書きできないのが情けない、祖父は流暢《りゅうちょう》に話せたのに、と書いてあった。ビヨンセもカードをくれて、フェイスブックにその写真を投稿してくれた。セレーナ・ゴメスもツイッターにわたしのことを書いてくれたし、マドンナは歌を捧げてくれた。わたしの大好きな女優であり社会活動家でもあるアンジェリーナ・ジョリーからのメッセージもあった。ああ、早くモニバに話したい！

でも、そのときは、自分がスワートに帰れないなんて、思ってもいなかった。

24　「あの子から笑顔を奪うなんて」

父と母がバーミンガムに到着した日、わたしはＩＣＵから一般病棟に移った。五一九病棟の四号室。窓があるので、はじめてイギリスの景色をみることができた。「山はどこ？」わたしはきいた。窓の外は雨と霧。そのせいで、遠くがみえないだけだと思っていた。イギリスが雨や曇りの多い国だということも知らなかった。目に入るのは家や道路ばかり。家は赤レンガでできていて、どれも同じようにみえる。全体がとても静かで落ち着いている。なにごともなかったかのように人々が暮らしているのをみて、なんだか不思議な感じがした。

ジャヴィド先生が、ご両親が来るよといって、わたしのベッドの頭のほうをあげてくれた。体を起こした格好で、父と母を迎えることができた。すごくうれしかった。「行ってきます！」と叫びながらミンゴラの自宅をあわてて駆けだしたあの日から、もう一六日。そのあいだに、わたしは四つの病院を転々とした。何千キロも移動した。一六日ではなく一六年たったように思える。ドアがあいて、なつかしい声が響いた。「わたしの魂《ジャニ》」「猫《ピショ》」どちらもわたしを呼ぶ言葉だ。父と母が入ってきて、わたしの手にキスした。それ以外のところは怖くて触れないようだ。

もう我慢できなかった。これでもかというほどの大声をあげて泣いた。ひとりで病院にいるあいだ、わたしは一度も泣かなかった。首に注射をされたときも、頭のステープラーを外すときも、泣かなかった。でも、いまはもう、泣きやむことができなかった。父と母も涙を流していた。心のなかのずっしりしたおもりが消えてしまった。もうだいじょうぶ。なにも心配いらない。弟のクシャルに会ったときでさえ、うれしかった。けんか相手ができたからだろうか。「お姉ちゃん、会いたかったよ」クシャルとアタルはそういってくれたけど、ふたりとも、目はぬいぐるみやお菓子のほうをみていた。クシャルとわたしはすぐに、いつものようにけんかをはじめた。クシャルがわたしのノートパソコンを取りあげてゲームをはじめたからだ。

両親の姿をみて、わたしはショックを受けた。パキスタンからの長旅で疲れていたということもあるだろう。でも、それだけではない。ふたりとも、いきなり年をとったようにみえた。白髪も出ていた。両親も、表情には出さないようにしていたけど、わたしの姿をみてショックを受けていたようだ。ジャヴィド先生から、病室に入る前にいわれていたそうだ。「いまのお嬢さんは、まだ一〇パーセントしか回復していません。あとの九〇パーセントはこれからですからね」それでも、わたしの顔の半分が動かなくなっているなんて、思いもしなかっただろう。わたしは笑えなくなっていた。左目がぎょろっと飛びだしたようになっていたし、髪も半分なくなっていた。口は斜めになって、まるで下に引っぱられているような感じだ。にっこり笑おうとしても、顔をしかめたようになってしまう。顔の半分の存在を脳が忘れてしまったみたいだ。それに、左の耳がきこえない。しゃべる言葉も、赤ちゃん言葉のようにたどたどしくなっていた。

両親は、大学内の宿泊施設で、学生に混じって暮らすことになった。病院にいるとジャーナリストに囲まれて、落ち着いて暮らせないだろうという配慮からだった。回復のためのだいじな時期だから、家族をそっとしておいてあげたい、と思ってもらえたようだ。両親は荷物がほとんどなかった。着てきた服と、シザのお母さんのソニアが差し入れてくれた着替えくらいしかない。十月九日にスワートを出るとき、それきり戻れないなんて考えてもみなかったからだ。宿泊施設に戻ったとき、両親は子どもみたいに泣いたそうだ。わたしは昔からよく笑う子だった。父はわたしの笑顔や笑い声を「天使のようだ」といって、まわりの人たちに自慢していたものだ。父は母を相手に嘆いた。「目鼻立ちの整った、まぶしいほど美しい顔は、どこへいってしまったんだ。もう笑うこともできないなんて。タリバンはなんてむごいことをしてくれたんだ。あの子から笑顔を奪うなんて。角膜や肺は移植することができても、笑顔だけはどうにもならない」

顔面神経が損傷していたせいだ。一時的なものであっていずれ治るのか、それとももう治らないのか、その時点では、医師にもわかっていなかった。わたしは母にいった。顔が左右で違っていたって、べつにかまわないじゃない、と。鏡ばかりみて、いつも髪をいじっていたわたしが、そんなことをいうなんて！　でもだれだって、生死の境をさまよう経験をすれば考えかたが変わるものだ。「笑えなくたって、ちゃんとまばたきができなくたって、わたしはわたし、マララだもの。だいじなのは、神様が助けてくださったということでしょ」

それでも、両親が病室に来て、わたしが笑おうとするたびに、母の顔には暗い影がさす。まるでさかさまの鏡をみているようだった。わたしが笑えば、母が悲しむ。

父はいつも、そんな母の表情を黙ってみていた。母の顔には、こう書いてあった。どうしてマララはこんなふうになってしまったの？　わたしの産んだ子が。一五年間ずっとにこにこして生きてきた子が。そしてある日、父は母にたずねた。「ペカイ、正直に答えてくれ。マララのことは――わたしのせいだと思っているのか？」

「いいえ、違うわ」母は答えた。「あなたはマララに泥棒をさせたわけじゃない。人殺しや、悪いことをさせたわけじゃない。あなたはマララに尊いことをさせたのよ」

それでも、父はわたしの顔のことが気がかりだった。将来、わたしが微笑《ほほえ》むたびに、銃撃事件のことを思い出さずにいられなくなるのではないか、と思ったのだ。でも、変わったのは顔だけではない。スワートにいた頃、わたしはとても繊細で敏感な子どもだった。ちょっとしたことですぐ泣いてしまう。そんなわたしが、バーミンガムの病院では、どんなに痛いときでも文句をいわずに我慢するようになった。

面会の申しこみが殺到していたけれど、病院がすべて断ってくれた。わたしが人目にさらされることなくリハビリに専念できることが望ましかったからだ。両親が来てから四日後、わたしを助けてくれた三つの国家の代表者が来てくれた。パキスタン内務大臣ラーマン・マリク、イギリス外務大臣ウィリアム・ヘイグ、アラブ首長国連邦の外務大臣アブドゥラー・ビン・ザイド。面会は無理だったので、医師が現状の説明をし、父がかわりに会った。父はラーマン・マリクに会って、むっとしたらしい。「マララに伝えてください。パキスタン国民に早く笑顔をみせてくださいと」といわれたからだ。でも、ラーマン・マリクはわたしが笑えないことを知らなかったんだから、しかたがないと思う。

ラーマン・マリクは、わたしを襲った犯人について教えてくれた。犯人はアタウラー・カーンという名のタリバン兵で、二〇〇九年のスワートでの軍事行動の際に逮捕されて、三ヶ月後に釈放されていた。マスコミの報道によると、ジェハンゼブ大学で物理を学んだらしい。マリクの話では、わたしを襲う計画はアフガニスタンで練られたものだった。マリクは、犯人のアタウラー・カーンには一〇〇万ドルの懸賞金をかけた、きっと捕まえる、と約束してくれた。でも、そんな約束はあてにならない。いままでだって、政府はだれも捕まえていない。ベナジル・ブットを撃った犯人も、ハク将軍の飛行機の爆破事件を指示した黒幕も、初代首相リヤーカト・アリー・カーンを暗殺した犯人も。

わたしの襲撃事件のあと、逮捕された人はふたりだけ。ひとりは、わたしたちの大好きなバス運転手、ウスマン・バーイ・ジャン。もうひとりは学校の会計士。事件を知らせるバーイ・ジャンからの電話を受けた人物だ。会計士は二、三日で釈放されたものの、バーイ・ジャンはまだ軍に拘留されている。容疑者が捕まったとき、顔をみて、犯人かどうかを証言してほしいというのだ。納得がいかない。わたしたちのバーイ・ジャンを捕まえるなんて。捕まえなきゃならないのはアタウラー・カーンなのに。

国連は、十一月十日――わたしが撃たれた一ヶ月と一日後――を〝マララ・デー〟とすることに決めたそうだ［その後、マララ・デーは七月十二日に決まった］。それを知らされても、わたしはなんとも思わなかった。というより、どうこう思う余裕がなかった。大きな手術を翌日に控えていたからだ。顔の神経を修復する手術だ。電気信号を使ったテストをして、反応がなかったので、神経が切れてしまっているという結論になった。となると、早く手術をしないと、わたしの顔はこれからも麻痺したままになってしまう。病院はマスコミにわたしの状態についての最新情報を定期的に提供していたけれど、このことだけは秘密にしていた。

十一月十一日、わたしは手術室に運ばれた。執刀医はリチャード・アーヴィング先生。先生の説明によると、これから手術する神経は、わたしの顔の左側の動きをコントロールするものだという。左目を開いたり閉じたり、鼻を動かしたり、左の眉を動かしたり、にっこりしたりするときに必要な神経だ。神経の手術はとても細かい作業なので、八時間半かかった。まず外耳道から瘢痕《はんこん》組織や骨のかけらを取りのぞいたところ、鼓膜が破れているのがわかった。顔面神経は、側頭骨から頭蓋内に入る。それをたどりつつ、骨の破片をさらに取りのぞいていく。あごの動きを阻害していたと思われる破片も取れた。さらに神経をたどっていくと、頭蓋骨から外に出るあたりで二センチほど欠落しているところがみつかった。本来なら耳のうしろを通る神経だけど、欠落したぶん短くなっているので、耳の前で神経をつないだ。

手術はうまくいった。でも、顔の左側が動くようになるには三ヶ月かかるし、動いても、はじめは少しずつだろうといわれた。毎日、小さな鏡をみながら、顔を動かす運動をしなければならない。アーヴィング先生によると、六ヶ月たてば、神経は働きだす。それでも、完全にもとのとおりにはならないらしい。

うれしいことに、わたしはすぐに笑えるようになったし、ウィンクもできるようになった。だんだん顔が動くようになってきたね、と両親もいう。わたしの顔のことなのに、両親のほうが喜んでいるみたいだった。アーヴィング先生も、顔面神経の手術を二〇年やってきたなかで最高の出来だといって喜んでくれた。八六パーセントの回復率だという。

うれしいことがもうひとつ。頭痛がなくなって、本が読めるようになった。まず『オズの魔法使い』を読んだ。前のイギリス首相ゴードン・ブラウンが送ってくれた本のなかの一冊だ。とてもいい話だと思った。ドロシーは早く家に帰りたいのに、臆病なライオンやブリキの木こりといった困った友だちを助けてあげる。いろんな障害を乗り越えて進んでいくところもいい。目的を達成するためには、たとえたくさんの障害があっても、あきらめてはいけないんだと思う。わくわくしてページをめくりつづけたので、あっというまに読みおわった。あらすじを話すと、父はとても喜んだ。本の内容を覚えて、細部まで話せるようになったということは、記憶力が回復したということだからだ。

両親がわたしの記憶力のことを心配しているのは知っていた。撃たれたときのことをまったく覚えていないし、友だちの名前もどんどん忘れていくからだ。ある日、父がわたしにきいた。「マララ、パシュトー語の詩で、思い出せるものはあるか?」わたしは、家族みんなが好きな詩を口ずさんだ。「ヘビの尻尾から旅行をしたら、たどりつく頭の先は毒の海」パキスタンの役人たちにぴったりあてはまる詩だ。はじめはタリバンを利用していたのに、いまはすっかり振り回されてしまっている。さらにわたしはいった。「別の詩で、替え歌を作ってみたんだけど」

父は興味を引かれたようだった。パシュトゥン人が代々語り継いできた詩は、パシュトゥン人社会の叡知《えいち》を集約したものであって、手を加えることなど、普通はしないものだ。「どの詩だ?」

「これ」

男が戦いで負けそうなら
女が先に進んで栄誉を勝ちとれ

これを、わたしはこう変えた。

男が勝とうが負けようが
女は先に進んで栄誉を勝ちとる

父は笑って、このことをみんなに話した。父はいつもそうだ。

わたしは理学療法士の指導のもとでリハビリをがんばった。腕や脚をちゃんと動かせるようになりたかった。努力のかいあって、十二月六日、はじめて病院の外に出ることができた。自然が好きだと手術部長のイーマに話していたので、イーマが外出を計画してくれた。スタッフふたりと、母とわたしで、

که د زلمو نه پوره نه شوه
گرانه وطنه جینکی به دې گتی نه

که دزلمو نه شوه که نه شوه
گرانه وطنه جینکی به دې گتی نه

病院からそう遠くないところにあるバーミンガム植物園に行くことになった。父は同行させてもらえない。マスコミに何度も顔を出しているので、まわりの人に気づかれてしまうおそれがあるからだ。それでもわたしはとてもうれしかった。外の世界にようやく出られる。バーミンガムの町はどんなところだろう。イギリスはどんなところだろう。

車の後部座席に乗りこむ。窓ぎわではなく、真ん中だ。残念だった。せっかく外国に来たのだから、みられるものはなんでもみたいのに。そのときはわからなかったけど、車が揺れたときに頭をぶつけるといけないという配慮だったらしい。

植物園に入って、緑の草や木に囲まれたとたん、スワートの景色がよみがえってきた。「この木はスワートにもある」とか「これもある」とか、そんなことばかりいっていた。美しい植物でいっぱいのスワート渓谷は、わたしの誇りなのだ。人をみるのもおもしろかった。ほかの人たちにとっては、ごく当たり前の光景なんだろうけれど。旅を終えてふるさとに帰ったドロシーになったような気分だった。

母も大喜びで、父に電話していた。「こんなに楽しいのははじめてよ」とても寒かったので、カフェに入った。おいしいお茶とケーキをいただいた。こういうのを〝クリームティー〟というそうだ。

その二日後、はじめて家族以外の人と面会した。パキスタンのアースィフ・ザルダリ大統領だ。当初、病院は受け入れを渋ったらしい。大統領が来れば、マスコミに注目されてしまう。けれど、父は断ることができなかった。ザルダリ大統領がパキスタンのトップだからというだけではない。パキスタン政府がわたしの治療費を負担すると、大統領がいってくれたからだ。治療費は二〇万ポンドくらいになりそうだった。政府はそれ以外にも、両親のためにバーミンガムの中心地にアパートを借りてくれた。これで大学の宿泊施設を出ることができる。大統領がやってきたのは十二月八日の土曜日。まるでジェームズ・ボンドの映画のワンシーンのようだった。

朝早くから、マスコミが病院の外に集まりはじめた。当然、大統領はわたしの病室を訪れるつもりだと思ったのだろう。でもそうではなかった。わたしは紫色の大きなパーカーを着てフードをかぶり、スタッフ用の出入り口から外に出て、車で病院の事務棟に連れていかれた。車はジャーナリストやカメラマンのすぐ横を通った。木にのぼってカメラを構えている人もいたけど、わたしにはまったく気づかなかったようだ。それからわたしはオフィスに座って、待った。エルフ・ボウリングというコンピュータゲームをアタルとやって、わたしははじめてだったのに勝った。

ザルダリ大統領と政府関係者のグループは二台の車で裏門から入ってきた。人数は一〇人くらい。陸軍参謀長や軍の長官もいる。ロンドンにいるパキスタンの高等弁務官もいた。両親がイギリスに来るまでのあいだ、フィオーナ先生にかわってわたしの後見人になってくれた人だ。

大統領は、わたしの顔のことには触れないようにとの説明を受けてから、部屋に入ってきた。いちばん下の娘アシーファもいる。わたしより二歳か三歳上だときいている。ふたりはわたしに花束をくれた。大統領はわたしの頭に手を置いた。伝統的な挨拶だ。でも父は心配だったそうだ。わたしの頭には骨がない。皮膚の下は、すぐ脳なのだ。ショールに隠れてはいるけど、頭はくぼんでいる。そのあと、大統領は父と話をした。父は、わたしをイギリスに連れてきてもらえて本当によかった、と話した。

「パキスタンにいても助かったかもしれませんが、ここで受けるようなリハビリは受けられなかったでしょうし、顔も麻痺したままだったでしょう。いまは笑えるようになってきました」

ザルダリ大統領は高等弁務官に、父に教育担当随行員という役職を与えて、給料が出るようにしなさい、と指示した。また、外交旅券を発行するように、ともいった。それがあれば、イギリスにとどまるために亡命を考えなくてもすむ。父はほっとしていた。これからの滞在費用をどう工面しようかと考えていたところだったのだ。父は国連の教育特使ゴードン・ブラウンから、アドバイザーになってくれないかといわれていた。無給の名誉職だ。大統領は、ぜひそうするようにといった。両方の肩書をつければいい。この面会のあと、ザルダリ大統領はわたしのことを「すばらしい少女で、パキスタン国家の名誉となる人物だ」とマスコミにコメントしてくれた。でも、パキスタンの国民すべてがそう思ってくれているわけではない。父はわたしの耳に入れないようにしていたけど、パキスタン国内にいろんなデマが飛びかっていることを、わたしは知っていた。父がわたしを撃ったという人もいれば、わたしは撃たれてなんかいないのに、海外に住むために話をでっちあげたという人もいた。

二〇一三年はいい年になった。一月のはじめに退院して、また家族みんなで暮らせるようになった。パキスタン高等弁務官は、バーミンガム中心地のモダンな一画に、家具つきのアパートを二戸借りてくれた。部屋は一〇階。みんな、そんな高いところははじめてだった。わたしは母をからかった。パキスタンの大地震のときは三階建てのアパートに住んでいたので、母は、もうアパートには絶対住みたくないといっていたのだ。父がいうには、ここに引っ越してきたとき、母はエレベーターをすごく怖がって、「こんなものに乗ったら死んでしまうわ！」といったそうだ。

家族がひとつになれて、本当にうれしかった。クシャルが生意気なのは相変わらずだ。弟たちは、狭いところに閉じ込められて、わたしの回復を待っているのに飽き飽きしているようだった。学校もないし、友だちにも会えないのだから。でもアタルは、なにもかもがめずらしくて、いつも大興奮。わたしは、弟たちをちょっとくらいいじめても叱られないことがわかった。寒い冬だった。大きなガラス窓ごしに雪をみていると、スワートでやっていたように、舞う雪を追いかけて走りまわりたくなってきた。ときどきは体力をつけるために外を散歩するけど、わたしはすぐに疲れてしまう。広場には噴水と、〈コスタ〉というカフェがある。ガラス張りの店で、男女が仲良くおしゃべりしているのがみえる。スワートではとても考えられない光景だ。アパートの近くには、お店やナイトクラブやストリップバーが立ちならぶブロード・ストリートという有名な通りがある。わたしたちもいろんなお店に行ってみたけど、わたしは相変わらず買い物が好きになれない。夜になると、街を歩く女性たちの姿に、家族みんなの目が釘づけになる。肌の露出がすごいのだ。下着かと思うくらい短いショートパンツをはいて、素足にハイヒール。真冬だというのに、嘘《うそ》みたいだ。母はびっくりして叫んだ。「信じられない！　わたしはこんなところには住めないわ！」あとでみんなで大笑いしたときも、母はまだいっていた。「あの人たち、脚が鉄でできてるのかしら。こんなに寒いのに丸出しにして」

週末の夜遅くはブロード・ストリートに行かないように、と注意された。危険だからといわれて、わたしたちは笑ってしまった。スワートと比べたら、どこだって安全だ。タリバンによる首切りなんて、ここではありえないんだから。ただ、両親にはいわないけど、西アジア系の男が近づいてくると、わたしはびくっとする。みんなが銃を持っているような気がしてしまう。

週に一度、わたしはスカイプでミンゴラの友だちと話をする。教室のわたしの席は、いまもあけてあるそうだ。先生が、わたしの答案用紙をクラスに持ってきたという。パキスタンの歴史のテスト。あの事件の日、わたしが受けたテストだ。七五点満点の、七五点。でも、わたしはほかのテストが受けられなかったから、クラスで一番はマルカ・エ・ヌールだった。わたしは病院で勉強を教えてもらっていたけど、後れているのではないかと心配だ。いま、クラスで一番を争っているのは、マルカ・エ・ヌールとモニバだ。「マララがいないと張り合いがないわ」とマルカはいってくれた。

体力はだんだんついてきたけど、まだ受けなければならない手術があった。頭蓋骨の一部を切除したままだったのだ。医師は、わたしの耳のことも気にかけていた。外に散歩に出ると、人ごみのなかで父と母の話していることがききとれない。耳のなかで、自分にしかきこえない甲高い金属音がしている。二月二日の土曜日、わたしはまたクイーン・エリザベス病院に行って、手術を受けた。執刀医はアンウェン・ホワイトという女医さんだ。まず、おなかに入れてあった頭蓋骨を取りだした。でもそれを頭に戻さないほうがいいと判断したそうだ。保存状態がよくなかったので、戻せば感染症を起こす危険がある。骨を戻すかわりに、チタンを使った頭蓋形成手術をおこなうことになった（わたしは医学用語にずいぶん詳しくなったと思う）。わたしの頭蓋に合うように成形したチタンプレートを、ねじを八本使って埋めこむそうだ。プレートは骨の役目を果たして、脳を守ってくれる。

わたしが手術室にいるあいだに、顔面神経の手術をしてくれたアーヴィング先生が、左の鼓膜の治療をしてくれた。頭のなか、耳に近いところに、人工内耳という電子装置を埋めこんだ。一ヶ月もすれば頭になじんできて、きこえるようになるとのこと。手術室に五時間いて、三種類の手術を受けたのに、大手術という感じはしなかった。五日目にはアパートに戻れたし、三週間ほどすると、人工内耳がなじんできた。事件以来はじめて、左耳に音が響くようになった。はじめはどんな音も機械音のようにきこえたけど、だんだん普通にきこえるようになってきた。

人間は、神様の偉大さになかなか気づかない。神様はわたしたちに、驚くべき能力を備えた脳と、繊細でやさしい心を与えてくださったのに。話をして感情を表現するための唇、色と美しさに満ちた世界をみるための目、人生の道を歩くための両足、働くための両手、かぐわしい香りをかぐための鼻、愛の言葉をきくための耳。わたしが片方の耳がきこえなくなってはじめて気がついたように、体の一部一部がどんなにすばらしいパワーを秘めているか、それを失うまでは気づかないものなのだ。

アッラーに感謝した。病院の先生たちがいっしょうけんめいやってくれることも、わたしが回復したことも、みんなが必死に生きていこうとするこの世の中に生まれてきたことも、すべて神様のおかげだ。いい道を選ぶ人もいれば、悪い道を選ぶ人もいる。ひとりの人が放った弾丸が、わたしに当たった。弾丸のせいでわたしの脳は腫れ、耳がきこえなくなり、顔の左半分の神経が切れた。ほんの一瞬の出来事だった。そのあと、何百万人もの人が、わたしの命が助かりますようにと祈ってくれて、優秀な医師たちが体を元どおりにしてくれた。きっと、わたしはいい子だったんだと思う。人のためになりたいという望みしかなかったから。賞が欲しいとか、お金が欲しいとかで活動していたわけではない。いつも神様に祈っていた。「みんなの力になりたいんです。そのための力をください」

タリバンは至近距離で三発撃って、弾は三人の女の子に当たったけれど、だれも死ななかった。普通なら考えられないことだと思う。わたしの回復も奇跡的だといわれている。友だちのシャツィアには、弾が二発当たった。その後シャツィアは、ウェールズのアトランティック・カレッジから奨学金を出すとの申し出があって、いま、イギリスに来ている。カイナートもそうなるといいと思う。神様は、わたしがお墓に行くのを引きとめてくれた。だから、いまのわたしは第二の人生を歩んでいるようなもの。人々は神様に、わたしを助けてと祈ってくれた。そしてわたしは助けられた。それには理由があるのだ。わたしには、第二の人生をかけて、みんなを助けるという使命がある。わたしが撃たれたことや、わたしの身に起こったことを、人々が話題にする。それはマララの物語、〝タリバンに撃たれた少女〟の物語だ。いまのわたしの物語ではない。

エピローグ　ひとりの子ども、ひとりの教師、一冊の本、一本のペン

二〇一三年八月、バーミンガム

三月、わたしたちはアパートを出て、一戸建ての借家に引っ越した。緑の多い一画だ。でも、避難民キャンプで仮暮らしをしているような感覚は、まだなくならない。身の回りのものを、まだスワートに残したままだからだ。家のなかは段ボール箱だらけ。やさしい思いのこもった手紙やカードが入っている。部屋のひとつにはピアノがあるけど、家族はだれも弾くことができない。母は、ギリシャの神々が描かれた壁紙が嫌いだという。天井にある天使ケルビムの彫刻も、こっちをにらんでいるみたいだという。

大きな家なので、なんだかがらんとして心細いような気もする。表には電動の鉄の門扉があるので、たまに、パキスタンの人たちが〝代用監獄〟と呼ぶところみたいだなあ、と思うこともある。逮捕された人がぜいたくな造りの家に監禁されることがあって、それを代用監獄というのだ。家の裏には広い庭。木がたくさんあるし、芝生もあるから、弟たちとクリケットを楽しむことができる。でも、屋根の上で遊ぶことはできないし、通りで凧《たこ》あげして遊ぶ子どももいない。お米を貸してとか、トマトを三つ分けてとかいって、近所の人が訪ねてくることもない。隣の家はすぐそこにあるのに、何キロも離れて暮らしているみたいだ。

窓の外をみると、母が庭を歩いているのがみえる。ショールで頭を覆って、鳥に餌をやっている。歌を歌っているようだ。お気に入りの、パシュトー語の詩だろうか。「庭でハトを殺してはいけません。一羽殺せば、ハトが寄りつかなくなってしまいます」鳥にやっているのは、きのうの夕食の残り。母の目には涙が光っている。わたしたちはここで、スワートにいたときとほとんど同じものを食べている。お昼と夜はごはんと肉、朝は目玉焼きとチャパティ［薄くて丸いパン］。ときどきハチミツを添えるのは、アタルがはじめた習慣だ。でもバーミンガムに来てからは、アタルはヌテラ［ヘーゼルナッツ風味のチョコレートスプレッド］のサンドイッチにはまっている。ただ、なにを食べても、残りものが出る。母はそれをみて悲しんだ。ミンゴラでの生活をなつかしんでいるんだと思う。おなかをすかせて学校に行かなくてすむように、うちで朝食を食べさせていた子が何人もいた。いまごろあの子たちはどうしているのかしら、と思っているんだろう。

ミンゴラにいたときは、学校から帰ってくると、家には必ずお客さんがいた。いまはあの頃のことが嘘《うそ》のようだ。一日でいいからひとり静かに宿題をやらせてほしい、なんて思っていたなんて。この家できこえてくるのは、鳥の鳴き声と、クシャルのやっているXbox〔家庭用ゲーム機〕の音くらい。わたしは部屋にひとりこもってジグソーパズルをやりながら、だれかお客さんが来ればいいのに、と思っている。

うちにはあまりお金がない。でも両親は、食べるものがないつらさを知っている。だから、母はだれがきても追いかえすことがない。あるとき、貧しい女の人が訪ねてきた。暑い日だった。女の人はおなかもすかせていたし、のどもかわいていた。母はその人を家に入れて、食べさせてあげた。女の人はとても喜んだ。「このあたりの家を全部訪ねたのに、ドアをあけてくれたのはここだけです。あなたがどこにいても、神様があなたのドアをあけてくださいますように」

母は寂しいんだと思う。もともと、とても社交的な人だった。午後になると、近所の女の人たちがみんなうちに集まってきたし、よその家のお手伝いさんまでが、うちに来てひと休みしていったくらいだ。いまはいつもスワートのだれかと電話で話している。ここで暮らすのがつらいんだと思う。英語をしゃべれないから。この家にはいろんな設備がついているけど、引っ越してきたときは、母にとってはわけがわからなかった。オーブンも、洗濯機も、テレビだって、使いかたをだれかに教えてもらわなくてはならなかった。

いままで同様、父はキッチンには入ろうとしない。わたしは父をからかったことがある。「お父さんは女性の権利を守るべきだっていうけど、家のことは全部お母さん任せでしょ。カップひとつ洗わないじゃない」

街にはバスも電車も走っているけど、利用するのはなんだか不安だった。母はチーナ・バザールで買い物ができなくなったのを寂しがっていた。いとこのシャーフがうちで暮らすようになってからは、少し元気になったみたいだ。シャーフは車を持っていて、母を買い物に連れていってくれる。それでも、ミンゴラにいたときとはやっぱり違う。買ってきたものを友だちや近所の人にみせておしゃべりするのが楽しいのに、それができないからだ。

家のなかのドアが勢いよく閉まると、母はびくっとする。この頃は、ちょっとした音にも反応する。母はしょっちゅう泣いてはわたしを抱きしめる。「マララは生きているのね」わたしはいちばん上の子なのに、いちばん小さい子みたいに扱われる。

父が泣いているのも、わたしは知っている。わたしが髪をちょっといじったときに頭の傷跡がみえたりすると、父は泣く。昼寝しているとき、庭から子どもの声がきこえて目を覚まし、きこえる声のなかにわたしの声が混じっていると、ほっとして泣く。

父は、世間の人たちが自分のことをどういっているか、知っている。マララが撃たれたのは父親のせいだ、テニス好きの父親が子どもにテニスをやらせてチャンピオンにしようとするように、あの父親はマララに活動をさせたんだ——世間はそういっている。わたしが自分の意思のないお人形だとでもいうんだろうか。父はつらそうだ。

父は、二〇年近くかけて築いてきたものを、スワートに残してきてしまった。学校は七〇人。ゼロからスタートしたのに、いまは三つの学校がある。生徒は一一〇〇人、先生だ。自分の作り上げてきたものを誇らしく思っているはずだ。白い山と黒い山にはさまれた小さな村に生まれ育った貧しい青年が、ここまでのことをやってきたのだから。父はこういっている。「木を植えて、育てるのと同じだ。木が大きくなったら、木陰で休ませてもらってもいいじゃないか」

父の生涯の夢は、スワートに大規模で立派な教育機関を作ること。民主主義のパキスタンで平和に暮らすこと。父はスワートで人々の尊敬を集め、社会的に認められていた。国外で暮らすことになるなんて、夢にも思わなかっただろう。それなのに、世間はひどいことをいう。もともとイギリスに行きたかったんだろう、なんて。父はいう。「一八年間も教育にたずさわり、家族としあわせな生活を送ってきた人間を、パキスタン社会はあっけなく追い出してしまうのか？　女の子にも教育を、と声をあげただけなのに」

父はときどき、自分は国内避難民（ＩＤＰ）ではなく国外避難民（ＥＤＰ）になってしまった、という。食事のとき、わたしたちはよくスワートの話をする。いろんなことを忘れてしまいたくないから。なにもかもが恋しい。川のひどいにおいさえ、なつかしいくらいだ。父がいう。「こんなことになるとわかっていたら、もう一度スワートをよくみておくんだった。預言者ムハンマド《PBUH》がメッカからメディナに行くとき、最後に振りかえってメッカをながめたように。預言者ムハンマド《PBUH》は何度も何度も振りかえったんだ」いつのまにか、スワートのことを話していると、スワートがとても遠く感じられるようになっていた。本かなにかで読んだ場所のようだった。

父は教育関係の会議や会合で大忙しだった。きっと複雑な気分だろうと思う。わたしのことがあったから、人々は父の話をききたがるようになったのだ。その逆ではない。前は、〝ジアウディンと娘のマララ〟だったのに、いまは〝マララとマララの父のジアウディン〟といわれている。フランスにわたしの賞を受け取りにいってくれたとき、父は聴衆にこういった。「わたしの住んでいた世界では、息子が出世したおかげで父親が有名になることはありますが、娘のおかげで父親が有名になることは、まずありません。わたしはなんと幸運な父親でしょうか」

わたしの部屋のドアには、新品のしゃれた制服がかかっている。ロイヤルブルーではなく深緑色だ。わたしがこれから通うのは、そこに通ったからといって襲撃されるとか、校舎が爆破されるとか、そんな危険とは無縁の学校だ。四月の時点で、わたしはずいぶん元気になっていたので、バーミンガムの学校に通うことになった。また学校に通えるなんて、夢みたいだ。しかも、怯《おび》えなくていい。ミンゴラにいたときは、あたりをきょろきょろみまわしながら学校に行ったものだ。いつタリバンが襲ってくるかわからなかったから。

いい学校だ。科目のほとんどは、ミンゴラで教わっていたのと同じ。ただ、先生がたはパワーポイントを使って授業をすることが多くて、黒板とチョークはあまり使わない。いままでやったことのなかった科目もある。音楽、美術、コンピュータ、家庭科。家庭科では調理実習もやる。パキスタンではめったになかった化学の実験も。最近のテストで、物理は一〇〇点満点の四〇点しかとれなかったけど、やっぱり物理は大好きだ。ニュートンのことや、宇宙全体を支配する法則について学ぶのは、本当におもしろい。

でも、母と同じように、わたしも寂しい。ミンゴラにいたときのような仲のいい友だちは、すぐにできるわけではない。それに、ここの学校の女の子たちは、わたしを特別扱いする。「あの子がマララよ」と噂《うわさ》したり、〝活動家のマララ〟としてしかみてくれなかったり。クシャル・スクールにいたとき、わたしはただのマララだった。関節が柔らかいので有名なマララ。冗談をいうことや、説明するときに絵を描くのが好きなマララ。弟や親友とけんかばかりするマララ。どのクラスにも、優等生はいると思う。頭のいい子も、天才少女も、人気者も、美少女も、恥ずかしがり屋も、問題児も。でも、ここの学校では、どの子がどんな子なのかも、まだよくわからない。

冗談をいう相手もいないので、スカイプでモニバと話すときまで冗談をとっておく。最初の質問は、いつもこう。「ねえ、学校はどう？　なにかおもしろいことあった？」だれとだれがけんかしているとか、だれが先生に叱られたとかをきくのがおもしろい。最近のテストでは、モニバがクラスで一番になったそうだ。教室には、いまもわたしの名前を書いた席がある。男子校の入り口には、わたしの大きなポスターがある。貼ったのはアムジャド先生。先生は毎朝、ポスターのわたしに挨拶してから、職員室に入っていくそうだ。

わたしはイギリスでの生活をモニバに話す。たとえば、道路に沿って同じような家が整然と並んでいること。これはミンゴラとは大違いだ。ミンゴラでは、全然違う造りの建物がごちゃごちゃ並んでいる。土と石で作った粗末な家の隣に、お城みたいに大きな家が建っていたりする。イギリスの家はきれいでしっかりしていて、洪水や地震が来てもだいじょうぶそうだ。でも、屋根が平らじゃないから、上で遊ぶことができない。イギリスの人々は規則にちゃんと従うところがいい。警官のいうことをよくきくし、いろんなことが時間どおりに進んでいく。国を動かしているのは政府で、だれも陸軍参謀長の名前なんか覚えなくていい。女の人たちが、スワートでは考えられなかったような仕事についている。女性の警官やガードマンもいるし、大きな会社の社長もいる。みんな、自分の好きな服装をしている。

襲撃事件について考えることはあまりないけれど、毎日鏡をみるたびに、いやでも思い出してしまう。手術の結果、顔面神経は可能な限り回復した。治らないところはずっと治らないのだろう。まばたきをするとき、まぶたが完全に閉じない。しゃべるとき、左目がぱちぱちしてしまう。父の友人のヒダヤトゥラーは、その左目を誇りに思うべきだ、といってくれた。「犠牲になったものは美しいんだから」

わたしを撃った犯人については、まだよくわからないままだ。アタウラー・カーンという男が、自分がやったといっているそうだが、まだ逮捕されていない。パキスタン警察はいまも捜査中で、わたしに事情聴取がしたいといっている。

あの日起こったことを完全に思い出すことはできないけれど、ときどき、フラッシュバックがある。なんの前触れもなく、突然やってくる。六月に、最悪のフラッシュバックがあった。アブダビにいるときだった。サウジアラビアのメッカに小巡礼《ウムラ》に行く途中で、わたしは母といっしょにショッピングモールにいた。母が、メッカでお祈りをするときのための特別なブルカが欲しいといったからだ。わたしはそんなものは着たくなかった。ショールをかぶればじゅうぶんだ。女性はブルカを着なければならない、という決まりがあるわけではない。モールを歩いていたとき、突然、たくさんの男たちに囲まれたような幻覚に襲われた。銃を持って、わたしを待ち伏せしていたのだ。撃たれる、と思った。怖かったけど、黙っていた。自分にこういいきかせた。マララ、あなたは一度死にかけたのよ。これは第二の人生。怯《おび》えちゃだめ。怯えていたら、前に進めない。

メッカのカーバ神殿は、イスラム教徒にとってもっとも神聖なところだ。あの黒い立方形の建物をはじめて目にするとき、胸に抱いている望みがききとどけられるという。わたしたちは、パキスタンに平和が訪れますように、女の子が教育を受けられますように、と祈った。驚いたことに、わたしはいつのまにか涙を流していた。ところが、メッカの砂漠にあるほかの聖地に行って、わたしはショックを受けた。預言者ムハンマド《PBUH》が住んでいたところや、説教をしたところに、空き瓶やビスケットの包み紙があちこちに落ちているのだ。歴史的遺産を大切にしようという気持ちを、みんなは忘れてしまったんだろうか。ハディースには、「清潔は信仰の半分」と書かれているのに。

わたしを取り巻く世界は一変した。借りている家のリビングの棚には、世界じゅうから贈られた賞がずらりと並んでいる。アメリカ、インド、フランス、スペイン、イタリア、オーストリア、そのほかいろいろ。ノーベル平和賞にも候補者として名前があがった。史上最年少だという。学校の成績がよくて表彰されるときは、とてもうれしかった。がんばった結果もらえたものだから。でも、各国からもらう賞は違う。ありがたいとは思うけど、賞をもらって思うことはただひとつ――まだまだがんばっていかないと、すべての男の子と女の子が教育を受けられる、という目標は達成できないということだ。わたしは〝タリバンに撃たれた少女〟だとは思われたくない。〝教育のために戦った少女〟だと思われたい。そのために、わたしは人生を捧《ささ》げるつもりだ。

十六歳の誕生日、わたしはニューヨークにいた。国連本部でスピーチをすることになっていた。とても広いホールだった。これまでに、多くの世界の指導者が、ここでスピーチをしてきた。自分がそんなところに立ってスピーチをすると思うと、足がすくんでしまう。でも、話したいことははっきりしている。大きなチャンスなんだから、と自分にいいきかせた。まわりに座っている人は四〇〇人くらいだけど、視線をあげると、そのむこうに何百万人もの人の顔がみえるような気がした。スピーチ原稿は、国連の各国代表者だけに向けて書いたのではない。世界じゅうの人々に向けて書いたのだ。世界じゅうのだれもが、世の中を変えていくことができる。貧困にあえぐ人々、働かされている子ども、テロに苦しむ人々、教育を受けられない人々、それらすべての人に、わたしの思いを届けたかった。心のなかで、すべての子どもたちを思っていた。どうかみんなわたしの言葉をきいて、勇気を出してほしい、自分たちの権利のために立ち上がってほしい、と願っていた。

ベナジル・ブットが愛用していた白いショールを頭に巻いた。服はお気に入りのピンクのシャルワールカミズ。わたしは世界の指導者に、世界じゅうのすべての子どもに教育を与えてくださいと呼びかけた。「本とペンを持って闘いましょう。それこそが、わたしたちのもっとも強力な武器なのです。ひとりの子ども、ひとりの教師、一冊の本、そして一本のペンが、世界を変えるのです」自分のスピーチがどう受け止められているのかわからないままに話していたけど、スピーチが終わると、スタンディング・オベーションが起こった。母は泣いていた。父は、わたしが世界じゅうの人たちの娘になったといった。

その日、ある変化があった。母がはじめて公の場でカメラの前に立ったのだ。これまでずっと、プルダを守って生きてきた人だ。カメラの前でベールを取ることは一度もなかった。きっと、大変な勇気がいったことだろう。

翌日、ホテルでの朝食の席で、アタルがいった。「ねえ、どうしてお姉ちゃんはそんなに有名なの？　お姉ちゃんはなにをしたの？」ニューヨーク滞在中、アタルは自由の女神やセントラルパークをみて大喜びだった。欲しかったおもちゃ、ベイブレードも買ってもらって、大興奮。

スピーチのあと、世界じゅうから、わたしを支持するというメッセージが届いた。でも、パキスタンからのメッセージはほとんどない。それどころか、ツイッターやフェイスブックをやっているパキスタンの少年少女に非難された。有名になりたいだけなんでしょ、というのだ。こんな書きこみもあった。「どうせパキスタンのことなんかすぐ忘れちゃうよ。学校のことだって忘れちゃうし。外国でぜいたくな暮らしができればそれでいいんじゃない？　もともとそれが望みだったんだろうし」

どういわれてもかまわない。パキスタンの人たちがこんなことをいうのには、わけがある。パキスタンのこれまでの指導者や政治家たちは、ああしますこうしますというばかりで、なにひとつ約束を守ってくれなかった。パキスタンの状況は悪くなる一方だ。テロ活動は終わる気配がない。国じゅうが怯えている。人々は疑心暗鬼になって、お互いを信じられなくなっている。でも、みんなにわかってほしいことがある。わたしを支持してくれなくてもいい。平和と教育を訴えるわたしの考えを支持してほしい。

スピーチのあとにもらった手紙のなかには、予想もしなかったものもあった。それは、タリバンの司令官からの手紙だった。最近刑務所から逃げだしたばかりの男で、名前はアドナン・ラシッド。もともとはパキスタンの空軍兵士だったという。二〇〇三年、ムシャラフ大統領の暗殺を企てた罪で投獄されていた。手紙によると、タリバンがわたしを襲撃したのは、わたしが教育のための活動をしていたからではなく、「イスラム社会を構築しようとするタリバンの努力を中傷したから」とのことだ。手紙を書こうと思ったのは、わたしが撃たれたことをきいて驚いたからだという。自分が知っていたら前もって忠告してやったのだが、と書いてあった。また、わたしがパキスタンに戻って、ブルカを着て神学校《マドラサ》に通うなら、わたしのしたことを許してやる、とも書いてあった。

ジャーナリストたちは、その手紙の返事を書けと勧めてきた。でもわたしは、「この人は自分をなんだと思っているの?」と思った。タリバンはパキスタンの支配者でもなんでもない。わたしの人生をどう生きるかはわたしが決める。BBCのムハンマド・ハニフがこれに関して記事を書いた。パキスタンには、マララは本当は撃たれてなんかいないんだ、と主張する人も多いなか、この手紙が〝撃ったのはタリバンだ〟と認める内容だったのはよかった、という記事だった。

わたしはいつかパキスタンに帰るつもりだ。でも、わたしが帰りたいというと、父は必ずなにか理由をみつけて反対する。「まだ治療が終わっていないからだめだ」とか、「こっちの学校はなかなかいいじゃないか。こっちで知識を身につければ、もっといいスピーチができるようになるんじゃないか？」とか。

父のいうとおりだと思う。もっともっと学びたい。知識という武器を身につけたい。そうすれば、平和と教育のための戦いを、もっとうまく展開することができる。

教育を受けることは基本的人権だということは、だれもが知っている。それは西洋社会だけのことではない。イスラム社会もその権利を認めていて、すべての女の子とすべての男の子が学校に通うべきだといっている。コーランにも書いてある。神様は、知識を得よとわたしたちにいっている。空はどうして青いのか、どうして海ができたのか、星はどうしてめぐるのか、学ぶべきだといっている。もちろん、簡単にできることではない。

世界には、小学校に行っていない子どもが五七〇〇万人いて、そのうち三二〇〇万人は女の子だ。悲しいことに、パキスタンは、そうした子どもがもっとも多い国のひとつだ。小学校に行っていない子どもが五一〇万人もいる。憲法には、すべての子どもにその権利があると明記されているのに。字の読めないおとなは五〇〇〇万人。その三分の二は女性で、わたしの母もそのひとりだ。

いまも女の子が殺されたり、学校が爆破されたりしている。三月には、カラチの女子学校が攻撃された。かつてわたしたちが訪問した学校だ。爆弾と手榴弾《しゅりゅうだん》が校庭に投げこまれた。ちょうど、成績優秀者の表彰式がはじまるところだった。校長のアブドゥル・ラシードが亡くなり、五歳から十歳までの八人の生徒がけがをした。そのうちのひとり、八歳の女の子の体には障がいが残ってしまったそうだ。母は、このニュースをきいて激しく泣いた。「自分の子どもが眠っていたら、起こさないようにそっと見守るものなのに。この犯人たちは銃を撃ったり、爆弾を投げこんだり。相手が子どもでも平気なのね」

いちばんショッキングだったのは、クエッタで六月に起きた事件だ。自爆テロリストがバスを襲った。女子大の学生四〇人が乗っていた。一四人が死亡。タリバンは病院に運ばれるけが人を追いかけ、何人かのナースを撃った。

タリバンに殺されなくても、子どもたちは死んでいく。無人機に攻撃されたり、紛争に巻きこまれたり、食べるものがなかったり。家族に殺されることもある。六月には、スワートの少し北にあるギルギットという町で、わたしと同じ年頃の女の子がふたり殺された。インターネットに自分たちの動画を投稿したのが、その理由だ。雨のなかで踊っているだけの動画だ。着ているのは伝統的な衣装だし、頭にはスカーフも巻いているのに。義理の兄に撃たれたらしい。

近頃は、スワートよりも危険な地域がほかにあるようだ。とはいえ、スワートにはいまも軍隊がいる。タリバンを一掃したはずの軍事行動から四年もたつというのに。ファズルラーはまだ捕まっていない。わたしたちのバスの運転手は、まだ拘留されたままだ。かつては観光客の集まる楽園だったスワート渓谷は、いまは恐怖の地になってしまった。どうしてもスワートを訪れたい外国人は、イスラマバードの役所で無異議証明書を発行してもらわなければならない。ホテルも民芸品店も、客がまったく来ない。観光客が戻ってくるまでには、まだ長い年月がかかるだろう。

この一年間で、わたしはいろんな土地を訪れた。でも、世界でいちばん美しいのは、スワート渓谷だ。いつになったら、またあの景色をみることができるんだろう。それはわからないけど、きっといつかは帰るつもりだ。わたしがラマダンの月に庭に埋めたマンゴーの種は、芽が出ただろうか。だれかが水をやっていてくれますように。いつか、わたしたちの娘や息子の世代に、実ったマンゴーを食べてもらいたい。

今日、鏡で自分の顔をみて、ちょっと考えた。わたしは前に、少しでもいいから背を伸ばしてくださいと、神様に祈ったことがある。神様はわたしの身長は伸ばしてくれなかったけど、大きくしてくれた。あまりに大きくなりすぎて、どれくらい大きいのか、自分で測ることができないくらいだ。だから、約束していたとおり、ナフルのお祈りを一〇〇回した。

わたしは神様を愛している。アッラーに感謝している。一日じゅう、神様に話しかけている。神様は偉大だ。わたしをこんなに大きくして、わたしの声を人々に届けてくれた。それと同時に、大きな責任をわたしに負わせた。

すべての家庭に、すべての村に、すべての町に、すべての国に、平和が訪れること——それがわたしの夢。世界じゅうのすべての男の子とすべての女の子が教育を受けられますように。わたしには、学校の椅子に座って、クラスメートたちといっしょに教科書を読む権利がある。すべての人間がにこにこしながらしあわせに暮らせる日が、いつか来てほしい。

わたしはマララ。わたしを取り巻く世界は変わったけれど、わたしは変わっていない。

謝辞

この一年間、わたしは人間の激しい憎しみと、神様の無限の愛に触れてきました。たくさんの人がわたしを助けてくれました。名前を全部あげたら、一冊の本ができてしまうくらいです。ここでお礼をいわせてください。わたしのために祈ってくれたパキスタンのみなさんと全世界のみなさん、わたしが倒れたときに立ち上がってくれた生徒、学生、支援者のみなさん、ありがとう。いただいたお花の花びら一枚一枚、いただいたカードやメッセージの一通一通に、感謝しています。

わたしは幸運な子どもです。父はわたしに、どんな思想を持ったっていい、それをどんなふうに表現したっていいんだといい、平和を求める運動に参加させてくれました。母は、平和と教育を求めて戦うわたしたちを応援してくれました。

すばらしい先生にも恵まれました。とくに、ウルファト先生。教科書の勉強以外にも、忍耐や寛容、行儀など、たくさんのことを教わりました。

多くの人々が、わたしの回復を奇跡だといいます。そんな奇跡を起こしてくれた方々にも感謝しています。スワート中央病院の医師とナースのみなさん、ペシャワールのＣＭＨ（統合軍病院）およびラワルピンディのＡＦＩＣ（国軍循環器学病院）の医師とナースのみなさん、ありがとう。とくにジュナイド先生とムンタズ先生に、あのタイミングで手術をしてもらわなかったら、わたしは死んでいたでしょう。アスラム先生にも感謝しています。アスラム先生がいなかったら、手術後、わたしの主要な臓器はだめになっていました。

カヤニ将軍は、わたしの容体をことのほか気にかけてくれました。ザルダリ大統領とご家族の愛情と思いやりのおかげで、わたしは弱気にならずにいられました。アラブ首長国連邦の政府とムハンマド・ビン・ザーイド皇太子は、王室の飛行機を提供してくれました。

ジャヴィド・カヤニ先生は、落ちこんでいるわたしをよく笑わせてくれました。わたしにとって、お父さんのようでした。イギリスでの治療も最高レベルのリハビリも、カヤニ先生がいてこそ実現したのです。フィオーナ・レイノルズ先生は、パキスタンではわたしの両親に、イギリスではわたしに、安らぎを与えてくれました。事件の真相をありのままわたしに話すときには、勇気がいったことでしょう。

バーミンガムのクイーン・エリザベス病院のみなさんも、最高でした。ジュリーの率いるナースチームはとてもよくしてくれたし、ベスとケイトはナースであると同時に、やさしいお姉さんのようでした。イーマ・チョードリーは身の回りの世話をとことんやってくれました。ケンタッキー・フライドチキンにも毎日行ってくれました。

リチャード・アーヴィング先生のおかげで、わたしはまた笑えるようになりました。アンウェン・ホワイト先生は、わたしの頭蓋骨を再建してくれました。

フィオーナ・アレグザンダーは、マスコミ対応を完璧にこなしてくれただけでなく、わたしと弟たちがイギリスで学校に通えるように、手続きをしてくれました。それも、いつも笑顔で！

リハンナ・サディクのお祈りをきいて、わたしの心はどれだけ落ち着いたかわかりません。

シザ・シャヒドとその家族には、信じられないほど親切にしてもらいました。マララ基金を立ち上げるときにも力になってもらいました。彼らといっしょに力を貸してくれたマッキンジーにも感謝しています。基金設立に尽力してくれたすべての人々、すべての組織にお礼をいわねばなりません。とくに、ミーガン・スミス、国連財団、女性支援NGO団体ヴァイタルヴォイス、ビー・スペイスの協力はなくてはならないものでした。わたしたちの運動やマララ基金に対するサマル・ミナラーの支援にも感謝しています。

エデルマンのみなさんにも、感謝しています。とくに、ジャミー・ルンディーと、その同僚のローラ・クルークスに。あなたたちがいなかったら、父はここまでがんばれなかったかもしれません。

ゴードン・ブラウンは、わたしの事件を重く受け止めて、教育を求める運動を世界に広めてくれました。オフィスのスタッフのみなさんも、それを助けてくれました。パン・ギムンも、はじめから協力してくれました。

パキスタンの前高等弁務官ワジド・シャムスル・ハサンと、大使館政治部のアフタブ・ハサン・カーンと奥さんのエルム・ギラニも、大きな力になってくれました。パキスタンからやってきたわたしたちがイギリスでの暮らしになじめたのは、彼らのおかげです。運転手のシャヒド・フセインにも感謝しています。

この本は、クリスティーナの力あってこそできあがったものです。夢でしかなかったことを、彼女が実現させてくれました。KPK（カイバル・パクトゥンクワ州）出身でもない、ましてパキスタン出身でもない人が、ここまでパキスタンという国を愛し、理解してくれるとは、思ってもみませんでした。

カロライナ・サットンのような出版エージェントに出会えたことも、とてもラッキーでした。このプロジェクトに全力を注ぎ、わたしたちの理念に賛同してくれました。また、すばらしい編集者にも恵まれました。ジュディ・クレインとアルズ・タフシンは、わたしたちの物語が最高の形で出版されるよう、尽力してくれました。

わたしの助言者であり、父の親友でもあるアブドゥル・ハイ・カカルは、この本にていねいに目を通してくれました。父の友人のイナム・アルラヒムは、スワートの歴史について詳しく説明してくれました。

アンジェリーナ・ジョリー、マララ基金にたくさんの寄付をありがとう。

クシャル・スクールの先生がたにも感謝の気持ちでいっぱいです。父がいなくなっても、学校を存続させてくれています。

そして、神様、シャヒダ・チョードリーという女性をわたしの家に遣わしてくれて、ありがとう。彼女のおかげで、わたしたち家族は本当に救われました。そして、ボランティアとはなにかを学ぶことができました。

最後に、モニバ! あなたのようにやさしくて頼りになる友だちがいて、本当によかった。そしてクシャルとアタル、わたしが無邪気な心を忘れずにいられるのは、あなたたちのおかげです。(敬称略)

マララ・ユスフザイ

*

スワートを訪れる幸運に恵まれたことのある外国人はみな、そこに住む人々の深いもてなしの心に触れたことでしょう。わたしに親切にしてくれたスワートのみなさん、本当にありがとう。とくに、クシャル・スクールのマリヤム校長と、生徒たち。ミンゴラのアマド・シャーとスルタン・ロメには、シャングラを案内してもらいました。アシム・バジワ将軍、アビド・アリー・アスカリ大佐、タリク少佐、軍統合情報局広報部のみなさん、わたしのスワート訪問に協力していただき、ありがとうございました。さまざまな情報をくれたアダム・エリックにも感謝しています。

イギリスでは、クイーン・エリザベス病院のスタッフにどんなに支えられたことでしょう。フィオーナ・アレグザンダーとカヤニ先生にはとくに、惜しみない尽力をいただきました。エージェントのデイヴィッド・ゴッドウィンはいつもどおりにいい仕事をしてくれましたし、ジュディ・クレイン、アルズ・タフシンといったすばらしい編集者に恵まれたことも幸運でした。〈サンデー・タイムズ〉紙でお世話になったマーティン・アイヴンズにも、このかけがえのないプロジェクトに多くの時間を割いてもらいました。夫のパウロ、息子のローレンソ、この本にかかりきりになっているわたしを理解してくれてありがとう。

そしてなにより、マララとマララのご家族に感謝しています。マララの物語をいっしょに書かせてくれて、本当にありがとう。（敬称略）

クリスティーナ・ラム

パキスタンとスワート県における主な出来事

一九四七　八月十四日　現代における最初のイスラム教国として、パキスタン国家が成立する。スワート藩王国もパキスタンの一部になるが、自治権は維持。

一九四七　第一次インド・パキスタン戦争。

一九四八　パキスタン国家創設者ムハンマド・アリー・ジンナー死亡。

一九五一　パキスタン初代首相リヤーカト・アリー・カーン暗殺される。

一九五八　パキスタン初の軍事クーデターにより、アイユーブ・カーン将軍が政権を掌握。

一九六五　第二次インド・パキスタン戦争。

一九六九　スワートが北西辺境州に併合される。

一九七〇　パキスタン初の国民投票。

一九七一　第三次インド・パキスタン戦争。東パキスタンが独立し、バングラデシュとなる。

一九七一　ズルフィカール・アリー・ブットが、選挙による最初の首相になる。

一九七七　ジア＝ウル＝ハク将軍がクーデターにより政権を掌握。

一九七九　ズルフィカール・アリー・ブットが

絞首刑に処せられる。ソ連がアフガニスタンに侵攻。

一九八八　ハク大統領と軍司令官数名が、飛行機事故で死亡。総選挙により、ベナジル・ブットがイスラム圏ではじめての女性首相となる。

一九八九　ソ連がアフガニスタンから完全撤退。

一九九〇　ベナジル・ブットが首相を解任される。

一九九一　ナワーズ・シャリフが首相になる。

一九九三　ナワーズ・シャリフ首相が軍の圧力により辞任する。第二次ベナジル・ブット政権。

一九九六　アフガニスタンのカブールでタリバンが勢力を得る。

一九九六　第二次ブット政権解散。

一九九七　第二次ナワーズ・シャリフ政権。

一九九八　インドが核実験をおこない、パキスタンも追随。

一九九九　ベナジル・ブットと夫のアースィフ・アリー・ザルダリが汚職により訴追される。ベナジルは亡命、ザルダリは投獄される。パルヴェーズ・ムシャラフがクーデターにより政権を掌握。

二〇〇一　アルカイダによる9・11同時多発テロ。ワールドトレードセンターとペンタゴンが攻撃される。アメリカによるアフガニスタン空爆開始。タリバンがアフガニスタンの政権を失う。ウサマ・ビン・ラディンがパキスタンに逃亡。

二〇〇四　パキスタン政府軍が、FATA（連邦直轄部族地域）において武装勢力と交戦開始。アメリカの無人機がはじめてパキスタンを攻撃。ザルダリが国外追放となる。

二〇〇五 ファズルラー師がスワートでラジオ放送を開始。パキスタンで大地震が起こり、七万人以上が死亡。

二〇〇七 イスラマバードにおいて、赤のモスク立てこもり事件発生。ベナジル・ブットがパキスタンに帰国。ファズルラーがイスラム法廷を設立。ムシャラフがスワートに政府軍を派遣。パキスタン・タリバン運動発足。ベナジル・ブット暗殺。

二〇〇七～九 タリバンがスワート全域に勢力を広める。

二〇〇八 ザルダリ大統領就任。ムシャラフは国外追放。

二〇〇九 ファズルラーが、スワート全域の女子校閉鎖を命じる。パキスタン政府がタリバンと和平協定を結ぶ。この協定を破って、タリバンがスワートを支配。パキスタン政府軍がスワートからタリバンを一掃するための軍事行動を開始。

二〇〇九 **七月** パキスタン政府が、スワートからタリバンがいなくなったと宣言。

二〇〇九 **十二月** オバマ大統領がアフガニスタンへ三万三〇〇〇人の兵士を追加派遣すると発表。ＮＡＴＯ（北大西洋条約機構）軍全体で一四万人となる。

二〇一〇 パキスタン各地で洪水発生。二〇〇〇人が死亡。

二〇一一 パンジャブ州知事サルマン・タシー

ル暗殺。ビン・ラディンがアボッタバードで殺される。マララがパキスタン国民平和賞受賞。

二〇一二　十月九日　マララが撃たれる。

二〇一三　五月　ムシャラフが帰国、逮捕される。タリバンによる武力活動のなか、選挙がおこなわれ、ナワーズ・シャリフが三度目の政権に就く。

二〇一三　七月十二日　マララの十六歳の誕生日。ニューヨークの国連本部において演説をおこない、世界じゅうのすべての子どもが教育を受けられるようにと訴える。

マララ基金について

わたしがこの本を書いた目的は、学校に通い自己の可能性を知るという権利を奪われている世界じゅうの女の子たちにかわって、声をあげることです。わたしの物語を読んで、自分も声をあげよう、自分が秘めている力を生かそうと、世界じゅうの女の子たちに思ってほしいのです。でも、わたしの使命は――わたしたちの使命は――それだけにとどまりません。わたしたちは、女の子に教育を受けさせ、女の子に力を与え、女の子の生活や、女の子が属するコミュニティを改善させるため、断固として戦うつもりです。

そのために、わたしはマララ基金を設立しました。

どの女の子にも、どの男の子にも、世界を変える力がある。そのチャンスさえあればいい、とマララ基金は信じています。女の子にチャンスを与えるため、マララ基金は、みなさんの協力を求めています。各地のコミュニティの努力が結実するよう、力を貸してください。昔ながらの教育方法に新しい方法を組み合わせたり、基本的な読み書きを教えるだけでなく、道具や考えかたやネットワークを提供することで、女の子が自分の生きかたをみつけ、よりよい明日を作りだす手助けができるのです。

みなさんが賛同してくださることを願います。みんなで力を合わせれば、今度こそ、女の子が教育と権利を得ることがなによりも大切であると、世界に認められるでしょう。どうか、この使命を果たす仲間になってください。

詳しくは、www.malala.org をごらんください。

www.facebook.com/MalalaFund と www.twitter.com/MalalaFund への書きこみもお待ちしています。

国連本部でのスピーチ

（二〇一三年七月十二日、マララ・デー）

もっとも慈悲深く寛大な神の名において

パン・ギムン国連事務総長殿、ブーク・イェレミッチ総会議長殿、ゴードン・ブラウン国連グローバル教育担当特使殿、尊敬する年長者と親愛なる兄弟姉妹のみなさん、みなさんに平安ありますよう《アサラーム・アライクム》。

本日は、とてもありがたい機会をいただきました。人前で話をするのは久しぶりです。このように立派な方々の前に立って話ができるなんて、これほどの栄誉があるでしょうか。こうして、ベナジル・ブット氏の遺品のショールを身につけていることも、わたしにとって大きな喜びです。

どこからお話しすればいいでしょうか。みなさんは、わたしのどんな話をききたいと思っているのでしょう。

まずは、わたしたちをすべて平等につくってくださった神様にありがとうといいたいです。また、わたしが早く元気になって新しい生活をはじめられるようにと祈ってみなさんは信じられないほどの愛情を、みなさんはわたしに与えてくださいました。世界じゅうから、お見舞いのカードやプレゼントが何千も届きました。そのひとつひとつに感謝しています。子どもたちの素直な言葉に元気づけられました。ありがとう。お祈りをしてくれた年長者のみなさん、力をくださってありがとう。

パキスタンとイギリスの病院の看護師、医師、職員のみなさん、ありがとう。アラブ首長国連邦の政府の方々にも感謝しています。みなさんのおかげで、わたしは元気を取り戻すことができました。

国連事務総長のパン・ギムン氏が主導するグローバル・エデュケーション・ファースト・イニシアティブ（世界教育推進運動）と、ゴードン・ブラウン国連特使、ブーク・イェレミッチ総会議長の活動を、わたしは全面的に支持します。彼らが発揮しつづけてくれる指導力のおかげで、わたしたちはともに立ち上がって行動を起こすことができるのです。

親愛なる兄弟姉妹のみなさん、ひとつ覚えていてほしいことがあります。マララ・デーはわたしの日ではありません。権利を求めて声をあげたすべての女性、すべての少年少女の日です。

何百人もの人権活動家やソーシャルワーカーが、人間の権利を言葉で主張するだけでなく、平和、教育、平等という目標を達成しようと、日々闘っています。これまでに何千人もの人々がテロリストに命を奪われ、何百万人もの人々が傷を負いました。わたしはそのうちのひとりにすぎません。

ですから、わたしは今日、たくさんの少女のうちのひとりとして、ここに立っているのです。これはわたしの声ではありません。声をあげることのできない人々の声――権利を求めて闘う人々みんなの声なのです。平和に生きる権利、人間としての尊厳を認められる権利、均等な機会を得る権利、教育を受ける権利を、わたしたちは求めます。

親愛なるみなさん、二〇一二年十月九日、わたしは左の側頭部をタリバンに撃たれました。わたしの友だちも撃たれました。タリバンは、ピストルでわたしたちを撃てば、わたしたちを黙らせることができると考えたのでしょう。でも、そうはいきませんでした。わたしたちが声をあげられなくなったとき、何千人もの人々が声をあげたのです。

テロリストたちは、わたしの目的を変えさせてやろう、目標をあきらめさせてやろう、と考えたのでしょう。でも、わたしのなかで変わったことなど、なにひとつありません。あるとすれば、ひとつだけ。弱さと恐怖と絶望が消え、強さと力と勇気が生まれたのです。わたしはそれまでと同じマララです。目標に向かっていく気持ちも変わっていません。希望も、夢も、前と同じです。

親愛なる兄弟姉妹のみなさん、わたしはだれと争う気持ちもありません。タリバンやその他のテロ集団に復讐《ふくしゅう》してやろうという気持ちもありません。わたしがここにいるのは、すべての子どもには教育を受ける権利があると訴えるためです。タリバンを含め、すべてのテロリストや過激派の子どもたちにも、教育を受けてほしいと思っています。

わたしは、わたしを撃った犯人のことも、憎んでいません。もしわたしが銃を持っていて、目の前に犯人が立っていたとしても、わたしは撃ちません。この思いやりの心を教えてくれたのは、慈悲深い預言者ムハンマドであり、イエス・キリストであり、仏陀《ぶっだ》です。意識を変革することを教えてくれたのは、マーティン・ルーサー・キング、ネルソン・マンデラ、ムハンマド・アリー・ジンナーです。非暴力の哲学を教えてくれたのは、ガンディー、バシャ・カーン、マザー・テレサ。そして、人を許す心を教えてくれたのは、わたしの父と母です。わたし自身の魂も、こういっています。「平和を大切にしなさい、すべての人を愛しなさい」

親愛なる兄弟姉妹のみなさん、光の大切さがわかるのは、暗闇のなかにいるときです。声の大切さがわかるのは、声をあげるなといわれたときです。それと同じように、パキスタン北部のスワートが銃だらけになったとき、わたしたちは、ペンと本の大切さに気づきました。

「ペンは剣よりも強し」ということわざがあります。まさにそのとおりです。過激派は、本とペンを恐れていました。そしていまも恐れています。教育の力が怖いのです。彼らはまた、女性を恐れています。女性の声が持つ力が怖いのです。だから、彼らは人を殺すのです。最近では、クエッタの罪のない学生を一四人も殺しました。カイバル・パクトゥンクワ州では女性教師や、ポリオ撲滅をめざす活動家を何人も殺しました。毎日学校を爆破するのも、同じ理由です。昔もいまも、彼らは変化を恐れているのです。わたしたちの活動によって、平等な社会が生まれたら困ると思っているのです。

わたしの学校の男の子が、ジャーナリストから「タリバンはなぜ教育に反対しているのか」と質問されたことがあります。男の子はとてもシンプルに答えました。本を指さして、「タリバンはこの本に何が書いてあるか知らないからです」といったのです。テロリストは、神様のことを、学校に通っている女の子をただそれだけの理由で地獄に落とすような、心の狭い保守主義者だと思っているのです。テロリストはイスラムの名とパシュトゥン人社会を利用して、自分たちの利益を求めています。パキスタンは平和を愛する民主主義国家です。パシュトゥン人は娘たちや息子たちに教育を受けさせることを望んでいます。イスラム教は、平和と人道と同胞愛を重んじる宗教です。イスラムの教えによると、子どもには教育を受ける権利があるというだけではありません。おとなにも、子どもに教育を受けさせる義務と責任があるのです。

事務総長殿、教育には平和が必要です。世界の多くの地域で――なかでもパキスタンとアフガニスタンではとくに、テロや戦争、紛争によって、子どもたちが学校に通えない状況になっています。戦争や紛争はもうたくさんです。女性と子どもは世界各地で、さまざまな苦しみを抱えています。インドでは、罪のない貧しい子どもたちが児童労働の犠牲になっています。ナイジェリアでは多くの学校が破壊されました。アフガニスタンの人々は、ここ何十年ものあいだ、過激派の活動に苦しめられてきました。幼い女の子たちが家事労働をさせられ、早婚を強いられています。貧困、無知、不正、人種差別、そして基本的権利の剝奪は、男性にとっても女性にとっても重大な問題です。

親愛なる仲間のみなさん、わたしは今日、女性の権利と女の子の教育を中心にお話ししています。もっとも苦しんでいるのは、女性と女の子だからです。かつて、女性の社会活動家たちは、女性の権利のために立ち上がってほしいと男性に求めていました。でも、いまは違います。わたしたち女性がみずから立ち上がるときがきたのです。女性が権利を得られるよう声をあげてくれている男性に、それをやめてくれといっているのではありません。女性が自立して、自力で闘うべきだといっているのです。

親愛なる兄弟姉妹のみなさん、いまこそ声をあげるときです。

わたしたちは今日、世界の指導者たちにお願いします。今後の政策を、平和と繁栄を重視するものに変えてください。すべての和平協定を、女性と子どもの権利を守るものにしてください。女性の権利を奪うような協定は、受け入れることができません。

すべての政府にお願いします。世界じゅうのすべての子どもが無償で義務教育を受けられるようにしてください。テロや暴力と闘い、子どもたちが残虐行為や危害を受けないようにしてください。

先進諸国にお願いします。開発途上地域の女の子の教育機会拡大を支援してください。

すべてのコミュニティにお願いします。寛い心を持ってください。カースト、信条、宗派、肌の色、宗教、性差による偏見をなくしてください。女性に自由と平等を与えてください。そうすれば、女性はもっと生き生きするでしょう。社会の半数の人間が抑圧されていたら、なにごともうまくいくはずがありません。

世界じゅうの姉妹のみなさんにお願いします。勇気を持ってください。そんな力はないなんて思わないで。自分には無限の可能性があるということに、どうか気づいてください。

親愛なる兄弟姉妹のみなさん、すべての子どもの輝ける未来のために、わたしたちは学校と教育を求めます。わたしたちはこれからも旅を続けます。その目的地は、平和と教育。だれもわたしたちを止めることはできません。わたしたちはみずからの権利を求めて声をあげ、その声によって変化をもたらします。

言葉には力があります。わたしたちの言葉で世界を変えることができます。みんなが団結して教育を求めれば、世界は変えられます。でもそのためには、強くならなければなりません。知識という武器を持ちましょう。連帯と絆《きずな》という盾を持ちましょう。

親愛なる兄弟姉妹のみなさん、忘れてはなりません。何百万もの人が貧困、不正、無知に苦しんでいます。何百万もの子どもたちが学校に通えずにいます。わたしたちの兄弟姉妹が、明るく平和な未来を待ち望んでいます。

そのために、世界の無学、貧困、テロに立ち向かいましょう。本とペンを持って闘いましょう。それこそが、わたしたちのもっとも強力な武器なのです。ひとりの子どもも、ひとりの教師、一冊の本、そして一本のペンが、世界を変えるのです。

教育こそ、唯一の解決策です。まず、教育を。

本書に掲載した写真と引用した文章について

写真の著作権は、以下の個人または団体にあります。

カラー口絵

●4ページ下　ジャスティン・サトクリフ（2013）。
●10ページ上　クフ・アワイス。
●10ページ下　アルジャジードのアサド・ハシム。英国アルジャジード（AlJazeera.com）のご厚意により。
●11ページ上、11ページ下、12ページ上　バーミンガム大学病院NHSファウンデーション・トラスト。クイーン・エリザベス病院の寛大なる許可をいただき、使用させていただきました。
●13ページ下　ジャスティン・サトクリフ（2013）。
●14ページ上　国連（エスキンデル・デュベベ）。国連写真ライブラリーの寛大なる許可をいただき、使用させていただきました。
●14ページ下　国連（リック・バジョルナ）。国連写真ライブラリーの寛大なる許可をいただき、使用させていただきました。
●16ページ　アントニオ・オルモス（2013）。

文章の引用にあたって、以下の個人または団体のご協力をいただきました。

●ジンナー・アーカイブ――偉大なる指導者ムハンマド・アリー・ジンナーの著作物引用の許可をいただきました。
●ラーマット・シャー・サエル――詩を引用させていただきました。
●パシュトー語の詩の翻訳においては、父の友人であるハマユン・マサウド氏、ムハンマド・アムジャド氏、アタウラフマン氏、ウスマン・ウラスヤール氏にご協力いただきました。

文庫版訳者あとがき

男は伝統的なウールの帽子をかぶって、顔にはハンカチを巻いて鼻と口を隠していた。風邪ひきみたいだ。大学生のようにみえた。バスのうしろはドアがない。男はうしろからとびのって、身を乗りだしてきた。

「どの子がマララだ？」男が厳しい声でいった。

みんなは黙っていたけど、何人かの目がわたしをみた。それに、顔を隠していないのはわたしだけだった。

男は黒いピストルを構えた。

タリバンに頭を撃たれる直前の記憶が、こんなふうに綴られています。女性の教育が禁止されている状況で、必死に勉強を続けながら日記をブログに載せたり、マスコミのインタビューを受けたりしていたマララ・ユスフザイさんは、世界の注目を集めましたが、同時にタリバンから脅迫を受けるようになりました。そしてとうとう下校中に襲われて頭部を撃たれ、瀕死の重傷を負いました。

本書には、マララさんが生まれ育ったパキスタン、スワート渓谷の美しい風景や、パキスタンの歴史、他国との関係、タリバンがやってきてからの混乱と苦難が克明に描かれています。だからこそ、タリバンの抑圧や脅しに負けることなく声をあげつづけたマララさんや、マララさんの父親の意志の強さが伝わってくるのです。

撃たれたあとのマララさんは急遽イギリスに運ばれ、奇跡的に命を取りとめました。慣れないイギリスでの暮らしには苦労もあったことでしょうが、そんな中でもみるみる回復をとげただけでなく、襲撃前と変わらず「すべての女の子に教育を」と訴えつづけました。

襲撃の翌年の二〇一三年七月にはニューヨークの国連本部で歴史に残るスピーチをおこない、また、その年の十月には、自伝 *I Am Malala: The Girl Who Stood Up for Education and Was Shot by the Taliban* を出版しました（本書はその和訳で、日本では同年十二月に学研パブリッシングから出版され、今般、その文庫版が光文社から出版されることになりました）。当時、ノーベル平和賞を受賞するのではないかと注目されていたマララさんですが、その年の受賞には至りませんでした。「まだ若すぎる」「タリバンから命を狙われているのに、さらに世界的な注目を浴びるのは危険だ」といった理由からだといわれました。

しかし、翌二〇一四年にはノーベル平和賞を史上最年少で受賞。前記の事情はほとんど変わっていないにもかかわらずの受賞です。「マララ基金」を設立したり、シリア紛争で難民キャンプ生活を余儀なくされた人々のもとを訪ねたり、イスラム過激派組織ボコ・ハラムに誘拐されたナイジェリアの女子生徒たちの家族に面会したりと、自身の危険をかえりみることなく、女子教育の重要性を訴える活動を世界各地で続けたことが評価されたのでしょう。

二〇一七年には、オックスフォード大学に入学。哲学、政治、経済を学んで、二〇二〇年に卒業しています。そして二〇二一年には、同じパキスタン出身の男性と結婚。幸福そうな結婚式のようすがインスタグラムに投稿されて話題になりました。

マララさんの生い立ちや、銃撃事件、イギリスで暮らしはじめたころの日々の生活については、二〇一五年にアメリカの20世紀フォックスが公開した映画『わたしはマララ』(原題 *He Named Me Malala*)でも詳しく描かれています。また、本書のほかにも、マララさんに関する本、あるいはマララさんが執筆にたずさわった本が、多数出版されています。

二〇二三年現在、世界情勢は混迷を深め、各国の経済状態も厳しさを増しています。

パキスタン北部を含む中央アジアだけでなく、世界各国における女子教育の今後が憂慮されます。ひとりでも多くのかたがこの問題に目を向け、考えるようになることこそ、本書を執筆したマララさんの願いを支える第一歩になることでしょう。

二〇二三年五月

金原瑞人　　西田佳子

光文社未来ライブラリーは、
海外・国内で評価の高いノンフィクション・学術書籍を
厳選して文庫化する新しい文庫シリーズです。
最良の未来を創り出すために必要な「知」を集めました。

本書は2013年12月に学研パブリッシングより
単行本として刊行された作品を文庫化したものです。

光文社未来ライブラリー

わたしはマララ

教育《きょういく》のために立《た》ち上《あ》がり、タリバンに撃《う》たれた少女《しょうじょ》

著者 マララ・ユスフザイ、クリスティーナ・ラム
訳者 金原瑞人《かねはらみずひと》、西田佳子《にしだよしこ》

2023年7月20日　初版第1刷発行

カバー表1デザイン　ヤマグチタカオ
本文・装幀フォーマット　bookwall
発行者　三宅貴久
印　刷　萩原印刷
製　本　ナショナル製本
発行所　株式会社光文社
〒112-8011東京都文京区音羽1-16-6
連絡先　mirai_library@gr.kobunsha.com（編集部）
03(5395)8116（書籍販売部）
03(5395)8125（業務部）
www.kobunsha.com
落丁本・乱丁本は業務部へご連絡くだされば、お取り替えいたします。

ISBN978-4-334-77072-3　Printed in Japan

光文社未来ライブラリー　好評既刊

第1感
「最初の2秒」の「なんとなく」が正しい

マルコム・グラッドウェル
沢田 博
阿部 尚美 訳

一瞬のうちに「これだ！」と思ったり、説明できない違和感を感じたり。この「ひらめき」がどれほど人の判断を支配しているのか、多くの取材や実験から、驚きの真実を明かす。

ヒルビリー・エレジー
アメリカの繁栄から取り残された白人たち

J.D.ヴァンス
関根 光宏
山田 文 訳

白人労働者階層の独特の文化、悲惨な日常を描き、トランプ現象を読み解く一冊として世界中で話題に。ロン・ハワード監督によって映画化もされた歴史的名著が、文庫で登場！

子どもは40000回質問する
あなたの人生を創る「好奇心」の驚くべき力

イアン・レズリー
須川 綾子 訳

「好奇心格差」が「経済格差」に！ 知ることへの意欲＝好奇心は成功や健康にまで大きな影響を及ぼす。好奇心はなぜ人間に必要なのか、どのように育まれるかを解明する快著。

世界は宗教で動いてる

橋爪大三郎

ユダヤ教、キリスト教、イスラム教、ヒンドゥー教、儒教、仏教は何が同じで何が違う？ 世界の主要な文明ごとに、社会と宗教の深いつながりをやさしく解説。山口周氏推薦！

誰もが嘘をついている
ビッグデータ分析が暴く人間のヤバい本性

セス・スティーヴンズ＝ダヴィドウィッツ
酒井 泰介 訳

検索は口ほどに物を言う！ グーグルやポルノサイトの膨大な検索履歴から、人々の秘められた欲望、社会の実相をあぶり出した全米ベストセラー。（序文・スティーブン・ピンカー）

光文社未来ライブラリー　好評既刊

わたしはマララ
教育のために立ち上がり、タリバンに撃たれた少女

マララ・ユスフザイ
クリスティーナ・ラム
金原瑞人
西田佳子
訳

パキスタンの少女マララは、女子が学校に行く権利を求めて活動したが、イスラム武装組織タリバンに銃撃され……。ノーベル平和賞を史上最年少で受賞した著者の壮絶な手記。